台湾と日本人

松井嘉和 編著

錦正社

昭和初期の台湾

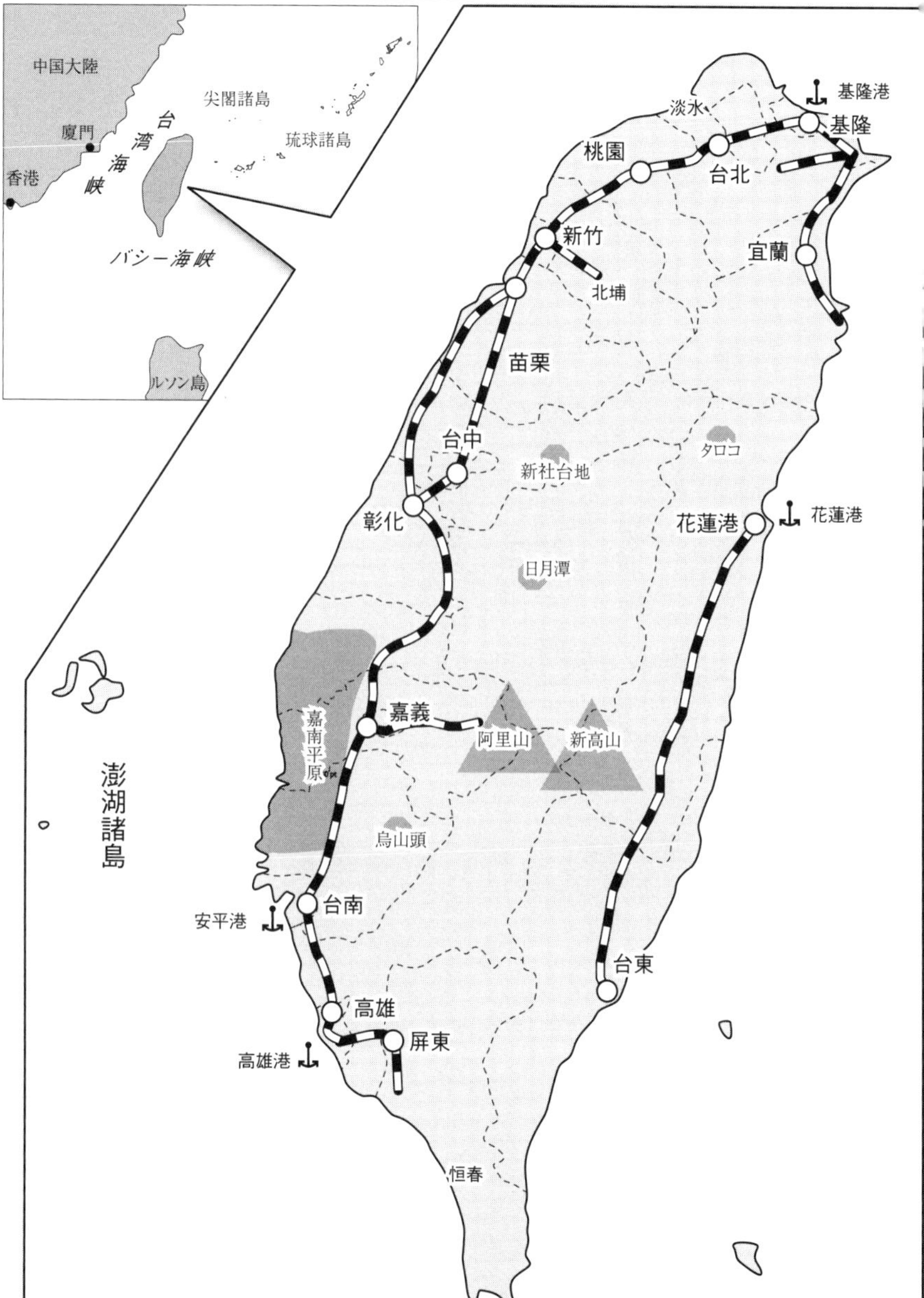
中国大陸
尖閣諸島
台湾海峡
廈門
香港
琉球諸島
バシー海峡
ルソン島
淡水
基隆港
基隆
桃園
台北
新竹
宜蘭
北埔
苗栗
台中
タロコ
新社台地
彰化
花蓮港
花蓮港
日月潭
嘉義
嘉南平原
阿里山
新高山
澎湖諸島
烏山頭
台南
安平港
台東
高雄
屏東
高雄港
恒春
鵝鑾鼻
0
50km
1:516,700

目次

エピソード

台湾の礎を築いた日本人

台湾と日本人

はじめに――台湾を見る目――

松井嘉和

異郷への旅は、自分と文化の新しい発見の機会である。非日常の世界に身を置いてリフレッシュする効用は大きい。その効用は、異文化の中に身を置けば一層大きく、自分が育てられた文化の再発見、自分探しに有益なヒントが得られることだろう。

台湾は、日本から三時間余、町には漢字が溢《あふ》れ、異郷という印象は強烈ではないかもしれないが、字体の異なる漢字、理解できない言葉、多彩な料理等々、不安もなく異文化が体験できる国だ。多様な旅の目的を成就《じょうじゅ》させ、満足できる旅を提供してくれる。

台湾の概要

台湾は琉球《りゅうきゅう》諸島の西方海上にある木の葉のような形をした台湾島を中心とした島国である。西側は台湾海峡を隔てて中国大陸に接する。大陸本土とは、東京からだと静岡程度の距離である。

最南端の岬（鵝鑾鼻《ガランビ》）はバシー海峡を隔てて、その先にはフィリピンがある。海峡を挟んだ地理的な距離は、双方の関係の深さとは直結しない。

国の面積は九州と同程度であり、人口は二三〇〇万人余りを数える。台湾島の中央部（嘉義《カギ》県付近）を北回帰線が通っているため、北部は亜熱帯、南部は熱帯の気候となっている。

世界のなかで最も親日的な人々として知られており、その理由とくにその歴史的背景、さらには台湾海峡が島と大陸とを結ぶ路《みち》ではなかったこと、つまり潮の流れと荒波そして大陸の人々が台湾島に住む利益がなかったことが、両者を隔てていたという事実のもつ意味の重さも本書で理解していただけるだろう。

タイワンという名称

伊藤潔《いとうきよし》（以下、人名は敬称略）は次のように説明している。

台南付近に居住していた先住民のシラヤ族が、外来者あるいは客人を「タイアン」または「ターヤン」（Tayan）と称していたのが訛って、「タイワン」となったものである。これを聞いた漢族系の移住民は、「台員」「大湾」などの、日本人は「大宛」「大冤」などの漢字をあてた。(1)また、「最終的には台湾に確定した。明代以降、島の公称となった」(2)という説明もある。ともあれ、外からの台湾という呼称が広まったのは近世のことで、その Taiwan は今では世界に通用するが、西洋では **Formosa**（フォーモサ）と呼んでいた。(3)その Formosa は、第一章で勝岡寛次が述べるように、台湾が世界史に登場したのが大航海時代であったことを象徴するものであった。タイワンという原住民[4]から見て「客人・来訪者」を意味する言葉が国の呼び名になったことは、現在の台湾が多民族国家だと自己認識していることの由縁《ゆえん》を示しているとも想像され、台湾の成り立ちを考える上で、示唆《しさ》深い事実だと思う。

多民族・多文化　台湾への教育旅行訪問を提案して台湾観光局が作っている冊子『台湾　教育旅行マニュアル（2016）』には、教育旅行訪問者に学んで欲しい台湾が描き出され、外国人に体験して欲しい現代の台湾文化には次の四つの特徴があると解説している。

台湾のルーツに見られる先住民文化／今の台湾のベースを形成する漢（中華）文化／さまざまな分野に足跡が残る日本文化／近代世界史の舞台で生まれた西洋文化

台湾観光局は、これら四つの文化の融合《ゆうごう》に台湾文化の核心を見ているわけである。これらの特徴が形成されてきた跡は、本書の第一章から第三章までに記述しているが、以下のように概観できるだろう。

台湾には、「漢人が移住してくる以前から台湾に住んでいたオーストロネシア諸語を母語とする」原住民族がいて、「政府によって現在十六の民族が原住民族として認定されている」[5]。台湾は多種多様な言語が使われている多言語多民族の国（地域）なのである。そこに漢民族が明朝期から清朝期にかけて移住し、日清戦争を契機として日本が領有し、日本語を通じて西洋文化を吸収した。大東亜戦争で日本が敗戦した後に中国国民党が支配したため、漢（中華）文化の印象が強い。そのなかにあって、日本統治の遺産が多く残っている。

なお、同冊子には九名の台湾に尽くした日本人が紹介されている。第三章で星原大輔が台湾に日本文化の足跡を残した日本の統治を詳述するが、その章では、本文以外に「台湾の礎を築いた日本人」や「エピソード」そして余話の欄を設けて、台湾の近代化に貢献した日本人を紹介する。

そして、日本の台湾統治の世界史的意味を明らかにすべく、第二章で勝岡が東アジアの近代史を概説している。今、ここで、その台湾統治の意味を、台湾人の言葉で確認しておこう。

日本統治の遺産　日本統治の遺産について李登輝《りとうき》元総統は、『李登輝より日本へ贈る言葉』(6)で、次のように述べている。

台湾は半世紀にわたって日本の統治下にありました。この間に起きた最も大きな変化は、台湾が伝統的な農業社会から近代社会に移行したことです。日本は台湾に近代工業資本主義の経営観念を導入したのです。

また、新しい教育制度が導入され、近代的な国民意識が培われました、そうして台湾人は自らの地位が日本人に比べて低いことに気づきます。ここに「台湾意識」が芽生えました。

「台湾人の台湾」という考えが生まれました。これが、やがて中国の国民党に対抗する力となるのです。

注目すべきは、国の存在にとって不可欠な国民のアイデンティティ、帰属意識となる「台湾意識」が日本の統治を契機《けいき》として芽生えてきた、という指摘、そして、その「台湾意識」は、戦後の国民党の圧政を克服して、台湾に民主政治をもたらした力であったと評価している点である。

台湾の歴史は、外からの人に支配され、現在もなおそんな危機にある悲哀の歩みであり、また、島には多様な言語と文化が併存するが、近代の国際化社会の中で、国としてまとめる必要に迫られている。そんな二重の宿命を抱えている。だが、「台湾意識」の自覚は異文化共存の国を造る事例を世界に示し得るだろう。島の宿命を国の使命に転じる可能性をもつ国と言えるのだ。こうした台湾の悲哀の中の希望の意味は、第五章「これからの台湾と日本」で詳しく述べる。

ところで、日本による台湾の統治の根本にあるものを蔡焜燦《さいこんさん》(7)は、「日本統治時代、日本人教師達は、我々台湾人に〝愛〟をもって接してくれた。そして〝公〟という観念を教えてくれたのだった。愛された我々は、日本国家という〝公〟を愛し、隣人を愛したのである」と語り、また「台湾人がもっとも尊ぶ日本統治時代の遺産は、ダムや鉄道など物質的なものではなく、〝公〟を顧みる道徳教育など精神的遺産なのである(8)」とも語っている。

こうした中で各種施策が行われたが、とりわけ日本語を共通語としたことは重要な意義をもった。日本の統治による日本語の普及は、多言語社会に共通語をもたらしたわけだが、台湾の国定教科書『認識臺灣《にんしきたいわん》』は、それについて、次のように書いている。

政府の統計によれば、日本植民統治の末年に日本語を理解する人口は、75％を越えている。しかしながら、日本語はとくに台湾人の生活言語になったわけではなく、台湾を「二言語併用」の社会にしたというだけにすぎない。台湾人は終始日本語を外国語と見做していたために、それの習得は同化を意味していない。日本語はかえって、台湾人が近代的知識を吸収するための主要な道具となり、台湾社会の近代化を促進したのである。(9)

この中の「日本語はとくに台湾人の生活言語になったわけではなく、台湾を『二言語併用』の社会にしたというだけにすぎない」という一言を、日本語の影響が低かったという見解だと読む人がいるかもしれない。だが、「近代化を促進した」という結びの評価は、日本語の果した役割を高く評価した一言ではないか。そう考えると、この記述は「台湾人は、日本語を台湾社会の近代化を促進する必須の言語として、近代的知識を吸収するための主要な道具として習得したが、台湾人の生活言語にしないで、二言語併用として受用した」と解釈できる。

文化と言語

人間は文化の中の生き物である。文化とは、生活の仕方、人間関係のあり方そのものであり、人間にとって根元的なものなのである。長い歴史の中に培《つちか》われてきて、人々の価値観、感情を左右する基準となっている見えざる規範《きはん》である。

また、人は社会的存在であると言われる。それは、私たちが生きていくときに、それぞれの場面で学生、教師、親、子、男子、女子、先輩、後輩等々の役割を担う立場に立っている現実や一人では生きていけない事実などを考えれば、納得できる。

私たちは先達の長い努力によって培われてきた文化を土台として、その中で生きている。人間は、誕生後しばらくは大人の保護がなければ生存できないが、この自立できない時期に、言葉や立ち居振る舞いなどを大人から学んで身につける。そして、この幼児期の学習を基礎にして社会への適応能力を発揮して成長して、社会の一員となるのである。

この成長過程で学ぶ内容が、祖先が育んできた文化に他ならず、歴史とは、その文化が生成発展してきた跡だと言えるだろう。この意味で、人は歴史的存在でもあることを忘れてはならない。

このように、私たちは文化の枠に組み込まれて生きているのであり、その文化は、歴史の流れの中で形成され、歴史の中にその独自の姿を表しているのである。歴史は過去の出来事の単なる羅列ではなく、現代に息づく文化がその中に浮かび上がる一連の流れである。

この考え方を、私たち自身の身に当てて表現してみると、私たち一人一人が過去の歴史的遺産が集約した存在であり、しかも、未来が広がって行く基点でもある、ということになる。つまり、人は歴史の流れの中で、いわば、扇の要のような位置にいるのだ、と喩《たと》えることができるのだ。そして、歴史は、自分がどんな扇の要にいるのかを確認させてくれるのである。

言語の機能　このような人間にとって、言語は重要な地位を占める。服部四郎《はっとりしろう》は、言語の主要な機能として①伝達の道具、②文化の蓄積・伝達・伝承のための手段、③思考の乗り物の三点をあげ、「人間は言語のおかげで、いわば他人の到達したところを出発点とすることができる」と指摘した。[(10)]「他人の到達したところ」とは文化、文明と言ってよい。言葉によって技術文明や文化の成果が伝承され、母語の習得を通して共有される価値観が醸成《じょうせい》されて、「蓄積・伝達・伝承」されて行く。「思考の乗り物」とは、言葉によって初めて感情や思想が実感されるというだけの意味ではない。言葉は、それ以上に積極的な働きをする。観念や概念は言語化されることによって初めて存在を得る。

池上嘉彦《いけがみよしひこ》は、言語は単に思想や感情の表現のための道具というようなものではなく、「われわれのものの見方なり思考なりが、その言語の構造に従ってある特定の方向へ規定づけられている」のであって、「言語が意味をあらわすのではなく、むしろ意味が言語によって作り出される」と述べて、こうした言語の機能を「言語の創造的機能」と呼んだ(11)。

言葉が科学的客観世界とは無縁の世界を作り出し、人は、言葉が描き出す世界に応じて行動する。人は、言葉によって世界の現象を記述しているのではなく、言葉によって世界を構築しているのだ(12)。その「言葉によって創造された世界」が「文化」であり、それぞれの言語の世界を把握し認識する仕方が異なることにより、それぞれの文化の独特な特徴が言語に表れてくる。

台湾の言語　台湾の原住民の言語は、フィリピンやインドネシアなど南方の言語と共通するマレー・ポリネシア系の言語だ。距離的に近い大陸系の言語ではなく、地理的には遠い南方の言語であったことは、太古の台湾が大陸より南方との結びつきが強かったことを示している。台湾は地理的に近い台湾海峡よりも遠いバシー海峡を隔てた南方との繋《つな》がりが強かったのである。言い換えると、台湾海峡は台湾を大陸から離していたのである。

その台湾と沖縄とを区別できなかった明朝の時代までの大陸の観念をもって、沖縄と日本との異質性が叫ばれることがある。しかし、沖縄の言葉は大和言葉と系統を同じくする、というつながりは定説となっている。台湾と沖縄とでは言語というアイデンティティ構築の根源となる要素に決定的な違いがあることを忘れてはならない。

文化が違い、生活習慣もさまざまであることを示す言語に共通性のほとんどない複数のエスニック・グループが、台湾の島の中で区域を分けてそれぞれ孤立して生活していた。日本の台湾領有に伴って、その多言語社会に導入されたのが日本語だった。

そして戦後、中国共産党に追われて大陸から逃げてきた国民党政府により、一九四六年には早くも台湾省国語普及委員会が設置され、「國語普及運動」が始まって「國語」の制定が行われたのである。「國語」とは〝中華民國の言語〟を意味し、単語や表現などは北京語そのままではないとは言え、北京語のことである。その「國語」の制定は、日本化された台湾で中華民国政府が支配を徹底させるための脱日本化の一環であった。

村串栄一は、黄霊芝という人を台湾俳句会の大御所と紹介しつつ、黄が著書『台湾俳句歳時記』の解説で、次のように書いていると紹介している(13)。

私は日本語で妻を罵るが、戦後派の妻は台湾語でまくしたてる。すると戦後生まれの娘が中国語で喧嘩両成敗に乗り出してくる。

その台湾語や中国語が厳密にどんな言語であれ、この円満な家庭を髣髴《ほうふつ》させる逸話には、三種類の言語が飛び交いつつもコミュニケーションが果せている事実が見える。

台湾の言語事情を物語るもう一つの象徴的事実として、李登輝の告白がある。彼は、宋美齢《そうびれい》は「上海語と英語、私は下手な北京語と日本語と英語しかできない。だから英語と筆談でやり取りし」と、国家の指導的地位の人物に共通の母語がなく、英語で会話していたと告白している[14]。

多言語国家である台湾は、多様性の中の統一を理念とするＥＵが目指す複言語状態[15]のモデルを提供するとも期待されて興味深い。

多文化の社会　米国は、様々な異なる民族から構成されている坩堝《るつぼ》社会だと言われてきた。United States（合州）が「合衆国」と表記されるのは民族の坩堝と喩《たと》えられ、様々な異なる民族の衆が合う米国なのだから、相応《ふさわ》しい表記なのだろう[16]。

ところが、その米国は今や坩堝からサラダ・ボールと言われるようになっている。サラダ・ボールとは、異なる文化の人々が共通の場を構成している社会で、個々の素材が「溶かされる」ことなく、それぞれの存在意義が発揮されて生かされている社会を示している。

ＥＵが目指す欧州統合のあり方も、それぞれの素材の特徴は維持して発揮させながら、一つの容器の中に収まって一つの料理となっているサラダ・ボールに喩えられる。ＥＵ統合の理想は、United in Diversity（多様性の中の統合）である[17]。

台湾は、島に異質の様々な言語を抱えながら、多言語を一つの壺《つぼ》の中に収めて統一させる坩堝化ではなく、家族内ですら多言語使用の現実がある。その現実は、言語が共同体そして国家統一のために重要な課題であることを教えてくれる。異なる文化がそれぞれの意義を認められ、共生して一つの共同体を為《な》す社会を実現するモデルを、台湾は提供できるのではないだろうか。

戦時体制から民主体制へ

筆者が初めて台湾を訪れた学生時代の昭和四十三年(一九六八)当時、日本では、「恨みに酬いるに徳を以てす」といって、日本からの戦争賠償金を放棄した蔣介石を日本人、とくに保守派の人々は非常に賛美していました。(18)と李登輝《りとうき》も言っているように、自由な親日の国だとばかり私も思っていた。

台湾は、共産主義国家に対峙《たいじ》する自由主義国家であると見せながらも、戒厳令《かいげんれい》下つまり戦時体制の国家であり続けていたが、旅行者は、そうした厳しい状況を実感する機会に出会わない場合が多かった。戒厳令が解除されたのはようやく三八年後の一九八七年だった。

本書は、一党独裁の国(中華人民共和国)と対峙し、自《みず》からも戦時体制を敷いていた国(中華民国)を

民主国家へと変貌《へんぼう》させた一人の人間に注目した。その人とは李登輝元総統である。彼自身の言葉を借りれば、

巨大であっても閉鎖的で、専制的な体制がまだ続いている。豊かになりつつあるとはいっても、それが人民すべてに行き渡るには巨大すぎる。しかも、政府は覇権主義的かつ闘争的(19)である中華人民共和国の圧力を前に、

台湾はある意味で「生まれ変わった」ということができる。独裁的な政府のもとの無力な国民が、民主的な政府のもとの活力ある国民に変貌した。(20)

という情況を導いて、祖国台湾が存在する根拠とその意味を李登輝は世界に示したのである。

この李登輝の考え方や日本人に対する提言は第四章で本島進が詳述するが、ここでは、李登輝が指摘した専制的・覇権主義的・闘争的であることが、歴史的に形成された国柄と共産主義の本質の二つの側面から導かれたものであることを明らかにしておきたい。

中国（シナ）という国柄

約七〇年前の共産党革命によって、中国大陸に新たな歴史の一頁が開かれたように解する向き

もあるが、李登輝によれば、共産革命が中国大陸を〈アジア式の発展停滞〉(21)から脱出させたのではない。それは、「中国伝統の覇権主義の復活と、誇大妄想を有する皇帝制度が再び生まれただけのこと」(22)であって、中国共産党政権はいまだに進歩と退歩を絶え間なく繰り返している政権にすぎないのである。

いわゆる中国五千年の歴史は、一つの王朝が前の王朝を否定するも支配体制は変らず、新しい王朝といえども、公がなく私による支配という意味では、前の王朝の延長にすぎなかった。指導者の交代は基本的に易姓革命《えきせいかくめい》によるものか、指導者が亡くなったあとを後継者が引き継ぐかのどちらかしかなかったの(23)であるが、どちらの場合も独特の皇帝型権力構造が維持されており、国家の名前が変っても、支配者である朝廷が変っても同じことの繰り返しであった。歴代の皇帝は権力の座の維持、国土の拡大、富の搾取《さくしゅ》に汲々《きゅうきゅう》とする以外、政治改革への努力を払うことは稀《まれ》であった。中国大陸で展開されてきた歴史は〝私《し》〟の文化に彩《いろど》られており、現在の共産党政権であってもその枠外《わくがい》にはないというのである。

このような中国大陸の歴史を司馬遼太郎《しばりょうたろう》は、「歴代の中国皇帝は私《し》で、公であったことがない。その股肱《てあし》の官僚もまた私で、たとえば地方官の場合、ふんだんに賄賂をとることは自然な私の営みであった」とも、「歴朝の私が人民にとって餓えた虎でありつづけた以上、ひとびとはしたたかに私《し》として自衛せざるをえなかったのである。（中略）王朝からの害をふせぐには宗族で団結する他なく、このため、国家と云う場から見れば〝ひとにぎりの砂〟たらざるをえなかった(24)」と指摘している。このため、中国人（あるいは漢民族(25)）は、国民意識の基礎になりうる民族意識自体が希薄(26)であって、近代国家が興る条件を備えていなかった。

そもそも、中国大陸では辛亥《しんがい》革命（一九一一年）まで領土や国家の意識がなく、国名はなく、王朝の名前があるだけであった。王朝の力の及ぶ地域はすべて皇帝のもので、皇帝の私有財産であって、それがそのまま今日言う領土となり、天下であり世界であった。そのなかに、朝鮮や琉球のような朝貢《ちょうこう》を行う国、東夷《とうい》西戎《せいじゅう》南蛮《なんばん》北狄《ほくてき》と呼ばれる野蛮人《やばんじん》の土地、台湾のような〝化外《けがい》の地〟があったにすぎない。

したがって、中国大陸における国家とは昔から家産国家であった。家産とは家の財産ということで、国家や社会という〝公〟よりも〝私〟を優先し、金を儲《もう》けて、家族、子供、子孫のために使おうとすることを言う。

このような家産国家における政治とは、人民を管理すること、すなわち民をいかに支配するかであったから、「何千年も宮廷政治をやってきた中国の、それも上層にいる連中は非常に政治が巧み」で、「うそをつき、のらりくらりと身をかわす術にも長けて」いるとともに、「相手が弱ければいじめ、強ければ遠慮する」[27]のである。

「そうやって相手国の反応を見ながら、少しずつ〝駒〟を進めてくるのが中国のやり方」[28]であり、尖閣諸島《せんかくしょとう》などへ押し寄せるやり方をみれば、このような態度が理解できるであろう。

ところで、〝私〟に彩《いろど》られている中国人は、「生を楽しむため、国家や社会よりもまずはお金――現世では富と権力だけをひたすら追い求める」性向にある。中国人はなにをするにも現金を要求し、現金を差し出さなければ動こうとはしない。また、「中国人は目先の利益に目を奪われ、将来に向けて信用を構築するという発想が欠けている」[29]のである。

このような皇帝を世界の中心とする誇大妄想《こだいもうそう》的な中華思想や、金や権力に拘泥《こうでい》する現実主義に基づいた考え方が、現代の中国の覇権主義のもと[30]になっている。したがって、「中国は、遠謀深慮・権謀術策の国である。日本や、欧米の民主主義国と異なり、国民が合意した道義的な原則を守ろうとしない。中国の外交は実利主義によって動き、利に聡い」[31]ことに、我々日本人は留意しておかねばならない。

こうした中国大陸のあり方を魯迅《ろじん》は、「閉ざされた空間で亡霊が入れ替わり演じる劇であり、この国がよたよたと歩みを進めるつまらぬ輪廻の芝居」と表現しているという。それぞれの王朝はすべて託古改制《たっこかいせい》（古《いにしえ》に頼り、制度を改革する）の輪廻芝居《りんねしばい》をしていただけである。ちなみに、この託古改制というのは、「実際には〝託古『不』改制〟（古に頼り、制度を改革しない）というのが現実に近い[32]」ものであった。

周辺地域の人や社会を東夷西戎南蛮北狄とする中華思想という幻の中の芝居をしているに過ぎないから、中国人は「自分は何者かという問いかけもなければ、わかろうともしません。言い換えれば、自らの精神に確信が持てない。だからお金を儲ければいい、人は騙してもいいという発想になってしまう[33]」のである。

ところで、我が国のもう一つの隣国である韓国も、中国と同様に〝私〟の横溢《おういつ》している国である。ただ異なる点は、「大国の狭間で生存してゆかねばならなかった地政学的な環境」によって、「弱い者には威張りちらし、強い者には媚びへつらう、そんな彼らの極端な習性[34]」がつくりあげられ、国家や民族といった歴史的文化的なまとまりの構築およびそれへの同化を妨げていることである。

このため、〝反日〟を言わないと韓国人の愛国心は生まれなかったという今日の状況となっているが、「教育によって日本に対するプライドとコンプレックスが入り混じった複雑な感情[35]」が培《つちか》われてしまう、という副作用も生じている。

共産主義の本質――党の指導性と虚飾――

筆者は、一九七八年から四年間ルーマニア社会主義共和国で生活をし、外国人専用ではないアパートに住んでいた経験がある。その時、若い男女がやってきて、ここの住民は、どこへいつ行くことになっているから忘れないように、と人名を言って助言してきたことが二度もあった。選挙だと気づいた。いわゆる戸別訪問のお願いではなく、助言という名の指示だった。当選者が決定済みだと実感させられたし、投票率が高くなるように仕組まれていることも理解できた。

独裁者チャウセスク支配下の異国向け英字新聞には、連日、「自由と平等」(freedom & equality)という言葉が踊っていたが、党幹部には可能な国外渡航も国民はままならなかった。共産党の嘘《うそ》は、freedom & equality はその一端にすぎず、虚飾《きょしょく》は実際の経済面にも及んでいた。実態経済が虚飾に被《おお》われると、通貨に信用がなくなって外貨ばかりが重視される。闇《やみ》の為替レートが形成され、生活世界では二重の取引が行われるようになって虚飾が増幅されていた。今でも一党独裁の国々の経済統計なども政治的に操作されているのではないかと思われる。

このように、人間のもつ経済的な欲求をも政治的意図で取り繕《つくろ》うところにイデオロギーを優先する虚飾が生じ、現実とイデオロギーの齟齬《そご》が明らかになって、嘘で言いくるめようとする態度が生まれる。その果てが、一党独裁の東欧諸国の崩壊である。

党の指導性　嘘と虚飾に飾られた共産党一党独裁国家では、国の運営でも、党の指導性が国家をしのいで絶対的な意味をもっている。だから、共産党の嘘が歴史記述や文学の次元にとどまらず、現実の国民生活をも規制してくるのである。そう実感したのは、ポーランドで一九八〇年に結成された自主的な労働組合が非合法とされ、弾圧され続けた理由を知人に尋ねたときだった。政府が草の根の労組を認めない理由を皮肉交じりに説明してくれた。

政府は労働者と農民を代表する党である。だから、その党に敵対する労働者はあり得ないし、許されない。

こんな理屈が通用するのはなぜだろうか、と考えたとき、「指導性」という共産党通有の政治姿勢に行き当った(36)。労働者と農民の代表たる共産党は、その人民の利益を守るために、国家を指導する資格、使命がある、とするのが「指導性」である。

党の指導性があるかぎり、香港の一国二制度などもあり得ない。

中華人民共和国が斯様《かよう》な国であることは、台湾にとって重大な問題なのだ。

政治的には左だが、経済的には右であるとか、あるいは政治的には共産主義だが、経済的には市場経済だというような制度には、基本的に重大な矛盾が存在している。[37]

と述べる李登輝には、共産主義の本性の認識が明確だ。彼は、大陸との共生を言いつつも、現実の課題として、大陸の問題点を次のように指摘した。

いま大陸は非常な不確定性を孕んでいる。(中略)制度的な矛盾からくる不確定性、民主化が進んでいないための不確定性、法治ではなく人治の支配による不確定性などがある。(中略)大陸は巨大であっても閉鎖的で、専制的な体制がまだ続いている。豊かになりつつあるとはいっても、それが人民すべてに行き渡るには巨大すぎる。しかも、政府は覇権主義的かつ闘争的で[38](以下略)

この問題の克服には、国家に対する「党の指導性」という体制の変革が欠かせない。香港の一国二制度が砂上の楼閣であったことが明らかになりつつある今、李登輝の指摘が切実に響くのである。

註

(1) 伊藤潔『台湾——四百年の歴史と展望——』中公新書、一九九三年。
(2) 蟻川明男『世界地名語源辞典』古今書院、二〇〇三年。
(3) formosaとは、ポルトガル人が台湾を「発見」して、緑なす島の美しさを見て叫んだ言葉である。この語は、ラテン語の美しく、優しくを意味する副詞 formose の位相語で、ラテン系諸語で今でも、きれい、麗しい、かわいい等々の意味で使われている。

（4）本書では、台湾に後から入ってきた民族から見た場合の先住民族を、現在、台湾で使用されている呼称に従って「原住民」と呼んでいる。但し、引用の場合は原文に準じている。
（5）この二箇所の鉤括弧内は、赤松美和子・若松大祐編著『台湾を知るための60章』明石書店、二〇一七年版に拠る。
（6）李登輝『李登輝より日本へ贈る言葉』ウェッジ、二〇一四年。
（7）蔡焜燦（一九二七―二〇一七）：李登輝と同世代の台湾の実業家。司馬遼太郎著『街道をゆく四十　台湾紀行』（朝日新聞社、一九九七年）に登場する「老台北（ラオタイペイ）」である。ちなみに、「老台北」とは、中国・北京に何代も住む上流文化を身につけた知識人を〝老北京〟をいうが、それをもじって司馬遼太郎がつけた愛称のこと。
（8）蔡焜燦『台湾人と日本精神』小学館、二〇一五年。
（9）蔡易達「『台湾を知る』（『認識台湾』）日本語版刊行にあたって」（『台湾を知る』雄山閣出版、二〇〇〇年所収）。
（10）「言語の構造と機能」（『言語　東京大学公開講座9』東京大学出版会、一九六七年所収）。
（11）『意味の世界――現代言語学から視る――』ＮＨＫブックス、一九七八年。
（12）こうした言語の機能に注目して鈴木孝夫は『日本の感性が世界を変える――言語生態学的文明論――』（新潮社、二〇一四年）という刺激的な本で、日本語の使用の効能を指摘している。
（13）村串栄一『台湾で見つけた、日本人が忘れた「日本」』講談社＋α新書、二〇一六年。
（14）蔣介石の妻宋美齢は、外省人で米国留学の経験もあったから、上海語と英語なのだ。李登輝との会話が「國語」である北京語でなかったのである（李『李登輝より日本へ贈る言葉』所収）。
（15）ある域内に多言語が使われる Multilingual 多言語ではなく、個々人の内に複数の言語が併存する状態を理想として Plurilingual 複言語とＥＵでは言っている（松井嘉和「ＥＵと言語」〈大矢吉之・古賀敬太・滝田豪編『ＥＵと東アジア共同体――二つの地域統合――』萌書房、二〇〇六年所収〉）。
（16）〝合衆国〟の表記は嘉永七年（一八五四）の日米和親条約で使われたからだという。
（17）その理念の現実化のためにＥＵは加盟国の全ての母国語を公用語としている（松井「ＥＵと言語」）。
（18）李『李登輝より日本へ贈る言葉』。

(19)(20) 李登輝『台湾の主張』ＰＨＰ研究所、一九九九年。

(21) 中国大陸を〈アジア式の発展停滞〉の典型と称したマックス・ヴェーバー（Max Weber）だが、西洋世界では、久しく「東洋的専制」ということが言われ、十八世紀以降とくにヘーゲル（Hegel）の『歴史哲学』がこの言葉を流布させ、マルクス（Karl. Marx）もその世界観をもっていた。

(22) 李登輝『熱誠憂国――日本人へ伝えたいこと――』毎日新聞出版、二〇一六年。

(23) 李登輝・中嶋嶺雄『アジアの知略』光文社、二〇〇〇年。

(24) 司馬『街道をゆく四十　台湾紀行』。

(25) 漢人や漢民族という呼称は、同一の生活習慣を有する人々を指したに過ぎず、共通の価値観をもつ文化集団を表現したものではない。

(26) 黄文雄『日本人が台湾に遺した武士道精神』徳間書店、二〇〇三年。

(27) 李・中嶋『アジアの知略』。

(28)(29) 李登輝・浜田宏一『日台ＩｏＴ同盟――第四次産業革命は東アジアで爆発する――』講談社、二〇一六年。

(30) 李『台湾の主張』。

(31) 李登輝・加瀬英明『これからのアジア』光文社、一九九六年。

(32) 井尻秀憲『李登輝の実践哲学――五十時間の対話――』ミネルヴァ書房、二〇〇八年。

(33) 李『李登輝より日本へ贈る言葉』。

(34)(35) 蔡『台湾人と日本精神』。

(36) かつて東欧諸国には、党の指導性を憲法に明記した国があった。その条文が消えたのは、一九八九年以降の民主革命の後だった。今でも、中華人民共和国はもちろんラオス人民民主共和国、ベトナム社会主義共和国、キューバ共和国そして朝鮮民主主義人民共和国の憲法には、表現に差はあるものの「党の指導性」が記され、国家機構は党の指導の下にある。

(37)(38) 李『台湾の主張』。

第一章　台湾の歴史
——先史時代から日本領有まで——

勝岡寛次

先史時代

文献史料によって明らかになる台湾の歴史は、実はそんなに古いものではない。「台湾四百年の歴史」と言われることもあるように、台湾が世界の歴史にその姿を現すのは、十六世紀中頃、ポルトガルやスペインがアジアに到来した、世界史上の「大航海時代」なのである。

もちろん、先史時代の台湾にも先住民族はいた。その子孫である台湾原住民は、いくつもの部族に分れていた。彼らは今でも五五万人ほどいて、人口の二%を占めている（二〇一六年現在）。しかし、台湾原住民は文字をもたなかったことから、その来歴については、あまりはっきりしたことはわかっていない。

考古学の成果によれば、現在確認されている台湾最古の文化は、旧石器時代晩期の長浜《ちょうひん》文化(1)であり、ここからは大量の打製石器と骨角器《こっかくき》が発掘されている。この長浜文化は、中国南西部の文化と類似性があり、中国大陸と地続きであった更新世《こうしんせい》氷河期(三〇〇万年〜一万年前)に、大陸から台湾に移住し、そのまま住み着いた可能性がある。

ただ、台湾原住民の話す言語は、南島語系であるオーストロネシア語族(マレー・ポリネシア語族)の「祖形《そけい》」とされており(2)、シナ・チベット語族の中国語とは全く異なっていることから、新石器時代以降の先史文化は台湾南島語系の民族によるものであり、彼らが台湾原住民のルーツであろうと考えられている。

新石器時代の遺跡としては、前期の大坌坑《だいふんこう》文化、中期の円山《まるやま》文化、後期の卑南《ひなん》文化等があるが、円山文化と並行して発展した台湾北部の芝山岩《しざんがん》遺跡(約三五〇〇年前)では、炭化米が発見されており、農耕が開始された痕跡《こんせき》がある。

その後の鉄器時代の遺跡としては、台湾北部の十三行文化が有名で、この文化は今から千八百年前から千年間も続いている。日本で言えば、弥生時代から平安時代までをカバーしており、鉄器のみならず、唐・宋代の銅銭や金・ガラスなどの装飾品も出土するそうである。中国大陸と交易していたことは明らかである。

ただし、こうした新石器時代の先史文化の様々な担い手が「現在の台湾原住民の祖先集団」とまでは断言できず、台湾原住民のルーツについては、まだ深い闇に包まれたままのようである。(3)

オランダ統治時代（一六二四〜六一年）

ヨーロッパ人で最初に台湾を占領統治したのは、インドネシアを植民地とし、東インド会社を経営するオランダで、一六二四年に台湾南部に上陸すると、紅毛城などの城塞《じょうさい》を構築《こうちく》した。今日もその遺構を残しているゼーランジャ城とプロビンシャ城は、その名残である。

オランダは多くの宣教師を派遣し、先住民にキリスト教を布教する一方で台湾を拠点《きょてん》に、東南アジアと中国と日本を結ぶ中継貿易に従事し、莫大《ばくだい》な利益を得ていた。また、とくにサトウキビのプランテーションによって砂糖産業の育成に力を尽したことは特筆される。

また、既にフィリピンを植民地としていたスペインも、オランダに対抗して一六二六年には台湾北部に上陸、要塞《ようさい》を築いて占領統治を開始する。スペインは、中国から移民を誘致し、先住民とともに土地の開墾《かいこん》・開発に当らせるが、マニラ（フィリピン）からの補給が続かず、また先住民の襲撃やマラリヤなどの風土病にも苦しめられ、一六四二年にはオランダ艦隊に攻撃され、要塞は

紅毛城〔新北市淡水区、中華民国交通部観光局提供(陳嘉興撮影)〕
スペイン人により建設され、オランダ人によって再建された要塞。

陥落《かんらく》、スペインの台湾北部占領は一七年で潰《つい》えた。

こうして、オランダは台湾南部だけでなく、北部にも勢力を広げるが、対岸の中国から多くの移民を入れ、これを奴隷《どれい》のように酷使《こくし》したので、一六五二年、郭懐一《かくかいいっ》が一万六〇〇〇人の同志を率いて蜂起《ほうき》した。郭らは、一時はプロビンシャ城を占領したが、ゼーランジャ城から派遣されたオランダ軍に反撃され、蜂起は失敗した(郭懐一事件)。

しかし、オランダの支配は長くは続かなかった。一六六二年には鄭成功《ていせいこう》によってその支配に終止符が打たれるのである。

エピソード①　台湾と日本の出会い――高山国と南蛮貿易――　【勝岡寛次】

オランダやスペインによる台湾支配は、西洋人によるアジア大陸への進出と植民地支配の一環だった。日本もその大きな世界史的な流れと無縁ではなかった。

豊臣秀吉は、当時台湾にあったと信じられていた「高山国《こうざんこく》」を日本に従わせようとし、キリシタン大名の有馬晴信《はるのぶ》も慶長十四年（一六〇九）、徳川幕府の命で部下を「高山国」に派遣して貿易の可能性を探っている。元和《げんな》二年（一六一六）には家康の命を受け、長崎代官村山等安《とうあん》が台湾遠征を試みた。

こうした企《くわだ》ては悉《ことごと》く失敗に終ったが、現地との接触を通じて、日本国内にも次第に台湾の実態が明らかになるとともに、オランダやスペイン同様、台湾に積極的に進出する日本商人が出現するようになった。彼らは台湾だけでなく東南アジア一帯に進出して、朱印船貿易に従事していて、オランダとの間で貿易紛争に発展することもあった。その一例が「タイオワン事件」（浜田弥兵衛《やへえ》事件）であり、台湾を支配するオランダと浜田弥兵衛の間で繰り広げられた貿易紛争である。

オランダは貿易の独占を図り、外国人には一〇％の関税をかけたため、一六二八年、これを不服とする浜田がオランダの台湾長官ピーテル・ノイツを組み伏せ、人質に取るという実力行使に出た。

この事件は一六三六年、オランダ側の謝罪で解決しているが、ほどなく日本は海外貿易を幕府が一元的に管理する「鎖国」政策に移行したので、東南アジア各地を股にかけた朱印船貿易も、終りを告げることになった。

鄭氏統治時代（一六六一～八三年）

十七世紀の中国大陸では満州民族（女真《じょしん》）が台頭し、彼らが漢民族である明に代って大陸を征服し、清王朝を樹立した。台湾も、こうした時代の激動の波に翻弄《ほんろう》された。明の遺臣である鄭成功《ていせいこう》の率いる一族が清に敗れて南下し、オランダを駆逐《くちく》して台湾の新たな支配者になったのである。

鄭成功の父親は鄭芝龍《ていしりゅう》といって、中国福建省《ふっけんしょう》出身の貿易商（海賊）だった。平戸を活動拠点として朱印船貿易に従事していて、平戸藩士の娘田川マツと結ばれ、一六二四年、二人の間に生まれたのが鄭成功（幼名福松）である。平戸で七年間過ごした福松は、一六三一年には父の故郷である福建に渡っている。

父の鄭芝龍は一六四四年、明が滅亡すると隆武帝《りゅうぶてい》を擁立《ようりつ》し、清に対抗するが、失敗して清に殺され、日本から呼び寄せていた母親も清軍の辱《はずかし》めを受け自殺した。

鄭成功は「反清復明」（清に反抗し、明を復興する）の旗を掲げ、台湾を拠点とすべく、一六六一年、台湾に拠るオランダ軍を攻撃し、翌年台湾を占拠した。鄭成功は同年に亡くなったが、台湾を開拓した功績により「開山王」と称えられ、台南に「開山王廟」が立てられた(4)。

鄭成功の大軍とその家族は約三万人と言われ、大陸から台湾への最初の集団移住だった。鄭成功亡き後は、長男の鄭経《ていけい》や重臣の陳永華《ちんえいか》がその志を継ぎ、土地制度や戸籍を整備するとともに、海外貿易にも積極的に携わった。このような鄭氏政権の下で、南部を中心とした農地の開拓が進み、台湾における土地の私有制度が始まったと言われている。

鄭成功の画及び像〔台湾文化三百年記念会編『台湾史料集成』、昭和６年(1931)、国立国会図書館デジタルコレクション〕

　また、鄭氏政権は日本との深い繋《つな》がりがあり、鄭芝龍・鄭成功・鄭経と三代・三〇年間（一六四五～七四年）にわたって、援軍要請の使者を少なくとも一〇回江戸幕府に派遣したと言われている。[5] 鄭氏政権の試みは成功しなかった。ただ、成立したばかりの幕府にとって、異民族の清が明を征服したことは、国防上の大きな脅威だった。つい半世紀ほど前に、秀吉が朝鮮に出兵したのも明の征服のためであり、日本がやろうとしてもやれなかったことを、満州族によってや

エピソード② 鄭成功と日本人 【勝岡寛次】

鄭成功の活躍は、彼の死後半世紀経《た》った正徳《しょうとく》五年（一七一五）に初演された、近松門左衛門の人形浄瑠璃『国性爺合戦《こくせんやかっせん》』によって、日本人の遍《あまね》く知るところとなった。この作品は、「江戸時代にも近現代にも、単一演目でこれを超える長期連続興行の記録は、人形芝居にはない」ほどの空前絶後の大ヒット作となり、近世日本の庶民と台湾を結ぶ思想的大事件となった（片山杜秀「『国性爺合戦』はなぜ人気を博したのか」〈『新潮45』二〇一六年八月号所収〉）。

この作品に「和藤内《わとうない》」として登場する日中の混血児こそ鄭成功のことであり、日本に援軍を求めてきた鄭成功に加勢して大陸に兵を出し、清朝を打倒するという、実際には果せなかった日本人の夢を、近松は和藤内に託して人形浄瑠璃の芝居として、実現して見せたのである。『国性爺合戦』が大ヒットした秘密も、恐らくそういう日本人の夢にあるのだろう。

ちなみに、日本人の手で清朝を打倒するという夢は、二百年の後に日清戦争や辛亥革命で達成されることになる。近松の『国性爺合戦』は、鄭成功という実在の人物に仮託して、近世日本の行く末を暗示した予言の書、と言うこともできるだろう。

られてしまったことになる。

鄭氏政権の二三年間に人口は二万人から一五万人に増加し、台湾は福建省や広東省《かんとんしょう》からの移住民社会として発展した。しかし、鄭成功亡き後の鄭氏政権は、財源確保を目的として住民に重税を課したため、人心は次第に離反《りはん》した。加えて、内紛が相次ぎ、結局二〇年余りで清朝に降伏することになった。

清朝統治時代（一六八三～一八九五年）

鄭成功没後の一六八三年、清の康熙《こうき》帝は鄭氏政権を見限って清側についた施琅《しろう》を、清軍の福建水師提督に任命し、台湾攻略の総指揮を任せた。施琅の策略により、鄭氏政権はあっけなく降伏し、台湾は清の支配するところとなった。

こうして清国の台湾統治が開始されるが、清国にとって台湾とは、厄介者《やっかいもの》の住む危険な島以外の何物でもなかった。特に明を征服したばかりの頃の清は、台湾への移住民が増えて大陸の脅威になることを恐れ、台湾と澎湖《ほうこ》諸島を福建省の管轄下に置き、台湾への密航や家族の同伴、大陸からの家族の招致《しょうち》を厳しく取締った。また、先住民と移住民の接触を禁じ、これを犯す者には厳罰で臨んだ。

しかし、取締りをいくら厳重にしても、台湾への密航者は後を絶たなかった。一六八三年から一七八〇年までの約一〇〇年間に、移民は七、八〇万人に上ったと推定されている。一七六〇年には清朝の渡航禁止令も全面的に解除されたため、この傾向には一層拍車がかかった。とくに独身無職者にとって、台湾は憧《あこが》れの的だったようで、ある中国人の観察者は、十九世紀初頭の台湾について次のように述べている。

台湾は、土地が広く肥えている。それが福建、広東沿岸の窮民を魅了した。(中略)多くの人が宝島と信じて、続々と押しかける。(中略)運のよいのは一日にして到達する。どこからでも上陸できるし、上陸したら後は何とかなる。

道中危険であるから、小心者は来ない。妻子家族のあるものは来ない。(中略)何とかなるから、身寄りのないものは来る。お尋者は来る。スネに傷もつものは来る。食いつめたものは来る。(中略)政府が台湾を、悪人の巣だと決めつけるのも無理はない。(6)

台湾は、対岸の福建省・広東省の食《く》いっぱぐれにとっては、新天地だったことがわかる。こうして十九世紀の初頭には、台湾の人口は既に二〇〇万人(原住民は十数万人)に達していた。現在の台湾の人口構成の主流を成す「本省人《ほんしょうじん》」の先祖は、大部分がこの時期に対岸の福建省・広東省から渡ってきた人々である。

このような漢民族系の移住者たちが平地を開拓し、自分たちの居住地域を広げるにつれて、原住民の生活圏との接点が増え、両者の間でさまざまな紛争が頻発《ひんぱつ》するようになった。そこで清国は、漢民族系の移住者と原住民を分離する政策を行った。康熙《こうき》六十一年（一七二二）、土牛界線《どぎゅうかいせん》(7)と呼ばれる境界線を島中央の山岳地帯に設け、防衛柵などを立てて、漢民族系の移住者たちが山岳地帯や東海岸へ立ち入ることを禁止したのである。

これ以降、島西部の平地に住み、漢民族への同化が進んだ原住民を「熟蕃《じゅくばん》」と呼び、山地に生活した原住民を「生蕃《せいばん》」と呼んで分離統治した。

しかし、清国時代の台湾は、どんなに人口が増えても一つにまとまることはなかった。清国は台湾統治のために三年に一回、福建省から役人と軍隊を派遣していたが、役人の間では賄賂《わいろ》が横行し、軍隊は移住民の反乱を鎮圧する以外は殆《ほと》ど放任状態で、統治らしい統治は少しも行われていなかった。

台湾に住む人々は、清国から見れば「あぶれもの」の集団で、故郷の異なる者同士(例えば福建人と広東人、同じ福建省の中でも漳州《しょうしゅう》人と泉州《せんしゅう》人）が武器を持って争う「械闘《かいとう》」と呼ばれる内乱が一年に一度は起る有様で、大きな社会問題になっていた。

こうした内乱は、日本統治時代になるとピタリと止んだ。清朝の統治が、いかにいい加減であったかということである。

明治維新と台湾

十九世紀半ばになると、清国や日本は西洋諸国の進出に脅《おびや》かされるようになった。ペリーの黒船が初めて日本に来航した一八五三年、後の初代駐日公使ハリスは台湾を獲得すべきだと国務長官に進言しているが、これは南北戦争勃発（一八六一年）のため、実現しなかった。

しかし、第二次アヘン戦争に敗戦した清国は、英仏と結んだ天津条約（一八五八年）によって、淡水《タンスイ》と安平《アンペイ》（台南）、続いて基隆《キールン》、打狗《ターカウ》（高雄）と、次々に開港を余儀なくされた。日本がハリスとの間で、安政の不平等条約（日米修好通商条約）を結ばされたのも同年（一八五八）のことで、こうして、望むと望まざるとにかかわらず、日本と台湾は相前後して、西洋列強によって開国を余儀なくされたのであった。

日本はそれから僅《わず》か十年にして幕府を倒し、天皇を中心とする中央集権国家として生まれ変った（明治維新）。世界史的に見ると、このことは何世紀にもわたる西洋列強のアジア侵略と植民地支配の流れを、日本が初めて食い止めたことを意味する。そして台湾の運命もまた、日本によって大きく変ることになるのである。

台湾出兵と琉球の帰属問題

運命の転換の最初の大きな事件が、台湾出兵（征台の役）だった。事件のきっかけになったのは、宮古島《みやこじま》島民遭難《そうなん》事件（牡丹社《ぼたんしゃ》事件）と言われるものである。

明治四年（一八七一）、琉球《りゅうきゅう》の宮古島の島民が台風で台湾に漂着し、上陸するが、そこは生憎《あいにく》「牡丹社」という原住民（パイワン族）の住む地域だった。パイワン族に限らず、当時の原住民には「首狩り」の風習が色濃く残っており、上陸した一行六四人中、実に五四人が現地人の首狩りによって殺害されたという、傷《いた》ましい事件である。

明治六年、琉球を自国領土に編入しつつあった日本は、外務卿《がいむきょう》の副島種臣《そえじまたねおみ》を北京に派遣し、清国に対してこの事件の責任を追及した。ところが、これに対する清国の言い分は、「原住民には生蕃《せいばん》と熟蕃《じゅくばん》があり、王化に服するのを熟蕃といい、服従しない生蕃は化外《けがい》に置いて支配せず」というものだった。これは清朝統治下の原住民政策を示すもので、漢民族との混血が進んだ、平地に住む「熟蕃」（後の平埔《へいほ》族）は清国の統治対象だが、山岳に住む「生蕃」（後の高砂《たかさご》族）は統治の対象外だと言って、事件に対する責任を回避したのである。

これに対し、副島は「貴国が化外の民として治めずんば、我が国は一軍を派遣して、わが民を害する残忍な蕃人を懲罰すべし。他日異議あることなかれ」と言明して帰国した。

近世を通じて、琉球は薩摩藩の支配下に事実上はあったが、一方で清国にも朝貢していた。琉球王国は日本と清国に「両属」しており、台湾は清国の統治下にあった。このような状況の中で、清国が「化外の民」という言葉で、台湾原住民に対する統治責任を回避したことは、日本にとって台湾に攻め込む「大義名分」を得た形になった。

こうして明治七年（一八七四）、台湾都督《ととく》に任命された西郷従道《じゅうどう》以下、兵員三、六〇〇余人で台湾への出兵が断行された。軍事力の点で圧倒的優位に立つ日本軍は、瞬《また》く間にパイワン族を降伏させるが、兵の多数がマラリヤに罹患《りかん》し、五〇〇人以上の死者を出してしまった。

日本側の戦死者が一二人だったことを考えると、病死による日本軍の損害は甚大《じんだい》というべきだったが、日本側はそれにも勝る成果を、清国との外交交渉で勝ち取った。すなわち、事件処理のために全権として北京に赴《おもむ》いた大久保利通は、遭難した琉球民に対する見舞金として、一〇万両を清国に支払わせることで、琉球の日本帰属を間接的に認めさせることに成功したのである。

こうして、明治七年に生起した台湾出兵という一大事件は、台湾にとってもその運命を大きく変える第一歩となった。それは、清国の台湾統治の空隙《くうげき》をついた、日本の外交的勝利と言えるものだったからである。

清国の積極統治への転換と劉銘伝

日本の台湾出兵は、清国にとっては衝撃だった。これによって、清国のそれまでの消極策は、積極的な統治策へと一変した。

清国はまずその手始めとして、沈葆楨《ちんほてい》を欽差《きんさ》大臣[8]に任命して台湾に派遣した。彼は未開地を開き、蕃族（原住民）と融和する政策により、台湾東部にまで開発のメスを入れ、幹線道路の整備に力を尽した。また、新竹《シンチク》県・宜蘭《ギラン》県・淡水《タンスイ》県を新たに設けたことから、台湾の軍事と政治の中心は南部から次第に北部に移るようになった。

清国はまた、清仏戦争（一八八三〜八五年）の際には劉銘伝《りゅうめいでん》を台湾に派遣し、淡水と基隆《キールン》でフランス軍を二度も撃退した。一八八五年、台湾は福建省から分離・独立し、台湾省に格上げされると共に、劉銘伝が初代台湾巡撫《じゅんぶ》に任命された。

劉は台北・基隆間に初めて鉄道を敷設《ふせつ》し、郵便制度と電信サービスを開始した。また、街頭に電柱と電灯を取りつけ、洋式の学校を新設し、耕地測量による正確な地租課税に着手した。その結果、台湾の耕地面積は七万甲から三〇万甲と四倍以上に増加し、税収も三倍以上に増加した。

しかし、一方では汚職が蔓延《まんえん》し、劉銘伝は台湾赴任の六年後（一八九一年）に巡撫を解任された。その三年後には日清戦争が勃発《ぼっぱつ》し、台湾は清国から日本に割譲《かつじょう》されることになった。劉は日本軍が台湾全土を占領した翌月に亡くなったが、台湾は日本の統治下で、今日の繁栄の基礎を築くことになったのである。

日清戦争と台湾割譲　明治二十七・八年（一八九四・五）の日清戦争は、台湾の運命を劇的に変化させた。二百十年余に及んだ清国の台湾統治を終焉《しゅうえん》させ、台湾を日本の領土の一部へと変貌《へんぼう》せしめたからである。

日清戦争自体は、朝鮮の地位をめぐる日本と清国の対立が、両国の戦争にまで発展したものである。欧米列強による植民地化の危機を回避する手段として、日本は明治維新という近代化路線を選択し、隣国・朝鮮にも開国と独立を促《うなが》した。しかし、清国と宗属《そうぞく》関係にある朝鮮は、自主的判断というものが出来ないで右往左往するばかりであった。

結局日本は、宗主国《そうしゅこく》の清国を屈服《くっぷく》させない限り、朝鮮の独立はあり得ないことを痛感し、これが日清戦争につながった。両者の戦いは、東アジアの両雄が、いわば国際法に立脚《りっきゃく》した西洋近代の国際秩序を受け入れるか、それとも隋唐時代からあった東アジアの国際秩序（中国を中心とした中華秩序・華夷《かい》秩序）にしがみつくかの戦いだった、と言ってよい。

日本はこの戦いに勝利し、朝鮮を清国の軛《くびき》から解放すると共に、清国の領土だった台湾の領有に成功した。朝鮮にとっては近代主権国家として独立する第一歩となるはずだったが、不幸にしてその後の朝鮮の歴史は、そのようには進まなかった。しかし、清国の軛から解放された台湾は、日本という新しい統治者の下で、着々と近代化の基礎を固めていったのである。

註

（1）台湾では「先陶時代《せんとう》」と呼ぶ。今から一万五千年〜五千年前。
（2）オークランド大学のグレイらによる、語彙統計学に基づく研究に拠る（『サイエンス』誌、二〇〇九年一月二十三日号）。
（3）野林厚志「台湾先史文化の起源をめぐって」（日本順益台湾原住民研究会編『台湾原住民研究への招待』風響社、一九九八年所収）。
（4）開山王廟は、日本統治時代には開山神社と称され、今は延平郡王祠という名で、鄭成功の息子のために立てられた台湾府城隍廟とともに台南の名所となっている。
（5）「日本乞師《にっぽんきっし》」と呼ばれる（石原道博『明末清初日本乞師の研究』富山房、一九四五年）。
（6）謝金鑾「続修台湾県誌」一八〇二年（王育徳『台湾――苦悶するその歴史――』弘文堂、一九六四年所収）。
（7）清国は境界線上に石や碑を立てたほか、溝を掘ったり土をもったりして標識にした。溝を掘った際に出た土石は溝のそばに積んでおいたが、ちょっと見ると牛が地上に横たわっているようなので「土牛」と呼んだ（横澤泰夫編訳『台湾史小事典』中国書店、二〇〇七年）。
（8）皇帝の全権委任を受けた臨時の官職。

第二章　近代日本の歩みと「東亜解放」への道

勝岡寛次

台湾の歴史を深く理解するためには、東アジアの近代史を知っておかねばならない。日本統治時代の台湾（明治二十九年〜昭和二十年までの五〇年間）は、勿論《もちろん》それ自体を単独の歴史として取り上げることも可能だが、一方にはパラレルな存在として、日本統治時代の朝鮮があり（明治四十三年〜昭和二十年までの三五年間）、両者を比較することで見えてくるものもある。

より巨視的には、明治維新に端を発したアジアの近代化および植民地解放運動のうねりが、日清・日露・大東亜という三つの戦争を経《へ》ながら、東アジア一帯に拡散・伝播《でんぱ》したという世界史的な流れの中に、台湾の歴史とくに日本統治時代を位置づけることも必要だ。

その一方で、戦後の台湾の歴史は、大陸中国の歴史と連動している。一九四九年、国共内戦に敗れた蔣介石《しょうかいせき》は、中国国民党および国民政府軍を率いて台湾を占拠し、台湾の新たな支配者として君臨した。このように、戦後台湾の歴史自体が、中華民国の歴史の延長線上にあるという特殊な歴史的事情からも、台湾の歴史、特に第二次世界大戦以降の現代史を知るためには、大陸中国の歴史、とりわけ辛亥《しんがい》革命後の中華民国の歴史を知っておかねばならないのである。

明治維新と東亜解放の思想

明治維新は、世界史的に見ると、何世紀にもわたる西洋列強のアジア侵略と植民地支配に、日本が初めてストップをかけた歴史だ、と言うことができる。その後、明治維新に倣《なら》って近代化を図るアジア諸国が続出し、「維新」という言葉自体がアジアの近代化の目標になり、理想になったことも事実である。

例えば、清国末期（一八九八年）の「戊戌《ぼじゅつ》の変法」は、「戊戌維新」「百日維新」とも言われるように、日清戦争敗北後の清国が、文字通り明治維新に倣って清国の近代化を図ろうとする試みであった。この清国を打倒した辛亥革命（一九一一年）もまた、「第二の明治維新」を目指したものであった(1)。それだけではない。韓国の朴正熙《パクチョンヒ》大統領が一九六〇年代に進めた近代化政策も、明治維新に範を取って「維新体制」と名付けられ、「漢江《ハンガン》の奇蹟」と呼ばれる戦後韓国の経済成長の原動力となったことは、余りにも有名である。

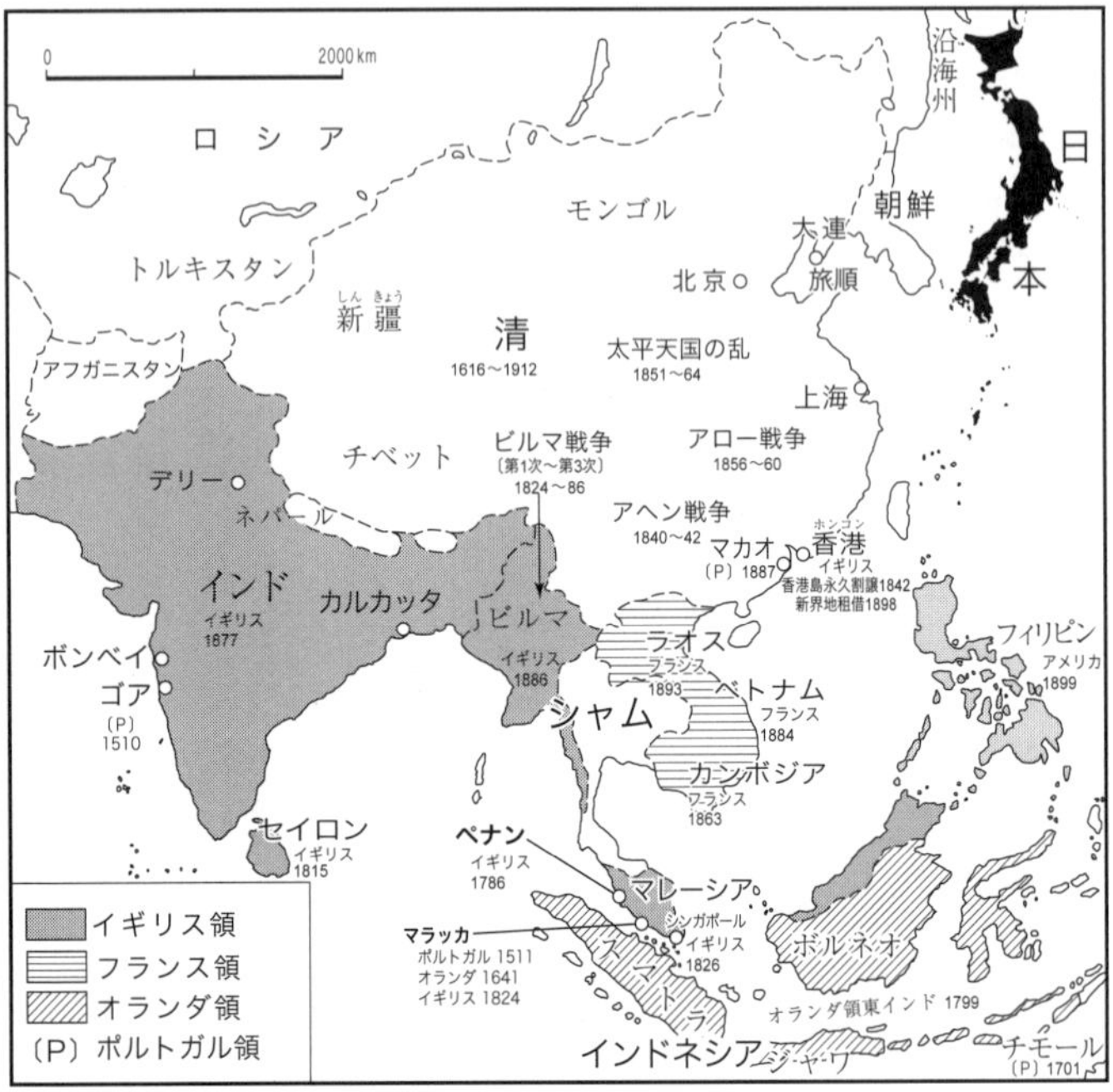

19世紀中後期の西洋列強のアジア支配

このように、明治維新はアジア諸国の近代化の一つのモデルを提供したが、明治維新の達成したもう一つの歴史的意味は、アジア諸国の中で日本だけが西欧列強の植民地になることを拒否したばかりでなく、更に進んで植民地からの独立と解放を目指す精神を内包《ないほう》していたという事実である。明治五年（一八七二）に生起《せいき》したマリア・ルーズ号事件こそは、その端的な証左《しょうさ》であった。葦津《あしづ》珍彦《うずひこ》は、その意義について次のように評している。

明治五年、横浜でマリヤ・ルズ号に監禁中のシナ人奴隷を解放した日本政府の英断は、東洋解放史上に不滅の記録をのこした。（中略）このマリヤ・ルズ号事件は、明治維新の外交精神を端的にしめしている。それはアジアを植民地化し、奴隷化しようとする白人の勢力に反発して、東洋の独立と解放を求める精神である。（2）

この「東洋の独立と解放を求める精神」こそは、日清・日露から支那事変・大東亜戦争を貫通する精神だったと言ってよい。

日清戦争がもたらした「中国の日本化」

日清戦争は、近代日本にとって初めての本格的な対外戦争となった。

日清戦争や辛亥革命は、「日本に援軍を求めてきた鄭成功《ていせいこう》に加勢して大陸に兵を出し、清朝の打倒に一役買いたかった」という近世日本人の隠れた民族的願望が、二百年後に現実化したものだと「エピソード②」で述べたが、内村鑑三は「日清戦争の目的」について次のように述べている。

吾人《ごじん》は亜細亜の救主として此の戦場に臨むものなり、吾人は既に半ば朝鮮を救へり、是れより満州支那を救ひ、南の方安南〔ヴェトナム〕暹羅《シャム》〔タイ〕に及び、終に印度の聖地をして欧人の羈絆《きはん》（束縛）より脱せしめ、以て始めて吾人の目的は達せしなり(3)（引用の（　）は筆者註。以下同様）。

ここには、日清戦争の目的が「満州支那を救」うことにあったこと、更に進んで東亜全土を「欧人の羈絆」から解放することにあったことが、鮮やかに示されている。華夷秩序に拘泥《こうでい》する清国に近代化への覚醒《かくせい》を促す日清戦争はその意味で、近代日本の一連の「大東亜解放戦争」の〝序曲〟だったと言えるのである。

実際この戦争は、まず何よりも清朝の「覚醒」という果実をもたらした。敗戦翌年の明治二十九年（一八九六）、清国は留学生一三人を初めて日本に派遣し、彼らの教育は東京高等師範学校長嘉納治五郎《かのうじごろう》に託された。この年以降、毎年数百人の清国留学生が日本に派遣されるようになった。清国が、明治維新に範を取った前述の改革（戊戌《ぼじゅつ》の変法）に乗り出すのも、日清戦争の結果である。残念ながらこの改革は、清朝の実権を握っていた西太后《せいたいこう》のクーデター（戊戌の政変）により頓挫《とんざ》するが、北清事変《ほくしんじへん》（一九〇一年）後に留学生の数は飛躍的な増加を見せ、ピーク時の一九〇六年には一万人前後の中国人留学生がいたとされる（二、三万人という説もあり、総数ははっきりしない）。

中国から多くの留学生が日本で学んだだけではない。一九〇五年、隋・唐以来千年以上の歴史をもつ「科挙《かきょ》」の制度が廃止され、日本の学制を模した近代教育制度が施行され、日本からも五〇〇人以上の教員（「日本教習」）が中国に赴任し、新式学校（学堂）で教鞭《きょうべん》を執るようになった。

現在の中国語を構成する近代文明を示す語彙《ごい》の多くは、中国人留学生が日本語をそのまま中国に持ち込んだことによって、中国語として普及したものである。[4]

例えば「中華人民共和国」の「人民」も「共和国」も、「社会主義」の「社会」も「主義」も、（中略）「改革開放」の「改革」「開放」も、その時期（明治時代の最初の二十年間）に日本人が西洋の言葉を翻訳して作った単語である。「革命」「解放」「闘争」「運動」「進歩」「民主」「思想」「同志」「理論」「階級」「批評」「計画」「右派」といった共産党の常用語もみなそうだ。（中略）実際今日の中国語も、日常の生活用語から政治、制度、経済、法律、自然科学、医学、教育、文化の用語に至るまで、日本語からの「借り物」の単語で満ち溢れている。[5]

現在の中国語を構成する語彙自体が、日本語抜きには語れないほどで、日中の人的交流の密度の濃さも併せて考えるなら、《日清戦争の終結から清朝崩壊までの十数年間は、当時世界からも「中国の日本化」と称される時代だった》のである。[6]

日露戦争——全世界の被抑圧民族に与えた独立の「希望」——

明治維新はアジア諸国に近代化のあるべき姿、一つの「理想」を提示したが、アジアのみならず、西欧列強による植民地支配からの解放を求める全世界の被抑圧民族《ひよくあつみんぞく》に、独立の「希望」を与えたのが、日露戦争に他ならない。

それは、殆《ほとん》ど勝算のない戦争と言っても過言ではなかった。当時の日本とロシアの国力には圧倒的な落差があったからだ。当時のロシア陸軍は世界一の兵力であり、ロシア海軍も世界第三位の実力をもっていた。常備兵力は日本の十倍もあり、これでは最初から、日本に勝ち目はない。事実、当時枢密院《すうみついん》議長だった伊藤博文は、ロシアと交渉して妥協することで戦争を回避する以外にないと考え、またそのように行動している。

日本にとって唯一の救いは、世界一の海軍力を誇るイギリスが日英同盟（一九〇二年）によって、日本の味方についたことだった。イギリスは、ロシアが満州を占領して動こうとせず、アジアにおける自己の権益が脅かされるのを恐れて、極東におけるロシアの力を殺《そ》ぐために日本との同盟に踏み切ったのだが、これは朝鮮からロシアの勢力を一掃しようとしていた日本にとっても、天佑《てんゆう》だったと言える。

日露戦争は、大方の予想に反し、日本の勝利に終った。特に明治三十八年（一九〇五）五月の日本海海戦において、日本がバルチック艦隊に「パーフェクト・ゲーム」で勝利したことは、全世界を驚かせた。

非西洋世界で初めて、白人大国に挑み、これを打ち負かした日露戦争は、世界史の大きな転換点となった。日本の勝利は、全世界の有色民族に勇気を与え、民族独立運動に火を点《つ》けたのである。

中国の国父《こくふ》・孫文は、「大アジア主義」と呼ばれる神戸での最晩年の講演（一九二四年）の中で、次のように語っている。

日本が欧羅巴《ヨーロッパ》における最も強盛なる国と、戦つて勝つたといふ事実によつて、亜細亜《アジア》の民族が欧羅巴の最も強盛なる国よりも強い又亜細亜民族が欧羅巴よりも発達し得るといふ信念を全亜細亜民族に伝へたのであります。日本が露西亜と戦つて勝つたといふ事実は、即ち全亜細亜民族の独立運動の一番始りである。(7)

また、インド国民から「ネタージ」（英雄の中の英雄）と呼ばれ、今も熱狂的な国民的崇拝《すうはい》の対象となっているスバス・チャンドラ・ボースは、昭和十八年（一九四三）に大東亜会議のため日本を訪れた際の講演の中で、次のように述べている。

若《も》しも彼《か》の戦ひに於《お》いて日本が撃退されてゐたならば、アジアの運命は少くとも、あと五百年は閉塞《へいそく》されてゐたであらう。然《しか》し日本にとつて、全アジアにとつて幸運なことには、かの戦ひに於てアジア勢力が勝利を以て勃興《ぼっこう》し、全アジア復興の烽火《のろし》となつたのであつた。若しかゝる言が許されるならば、歴史的見地から、アジアは一九〇五年に誕生したのである。（中略）私は印度の少年の一人として、日本の勝利に、この上なき幸福感を抱いたのを決して忘れ得ないのである。私は何故、我々がかく故国を離れた遠隔の地に起つた出来事に、血沸き肉躍るの感を覚えたか知らなかつた。然《しか》し本能的にアジアの一員として、それが全アジアの救ひであり希望であつたことを、而《しこう》して、一アジア勢力が蹶起《けっき》して西方勢力に立向ひ、これを撃破したのであることを感じてゐたものであらう。(8)

「歴史的見地から、アジアは一九〇五年に誕生した」というチャンドラ・ボースの言は、日露戦争が世界史の大きな転換点であったことの証左、と言える。

さらに、インドネシア独立運動家にして、インドネシア共和国初代外相に就任したスバルジョは、その回顧録冒頭を次のような印象深い言辞によって始めている。

一九〇五年はアジア史の転換点であった。西欧の強国に対して日本が勝利を収めたことは、西欧優位の伝説に終止符を打った。(9)

同様の感慨は、ロシアの圧政に苦しんでいた中東・東欧・北欧諸国の被抑圧民族や、白人による人種差別に苦しんでいた在米のアフリカ系黒人にも、同様にあった。日露戦争こそは、明治維新という巨大な歩武《ほぶ》を更に一歩進め、植民地からの解放、民族独立への希望を、全アジア、否、全世界の被抑圧民族の心に灯《とも》した戦いだったのである。

日韓併合

日本は、日清戦争の結果として、台湾を領有することとなったが、日露戦争の五年後〈明治四十三年〈一九一〇〉〉には、韓国を併合することになった。

「領有」と「併合」では、常識的に考えてもその意味合いは全く異なる筈《はず》だが、今日ではこの二つの事件は、台湾と朝鮮が、ともに日本によって「植民地」にされた歴史として教えられている。中学校や高校の歴史教科書を見ると、判で押したようにそういう歴史認識で書かれている。

いや、教科書だけではない。韓国併合を専門とする研究者も、「日韓併合は日本による朝鮮の植民地化であり、日本の侵略の帰結である[10]」、「日本が軍事力を背景に、政治的強制と経済的圧迫を加えつつ、韓国外交権・内政権を次々に侵奪し、韓国を併合した植民地化過程[11]」、「日本の朝鮮支配は国際的に承認された植民地である[12]」というふうに、併合を「植民地化」と同一視することに何のためらいも見せていない。

だが、おかしいではないか。日本は韓国を「併合」（annex）して大日本帝国に吸収したが、「植民地」(colony)にしたのではない。両者には、天と地ほどの差がある。

朝鮮総督府司計課長・財務局長を歴任した水田直昌は、「少なくとも私達総督府官吏としてその統治に関与してきたものは(中略)『朝鮮は日本に従属する植民地』であったなどとは全く考えていなかった」[13]、「併合は(中略)いわゆる植民地視する意向の下に行なわれたものでないのみならず、積極的には(中略)新旧同胞を同一レベルに到達させることを究極の目的とした」[14]と証言しているし、戦前の日韓関係史研究の第一人者であった田保橋潔も、「朝鮮は日本の植民地ではありません」[15]と断言している。

尤《もっと》も、台湾を「植民地」と見るかどうかについては、既に領台直後から日本国内でも論争があり、最終的な決着はつかなかったようだ[16]。台湾は韓国と異なり、日本が領有する以前は清国が領有しており、元々国家としての体《てい》をなしていなかった。だから、日本がこれを領有した時点で、台湾を「植民地」と位置づけるかどうかをめぐって、烈しい論争が起きたことは理解できる。

しかし、朝鮮(大韓帝国が成立する以前の李氏朝鮮)の場合は国王もおり、清国を宗主国と仰ぐ「従属国」であったとはいえ、国家としての体はなしていたという点で、台湾とは明確に異なる。

なぜ、今どきの研究者や教科書執筆者は、「併合」や「領有」を「植民地化」と言い換えなければ気が済まないのか。そこには、「支配」と「搾取《さくしゅ》」を連想させる「植民地」という言葉に置き換えることで、朝鮮統治や台湾統治をマイナスに評価しようという〝底意《ていい》〟が働いているように思われて仕方がないのである。

他国を「取る」ことは是か非か

他国を「併合」するという言葉の響きに、今の日本人は何やら〝後《うし》ろめたい〟ものを感じないではいられないようだ。「併合」という日本語の響きは「武力征服」を連想させ、「侵略」の最たるもの、という語感があるからだろう。

それゆえ、韓国や北朝鮮から「日帝三十六年の植民地支配」を云々《うんぬん》されると、日本人はたちまち腰砕《くだ》けになってしまう。日本は朝鮮に対して、とんでもない酷《ひど》いことをしたのだという先入観が、既に戦後の教育によって、我々の脳裏《のうり》には色濃く刷り込まれてしまっているのである。

しかしながら、明治時代の日本人は必ずしもそうは思っていなかった。「併合」（名詞のannexation）は当時の国際法（「万国公法」）の認めるところであったばかりでなく、道徳的な〝悪〟とは少しも考えられていなかった。むしろそれは、〝善〟だとさえ考えられていたのである。というのは、他国を「取る」（併合する）ということの是非について、明治の日本人は、現代の我々とはおよそ異なった判断基準をもっていたからである。

ここで二、三、わかりやすい例を挙げる。

西郷隆盛の衣鉢《いはつ》を継ぐと言われたが、早くに亡くなってしまった荒尾精《あらおせい》という人がいる（明治二十九年没)。この人は、明治二十三年(一八九〇)に清国に渡り、日清貿易研究所(後の東亜同文書院)の所長になったが、渡航前の明治十五、六年頃、次のような抱負《ほうふ》を口にしていた。

支那に行って支那を取ります。支那を取ってよい統治を施《ほどこ》し、それによって亜細亜を復興しようと思います。(17)

明治という時代には、こういう人が一人や二人ではなかったことも、次のような証言を読むとわかる。

父は、しばしば語つた。「(中略)朝鮮半島に、北方からの強大な圧力が及んで来ると、日本はいつでもおびやかされる。今も清国、ロシアの圧力が半島に及んで来てゐる。陛下も御心配にちがひない。韓国の人民は、専制者の暴政の下で無力に苦しんでゐると聞く。おれが一つ韓半島に渡つて、国王となり人民を救ひ、対北方の国防線を固めて、日本を無事の地におき、天皇陛下の御心を休めたい。(中略)」かくして父は、下級通訳程度の速成韓国語を学び、半島に渡つた。(中略)明治時代には、こんな途方《とほう》もない妄想にとりつかれたやうな、わか者がいくらもゐた。(18)

ちなみに言えば、かの吉田松陰も「朝鮮を取り」とか、「満州を奪ひ」とかいうことを頻《しき》りに論じている。(19)これを現代人の感覚で、松陰の「侵略」思想だなどと字面《じづら》だけで解釈し、松陰を韓国「侵略」の尖兵《せんぺい》視する研究者が今でも跡を絶たないが、誤解である。

幕末から明治にかけて活躍した人々の、こうした思想を支えていたのは、漢学の素養《そよう》である。『孟子』「梁恵王章句下」には、〝他国（燕《えん》の国）を取ることは是か非か〟という命題を論議している箇所がある。

この命題に対する孟子の回答は、「之《これ》を取りて燕の民悦《よろこ》ばば、即ち之を取れ。（中略）燕の民悦ばざれば、即ち取るなかれ」であり、その国の民が悦ぶなら、「取る」ことは〝是〟とされていた。松陰はこれに註して、「古語にも戦勝は易《やす》く、勝を守るは難《かた》しと云ふ如《ごと》く、燕を取るの難きに非ず、燕を守るの難きなり。但だ民心を得る者は善く守るを得るなり」(20)と指摘し、取るは易いが、取った後が難しい、「民心を得る」かどうかがその分れ目だ、と言っている。

「国家主権の相互不可侵」という思想が普遍化《ふへんか》したのは、第二次世界大戦以降のことであり、明治の人間にとっては、他国を取る取らないということは、第一義の問題ではなかった。第一義は、取って他国の民が幸福になるかどうか、「民心を得る」か否かにあった。

韓国併合の底流にも、あるいは台湾領有の底流にも、そうした思想は確かに流れている。そこには、西欧列強に侵食されつつあったアジア全体の運命に対する、深刻な危機意識が潜んでおり、そこから朝鮮や台湾、延《ひ》いては満州や支那の民を救い、アジアを復興することで、西欧列強に対抗せんとする強烈な使命感が生じていたのである。

当時の日本人がもっていたそういう感覚は、現代人にはなかなか理解しにくいが、それがわからないようでは、そもそも台湾「領有」、韓国「併合」という歴史そのものが、理解できないことになるのである。

「合邦」の理想に共鳴した韓国人

今日、日韓併合の思想的源流として一般に認められているのは、樽井藤吉《たるいとうきち》が明治二十六年(一八九三)に漢文で出版した『大東合邦論』であろう。

ここには、日本と朝鮮はその国名を保持したまま、完全に対等な条件で「大東国」に一体化し、清国とも同盟して、東亜が一体となって白人勢力に対抗せんとする、明治人の一つの理想が表明されていた。以下に少し引用(訳は影山正治)してみたい。

ヨーロッパ白人勢力中、最も熾烈《しれつ》に我が東亜を狙つて居るのはイギリス、フランス、ロシヤの三国である。そのうち日本の最も恐れて居るのはロシヤである。(中略)此の時に当り、日韓一国となつて清国と同盟したならば、ロシヤの東洋艦隊は対馬海峡を過ぎて支那海に入ることが出来ない。(中略)清国としては、(中略)安南《あんなん》(ベトナム)を援《たす》けてフランスから独立させ、更にシャム、ビルマを連合させてマレイ半島を白人の手から解放し、(中略)イギリス勢力の侵入を阻止し、大義を唱へて起《た》つたならば、四方の諸国招かずして集つてくるにちがひない。

もし清国にこのやうな大志があつたならば、我が大東国も、清国と道を分けて南進し、南洋諸国をして白人の凶手《きょうしゅ》から解放せしめるであらう。かくの如くしたならば、数十年を出でずして一大アジア連邦を実現することが出来るであらう。(21)

ここには、後に日本単独で標榜《ひょうぼう》することになる「大東亜共栄圏」や「東亜解放」の思想が、既にはっきりした形を取って現れている。「大東合邦」はその第一着手であり、清国との同盟は第二着手であった。

現実の政治は、無論こういった一民間人の理想の通りには行かず、第一着手は「韓国併合」という、一方が他方を併呑《へいどん》する醜い姿に変形し、第二着手に至っては支那事変という大きな障害に直面したが、理想そのものは最後まで潰《つい》え去ることはなく、後年の大東亜戦争はその理想の具現化であった、と言っても過言ではない。

ここで重要なことは、こうした理想が単なる日本人の独《ひと》りよがりに終ることなく、朝鮮や支那にも熱烈な共鳴者を生んだという事実である。朝鮮では李容九《りようきゅう》が、支那では汪兆銘《おうちょうめい》(汪精衛《おうせいえい》)がその代表的人物であろう。

一進会《いっしんかい》という、韓国最大の親日的政治団体を組織した李は、樽井の『大東合邦論』に深く共鳴し、韓国の生き延びる道は「日韓合邦」にしかない、と信じた。そこで、武田範之《はんし》・内田良平《りょうへい》といった日本の民間人とともに、血の滲《にじ》むような努力で実現にこぎつけたのが、日韓併合であった。日韓両国民の間にこういう理想があったからこそ、韓国併合は欧米の植民地支配とは全く異なる形を取った、取らざるを得なかったと言えるのかもしれない。併合の目的は、「多年困憊《こんぱい》の窮《きゅう》境《きょう》に陥りたる半島の人民を救済して之が文化を高め、之が実力を養ひ（中略）依《よ》つて以て帝国の基礎を強固にし、東洋の平和を永遠に維持する」ことにあり、「半島から利益を吸収しようとするが如き、単なる植民地政策を実行することを以て究極の目的とするものでは無い」とは、総督府自らが明記するところであった。(22)

孫文と辛亥革命

孫文といえば、今日でも中国共産党から「中国革命の父」と称《たた》えられ、中華民国（台湾）でも同様に「国父」と称えられている存在だ。いわば、今は敵対関係にある中国と台湾双方の〝生みの親〟が孫文なのである。

また、孫文ほど多くの日本人を惹《ひ》きつけた革命家はいない。孫文の革命運動に、物心両面で支援を惜しまなかった日本人は数多《あまた》いたし、実際に大陸に渡り、革命に身を投じて命を落した山田良政《よしまさ》のような日本人さえ、少なしとはしなかった。

一般に「革命」は前王朝の打倒を伴う。中国に革命が起れば、清王朝打倒に伴う影響は日本に及ぶと考えるのが普通だろう。実際、当時、桂首相のブレーンだった徳富蘇峰《とくとみそほう》などは「吾人の眼前に突兀《とつこつ》として、共和国を建立《こんりゅう》せしむるは、我が国体と相容《あいい》れず」として、清朝擁護の立場から日本政府に対して、辛亥革命に積極的に武力干渉することを主張した(23)。

革命思想（共産主義・社会主義・無政府主義）は、明治末年には既に滔々《とうとう》として我が国にも流入しつつあり、不穏な社会的空気を醸成《じょうせい》していた。マルクス・エンゲルスの『共産党宣言』（一八四八年）が本邦初訳されたのは明治三十七年（一九〇四）、日露戦争が勃発《ぼっぱつ》した年で、直ちに発禁（発売禁止）となったが、訳者の幸徳秋水《こうとくしゅうすい》は、明治天皇の暗殺を計画したという廉《かど》により、辛亥《しんがい》革命が起った年（一九一一年）に死刑になっている（大逆事件・幸徳事件）。

しかし、そのような中でも、孫文を積極的に支持して憚《はばか》らない日本人は多かった。その筆頭が、後年首相にもなった犬養毅《いぬかいつよし》であり、民間人では宮崎滔天《とうてん》・頭山満《とうやまみつる》・内田良平などの面々であった。

彼らは、孫文の何にそんなに惹《ひ》きつけられたのか。

一つは、孫文の「滅満興漢」の志が、多くの日本人の心の琴線《きんせん》に触れた。これは間違いのないところである。例えば、孫文に最も早くから親炙《しんしゃ》した宮崎寅三《とらぞう》（滔天）に対して、孫文は次のように筆談で語りかけた。

余は固く信ず、支那蒼生《そうせい》〔人民〕のため、亜《あ》州黄種〔アジアの黄色人種〕のため、また世界人道のために、必らず天のわが党を佑助《ゆうじょ》するあらんことを。君らの来たりてわが党に交を締《てい》せんとするは、すなわちこれなり。（中略）支那四億万の蒼生を救い、亜東黄種の屈辱をすすぎ、宇《う》内《だい》〔世界〕の人道を回復し擁護するの道、ただ我が国の革命を成就するにあり。(24)

宮崎は、殆《ほとん》ど「酔えるが如く」にして孫文に傾倒《けいとう》していったというが、日中は連携してアジア復興のために寄与すべきであるとの信念を生涯持していた孫文に、多くの日本人が共鳴し、革命の助っ人たらんとしたことは確かである。

二〇〇年前の日本人が『国性爺合戦《こくせんやかっせん》』の中で夢見たものが、現実としてそこにはあった。鄭成功を援け、清朝を打倒したいという往年の日本人の夢は、孫文によって、正に現実のものになろうとしていたのである。また、実際問題として、孫文に加勢する日本人の存在なくしては、革命の遂行は不可能だった。

孫文はその生涯の三分の一を日本で過し、終始日本に依拠《いきょ》して革命を遂行せんとした。また、辛亥革命は清朝打倒には成功したものの（一九一二年）、革命の成果を清朝最大の実力者であった袁世凱《えんせいがい》に横取りされる結果となり（中華民国臨時大総統に就任した孫文は、袁にその地位を譲った）、第二革命、第三革命にも失敗して袁の帝政へと移行する（一九一五年）中で、孫文はまたもや日本への亡命を余儀なくされている（一九一三〜一六年）。

日本の存在なくして、今の中国（中華民国と中華人民共和国の両国）は生まれていなかったのである。

孫文と「満州公約」

もう一つ、日本人の革命党（孫文）援助を決定的にした理由として、満州問題がある。

孫文は日本からの支援を得るために、「革命成就の暁《あかつき》には、満蒙などは日本にくれてやる」と常々公言していたが（孫文の「満州公約」）、このことは後年の日本と満州との関わりを考える上で重要である。日本の満州権益（南満州鉄道および附属地租借《そしゃく》権）は日露戦争の結果、ポーツマス条約で得た合法的なものだったが、日本の満州進出を積極的に促したのは、中国の「国父」たる孫文その人だったからである。

戦後の日本人は、往々にして中国共産党のプロパガンダに惑《まど》わされ、満州事変は中国への「侵略」だと思い込まされているが、そもそも満州は中国の一部ですらない。孫文がロシアの革命家に対して「満州は、中国にとっては外国であって、中国の革命は満州には及ばない」と言っていたように、(25)漢民族にとって満州とは、その国境線たる「万里の長城」の以北にある夷狄《いてき》の地なのであり（これを「関外《かんがい》」といって、彼らの領土たる「関内《かんない》」とは明確に区別していた）、満州は清朝の故地《こち》（発祥地）ではあっても、漢民族とは縁もゆかりもない土地なのである。

「滅満興漢」というスローガンが示すように、漢民族の孫文にとっては、満州などは日本に「くれてやる」価値しかなかったことが、ここからは明らかである。この認識を外《はず》すと、日本がなぜ満州に進出したか、その理由がわからなくなるので注意が必要である。黄文雄《こうぶんゆう》の次の言葉に耳を傾けておきたい。

少なくとも日本が満州進出を果たす日露戦争まで、この「関外」という認識は、漢民族の間では生きていた。日本の満州進出は、中国の領土に土足で踏み入ったものではなかったのである。関外は古来諸民族興亡の地であって、その歴史の流れの中で、十九世紀にはロシア人が進入し、そして二十世紀に日本人が勢力を伸張していったということだ(26)

対米関係の悪化——人種問題と共産主義への対応——

日露戦争を仲裁したのは、米国大統領セオドア・ルーズベルトだった。彼は武士道に対する造《ぞう》詣《けい》も深く、その頃までは日米関係は良好であった。しかし、日露戦争で日本が大勝すると、米国内では日本に対する警戒心が、徐々に醸成《じょうせい》されていった。

日本人移民排斥問題　その端的な表れが、カリフォルニア州における日本人移民排斥《はいせき》運動であり、この問題の根底には黄色人種に対する白人の人種差別意識があった。

日本は第一次世界大戦後のパリ講和会議（一九一八年）で、国際連盟委員会に「人種平等案」を提出するが、米国大統領ウィルソンによって否決されてしまう。ウィルソンは「民族自決」の提唱者だったが、彼の言う民族自決は、白人以外の有色人種には適用されないことが、これによって暴露される形となった。

米国は、一九二四年（大正十三）には「排日移民法」を可決し、心ある日本国民を憤慨《ふんがい》させた。大東亜戦争の種は、実にこの時に蒔《ま》かれたのであり、そのことが大東亜戦争の遠因をなした、と昭和天皇が指摘されている。

この原因〔大東亜戦争の遠因〕を尋ねれば、遠く第一次世界大戦后《ご》の平和条約の内容に伏在してゐる。日本の主張した人種平等案は列国の容認する処とならず、黄白の差別感は依然残存し加州〔カリフォルニア〕移民拒否の如きは日本国民を憤慨させるに充分なものである。〔中略〕かゝる国民的憤激を背景として一度、軍が立ち上つた時に、之を抑へることは容易な業ではない(27)

日本人移民問題に頭を痛めていたセオドア・ルーズベルト大統領は、むしろ日本人移民を満州に振り向けることで、問題の根本的解決を図ろうとした。ルーズベルトは一九一〇年頃の談話で「米国政府ハ日本移民ヲ拒絶スル代償トシテ満州ニ発展スルヲ承認スルノミナラズ之ヲ奨励誘導セザルベカラズ」とまで言っている(28)。

先に孫文が日本の満州進出を積極的に促したことを述べたが、ルーズベルト大統領さえもが、動機は異なるとはいえ同様のことを述べていたのである。日本が満州への移民を加速させたのは、故《ゆえ》なきことではない。

対照的な共産主義への対応

この他にも、日本が米国と事を構えるようになった原因の一つに、共産主義の脅威に対する認識の温度差がある。

米国はロシア革命に対して、最初から頗《すこぶ》る楽観的だった。第一次世界大戦の最中《さなか》の一九一七年にロシア革命が勃発《ぼっぱつ》した時、ウィルソン大統領は次のように公式に声明している。

いまや、この専制政治は排除され、それに代わって寛大なロシア国民が、(中略)世界の自由、正義、平和のための戦列に加わったのである。われわれはここに誉れ高き同盟にふさわしい盟友を得たのである(29)

共産主義に対する、これほど誤った認識はあるまい。

他方、日本は「天皇制」打倒を呼号する共産主義を「国体」と相容れないものとみなし、その浸透を阻止すべく、大正十四年（一九二五）には治安維持法を可決成立させている。共産主義の脅威に対する日米のこの落差、温度差が、やがて両国を抜き差しならない対立へと、導いていくことになるのである。

例えば、昭和六年（一九三一）に生起した満州事変は、日本にしてみれば満州の共産化を阻止するための予防措置だったが、米国から見ると、日本の一方的「侵略」としか映らなかった。満州進出を日本に勧めた孫文もルーズベルトも既に亡く、蔣介石《しょうかいせき》もスティムソン国務長官も、日本の満州進出を「中国侵略」としかみなさなかった。

共産主義の脅威に対する彼我の認識の相違が、満州事変に対する決定的な認識の相違を生んだのであり、その距離が増幅されて、両国は大東亜戦争へと突き進んだのであった。

蔣介石と支那事変・大東亜戦争

我々は、辛亥革命後の中国を一つの国のように錯覚しがちだが、実際にはそうではない。中華民国建国後の中国は、混乱を極め、中国を代表する一つの政権というようなものはなかったのが、歴史の実相である。この様子を黄文雄は次のように表現している。

民国時代とは中国史上最大にして最凶の天下大乱の時代であった。（中略）第一に、天下人が、袁世凱、段祺瑞《だんきずい》、呉佩孚《ごはいふ》、張作霖、蔣介石と走馬灯《そうまとう》のように代わったことである。毛沢東が社会主義革命でプロレタリア独裁の権力を確立するまで、誰も独占的権力と権威を完全に手中にできなかった。

第二に、政府がやたらと多い。孫文の南京政府から北京の袁世凱政府、そして第三革命後に広州で三回再建された広州軍政府以後は、各党有力者、各武装勢力も勝手に政府をつくり、（中略）広州政府対北京政府のような南北対立だけでなく、同じ国民党内でも武漢政府対南京政府、南京政府対北京政府、南京政府対広州政府と、一党多政府の対立が続く。

国民党に限らず、共産党も各地にソビエト政府が乱立し、（中略）どの政府も「全中国人民を代表する」と主張しながら、対外的にはいかなる国家・政府としての責任を負わない、負えない。一言でいえば、国家の体をなしていない(30)。

やがて一九四〇年代になると、これらの政権は、日本の支援する汪兆銘（汪精衛）の南京政府、米英の支援する蔣介石の重慶《じゅうけい》政府、ソ連の支援する毛沢東の延安《えんあん》政府に整理され、三つ巴《どもえ》の内戦が展開されることになるのだが、いずれにせよ中華民国時代の中国（一九一二〜四九年）が「国家の体」をなしていなかったことには変りがない。

これに加えて、見逃されがちなことは、支那事変の背後にあったコミンテルン(31)の動きであろう。支那事変は表面上は日本と支那（蔣介石の国民党軍）との戦いだが、その背後には漁夫《ぎょふ》の利を得んとしたコミンテルンの大戦略があった。

コミンテルンは日本と蔣介石を相互に戦わせ、日支和平を妨害することで、双方を疲弊《ひへい》させようとした。このため、日本が支那事変の泥沼にのめり込む原因をつくり、果ては日本を米英との戦争に誘導することに成功したのである。

中国にとっての大東亜戦争

昭和三十九年（一九六四）七月、社会党委員長の佐々木更三が訪中した際に、毛沢東との間で次のようなやり取りが交わされている。

佐々木「過去において、日本軍国主義が中国を侵略し、みなさんに多大の損害をもたらしました。われわれは皆、非常に申し訳なく思っております。」

毛「何も申し訳なく思うことはありません。日本軍国主義は中国に大きな利益をもたらし、中国人民に権力を奪取させてくれました。みなさんの皇軍なしには、われわれが権力を奪取することは不可能だったのです。この点で、私とみなさんは、意見を異にしており、われわれ両者の間には矛盾がありますね。（みなが笑い、会場がにぎやかになる）(32)」

これは、単なる日本人向けの〝リップサービス〟だったのだろうか。当時、毛沢東は日本人に会えば、決って同様のことを述べていた。中国共産党の文献の中にも、同時期に別の日本人（南郷三郎）に対して毛沢東が語った言葉として、次のように記録されている。

実際に、日本帝国主義はわれわれの良い教師だ。第一に、彼らは蔣介石（国民党）の力を弱めた。第二に、われわれは共産党が支配する根拠地と軍隊を発展させることができた。抗戦（日中戦争）前、われわれの軍隊は一時三〇万人規模に発展したが、われわれ自身の誤りで、二万人余りまで減ってしまった。しかし、八年間の抗戦期間中、われわれの軍隊は一二〇万人まで発展できた。ご覧ください、日本はわれわれに大きな助けをしてくれたのではないか？(33)

台湾の最近の報道によれば、毛沢東による同様の発言は、一九五六年から一九七二年まで、実に六回以上も繰り返されていたことが判明している。(34)

事実、中国共産党は蔣介石によって、一時は壊滅寸前にまで追いやられるが、(35)張学良が蔣介石を監禁して「一致抗日」に踏み切らせた西安《せいあん》事件（一九三六年）以降は、完全に息を吹き返した。

支那事変で日支双方を戦わせ、自らの勢力は極力温存した結果はどうなったかというと、「日中戦争」期の八年間に国民党軍（蔣介石の国民革命軍）の戦死者は一四〇万人に達したにもかかわらず、共産党軍（八路軍および新四軍）は殆《ほと》んど兵力を消耗することなく、その勢力は一〇〇万人以上に膨《ふく》れ上がる結果になったのである。(36)

少なくとも中国共産党にとって、日本の中国「侵略」は〝願ったり叶ったり〟の天佑《てんゆう》であったことがわかる。

大東亜戦争の世界史的意義

一方、巨視的な観点から見ると、大東亜戦争は世界に何をもたらしたのであろうか。

第一に、それは大航海時代以来、数百年に及んだ西欧の植民地支配に止《とど》めを刺し、終止符を打った戦いだったと言える。イギリスの歴史家アーノルド・J・トインビーは、この点について次のように指摘している。

第二次世界大戦において、日本人は日本のためというよりも、むしろ戦争によって利益を得た国のために、偉大なる歴史を残したといわねばならない。その国々とは、日本の掲げた短命な理想である大東亜共栄圏に含まれていた国々である。日本人が歴史上に残した業績の意義は、西洋人以外の人類の前面において、アジアとアフリカを支配してきた西洋人が過去二百年の間に考えられていたような、不敗の半神でないことを明らかにした点にある。(37)

インドネシアの元首相モハメッド・ナチールは、もっとはっきりとこう述べている。

大東亜戦争が起きるまで、アジアは長い植民地体制下に苦悶していました。（中略）だから、アジアの希望は植民地体制の粉砕でした。大東亜戦争は、私たちアジア人の戦争を日本が代表して敢行したものです。[38]

ビルマのバー・モウ元首相も、同様の意見である。

歴史的に見るならば、日本ほどアジアを白人支配から離脱させることに貢献した国はない。しかしまた、その解放を助け、また多くの事柄に対して範を示した諸国民そのものから、日本ほど誤解を受けている国もない。[39]

これらの声に虚心坦懐《きょしんたんかい》に耳を傾けるなら、大東亜戦争で日本が掲げた「大東亜解放」の目的が、単なるスローガンではなく、世界史を動かした大事件であったことが明らかである。

大東亜戦争の第二の世界史的意義は、こうして西欧植民地支配から解放された大東亜諸国が、次々に独立を果した点に求められる。

それを象徴するのは、日本軍が東南アジア各地で設け、独立の訓練を施した義勇軍の存在だろう。例えば、インドネシアでは昭和十八年にＰＥＴＡ（郷土防衛義勇軍）を結成したが、そこから育った青年たちがインドネシア独立戦争（一九四五～四九年）の主力となって、遂《つい》にオランダからの独立を果したことはよく知られている。

オランダ陸軍士官学校を出て、大東亜戦争中は日本軍と戦った経験をもつインドネシアのナスチオン大将でさえ、次のように言っている。

日本軍が目の前で巨大な体軀の白色民族を叩きつぶして見せ、「インドネシアは独立すべきだ」と言ったのです。インドネシア人は初めて、（中略）「独立はインドネシア人の手でできるんだ」ということが分りました。（中略）

独立できた要素の第一は、日本軍が植民地政治体制を粉砕したことです。植民地体制の粉砕なくして独立はありえません。第二は、日本軍の猛烈な軍事訓練です。オランダはやってくれませんでしたし、我々自身がやろうと思ってもできるものではありません。日本軍時代の三年半でインドネシア人はすっかり変わったが、こんなに変わったことをイギリス軍やオランダ軍は分かっていませんでした。（中略）

日本は、歴史に残ることをしてくれました。誰も変えることのできない真実です。それを解釈するのは政治家やマスコミや学者ですから、今、いろいろに言われていますが、歴史に残る金字塔を打ち立てたということは、間違いのない事実ですよ。(40)

もう一人だけ、マレーシアのラジャー・ダト・ノンチック元上院議員の言葉を紹介したい。氏は大東亜戦争中、マラヤ南方特別留学生として来日し、陸軍士官学校に学んだ。

私たちは、マレー半島を進撃してゆく日本軍に歓呼の声をあげました。敗れて逃げてゆく英軍をみたときに、今まで感じたことのない興奮を覚えました。しかも、マレーシアを占領した日本軍は、日本の植民地としないで、将来のそれぞれの国の独立と発展のために、それぞれの民族の国語を普及させ、青少年の教育をおこなってくれたのです。
私もあの時にマラヤの一少年として、アジア民族の戦勝に興奮し、日本人から教育と訓練を受けた一人です。（中略）ですから今の若い日本人たちに、本当のアジアの歴史を知ってもらいたいと思っているのです。(41)

註

（1） 孫文は犬養毅に対して「明治維新は中国革命の第一歩であり、中国革命は明治維新の第二歩である」とする手紙を送っている。
（2） 葦津珍彦『明治維新と東洋の解放』新勢力社、一九六四年。
（3） 内村鑑三「日清戦争の目的如何」(『内村鑑三全集』第三巻、岩波書店、一九八二年所収)。
（4） 鈴木修次『日本漢語と中国――漢字文化圏の近代化――』中公新書、一九八一年。高名凱・劉正埮著、鳥井克之訳『現代中国語における外来語研究』関西大学東西学術研究所資料集刊16、一九八八年。
（5）（6） 黄文雄『近代中国は日本がつくった――日清戦争以降、日本が中国に残した莫大な遺産――』光文社、二〇〇二年。
（7） 『大阪毎日新聞』大正十三年十一月三・四日付（陳徳仁・安井三吉編『孫文・講演「大アジア主義」資料集』法律文化社、一九八九年所収）。
（8） 昭和十八年十一月十四日、日比谷公会堂における講演（スバス・チャンドラ・ボース述『進めデリーへ――スバス・チャンドラ・ボース演説集――』朝日新聞社、一九四四年所収）。
(9) スバルジョ著、奥源造編訳『インドネシアの独立と革命』竜渓書舎、一九七三年。
(10) 森山茂徳『日韓併合』吉川弘文館、一九九二年。
(11) 海野福寿『韓国併合史の研究』岩波書店、二〇〇〇年。
(12) 海野福寿『韓国併合』岩波書店、一九九五年。
(13) 水田直昌監修『統監府時代の財政――朝鮮近代財政の地固め――』友邦協会、一九七四年。
(14) 水田直昌監修『総督府時代の財政――朝鮮近代財政の確立――』友邦協会、一九七四年。
(15) 田保橋潔『朝鮮統治史論稿　復刻版』竜渓書舎、二〇〇一年。
(16) 黄文雄『台湾・朝鮮・満州　日本の植民地の真実』扶桑社、二〇〇三年。
(17) 葛生能久『東亜先覚志士記伝』上巻、黒龍会出版部、一九三三年。
(18) 「韓国紀行」（『葦津珍彦選集』第二巻、神社新報社、一九九五年所収）。
(19) 「丙辰幽室文稿」「野山獄文稿」等、複数の論考に見える。
(20) 『講孟余話』巻の一（『吉田松陰全集』第三巻、大和書房、一九七二年所収）。
(21) 『影山正治全集』第十七巻、影山正治全集刊行会、一九九一年。
(22) 朝鮮総督府編『施政二十五年史』序説、一九三五年。
(23) 徳富蘇峰『蘇峰文選』民友社、一九一五年。
(24) 宮崎滔天『三十三年の夢』岩波書店、一九九三年。
(25) 萱野長知『中華民国革命秘笈』アイシー・メディクス、二〇〇四年。
(26) 黄『台湾・朝鮮・満州　日本の植民地の真実』。
(27) 寺崎英成、マリコ・テラサキ・ミラー編著『昭和天皇独白録』文藝春秋、一九九一年。
(28) 角田順『満州問題と国防方針――明治後期における国防環境の変動――』原書房、一九六七年。
(29) ジョージ・F・ケナン『レーニン・スターリンと西方世界――現代国際政治の史的分析――』未来社、一九七〇年。

(30) 黄文雄『黄文雄の近現代史集中講座　日清・日露・大東亜戦争編』徳間書店、二〇一〇年。
(31) コミュニスト・インターナショナルの略。ロシア革命を世界に輸出することを使命とした共産主義政党の国際統一組織。
(32) 東京大学近代中国史研究会訳『毛沢東思想万歳』下巻、三一書房、一九七五年。
(33) 中華人民共和国・中国共産党文献研究室編『毛沢東外交文選』中国共産党中央文献出版社・世界知識出版社、一九九五年。
(34) 謝天奇「日本に感謝していた毛沢東「侵略で共産党が強大に」公開文献で少なくとも6回」(『大紀元評論』二〇一七年一月十八日付)。
(35) 当初の八万の兵力が、「長征」後の一九三五年には数千にまで激減した。
(36) 黄『黄文雄の近現代史集中講座　日清・日露・大東亜戦争編』。
(37) 一九五六年十月二十八日付『オブザーバー』紙(吉本貞昭『世界が語る大東亜戦争と東京裁判』ハート出版、二〇一二年所収)。
(38) 名越二荒之助編『世界から見た大東亜戦争』展転社、一九九一年所収。
(39) バー・モウ著、横堀洋一訳『ビルマの夜明け』太陽出版、一九七三年。
(40)(41) 名越編『世界から見た大東亜戦争』所収。

第三章　日本領有時代の台湾

明治二十八年（一八九五）から昭和二十年（一九四五）まで、台湾は日本が統治していた。この時代に日本が台湾に遺《のこ》したものを李登輝《りとうき》は、「台湾に近代化をもたらしたこと。そしてもう一つは、〝日本精神〟(1)」と述べている。

日本は、原始的な民族を含む多民族が割拠《かっきょ》している台湾へ近代産業・近代工業を持ち込み、台湾島を一つのまとまりのある社会へと導《みちび》いた。本章は、その軌跡を整理したものである。

第一節　領有初期の台湾

星原大輔

下関条約　日清戦争は日本の勝利に終り、明治二十八年、下関において日清講和条約（通称：下関条約）が結ばれた。

この条約において、清国が、第一に朝鮮の独立を承認すること、第二に遼東《りょうとう》半島・台湾・澎湖《ほうこ》

日清戦争の講和会議〔「清国媾和使来朝談判之図」小国政、明治 28 年（1895）、『大日本歴史錦絵』、国立国会図書館デジタルコレクション〕

島を日本に割譲《かつじょう》すること、第三に日本に賠償金《ばいしょうきん》を支払うこと、第四に四つの都市の開市・開港および欧米諸国と同じ通商上の特権を日本に認めること、が決められた。

遼東半島の領有をめぐっては、ロシア、フランス、ドイツの三国が清国への返還を勧告する干渉を行い、日本は清国への返還を余儀なくされた（三国干渉《さんごくかんしょう》）。

この時、日本政府内には三つの対処案があった。第一案は勧告拒否、第二案は列国会議による遼東半島問題の討議の提案、第三は無条件受諾であった。

第一案を貫くには彼我の力に歴然とした差があった。第二案は、列国の新たな干渉を惹起《じゃっき》するとして不採用であった。したがって、無条件受諾しかなかったが、外相陸奥宗光《むつむねみつ》は「三国に対して譲歩はやむを得ないとしても、清国に対しては一歩も譲ってはならない」と主張した。

第一章と第二章で勝岡寛次が指摘している日清戦争の真

の目的に鑑《かんが》みれば、この陸奥の主張は、中華思想に凝《こ》り固まっている清国の改革を促し、日中韓が対等の立場で手を結んで欧米列強の植民地化を阻止しようという「大アジア主義」の表明と受け止められる。

遼東半島以外の台湾と澎湖島は、欧米列強からの介入はなく、下関条約を以《もっ》て日本の領有となった。

ところで、当時、日本が台湾および澎湖島を領有する意義はどこにあったのだろうか。山岡淳一郎は、次のように記している。

日本が台湾を植民地にした目的は、政治、軍事的要因と経済的要因に大別できる。悲願の条約改正で日本は欧米諸国から「主権国家」と認められるようになった。その国際的地位を高め、国威を宣揚しようと台湾を占領した。日本も植民地を支配できる、と国際社会に知らしめる政治的狙いが強かった。軍事的に台湾を南方進出の拠点にする意図もあった。

もう一つの目的は、殖産興業政策で資本主義が成長し、国内市場が相対的に狭まったので海外進出に市場拡大を託したこと。(2)

この山岡の評価は後世の実態に引き摺《ず》られた評価であって、当時の実情を踏まえたものとはみなし難《がた》い。

台湾・澎湖島は、清国から見れば、沖縄と一括《ひとくく》りの「化外《けがい》の地」でしかなく、欧米列強もその地の領有について何の介入もしなかったことは、彼らも清国と同じように無縁の地と見ていたことの証左であろう。山岡の言うように、台湾領有が日本にとって「国際的地位を高め、国威を宣揚」して世界に力を示すほどの政治的成果であった、とは言い難いのではなかろうか。

また、軍事的な南方進出を当時どの程度考えていたかも疑問であり、加えて、「海外進出に市場拡大を託した」とあるが、当時の台湾は未開の地であった。インフラも整備されていない領有当初には、将来の負担への懸念《けねん》が高まり、有識者の間では一億円でフランスに売却するべきではないかという台湾売却論、あるいは台湾放棄論すら台頭していたのである。後に大陸も及ばぬ近代化を成し遂げた姿を誰も予想しえず、領有当初は経済的メリットは全く考えられなかったのである。それでは、なぜ、日本は台湾を領有したのだろうか。

李登輝は台湾を「東アジアの交差点」と呼び、「台湾海峡は海路、空路ともに西太平洋に不可欠の国際通商路であり、台湾海峡の平和と安全は国際社会の公共財である(3)」と語っている。明治の日本の政治家たちも同じ考えをもっていた。

井上毅《こわし》は伊藤博文に対する書簡で、「台湾を占有すれば、黄海・朝鮮海・日本海の航権(制海権)を押さえ、〝東洋之門戸〟を自由に開け閉めできるようになる。ましてや、日本本土と沖縄や八重山諸島との連絡は簡単に制御することができる。したがって、もし台湾が日本以外の他国の手に落ちれば、沖縄の安全は保障できなくなる(4)」と指摘している。

台湾海峡は今も昔も、「西太平洋に不可欠の国際通路」であり、日本にとっては〝世界と通じる〟通路である。台湾を領有してそこを自由に行き来できることは、世界と直接する地位を手に入れることに他ならない。そこに、困難な統治が予想されるにも拘《かかわ》らず、領有に踏み切った当時の日本が見えてくる。

四害の台湾島　下関での講和会議の最中、日本国全権の伊藤博文と清国全権の李鴻章《りこうしょう》との間で、次のようなやり取りがあったと伝えられている。

伊藤「台湾の島情は如何なりや。」

李「台湾には三年小反五年大反という諺《ことわざ》があり、実に難治の地なり。」

伊藤「三年小反五年大反とは如何なることなりや。」

李「それは島内を横行せる不逞浮浪《ふていふろう》の徒が、徒党を為して暴行を働き、島民を害し、財貨を横奪し、時の政府の施政方針に反抗するいわゆる暴徒の蜂起《ほうき》なるものが、三年目には小さく、五年目には大きく反復されるという語なり。」

清国（中国大陸）から見た台湾は、道徳的に教え導くことのできない野蛮人の地であるから、治安が悪く、社会の統一性が保てないと李鴻章は言っているのである。

平成十九年（二〇〇七）六月一日、国際文化会館で講演した李登輝は、当時の台湾の状況について、「当時の台湾は匪賊が横行する治安の悪いところで、コレラ・ペスト・チフス・赤痢《せきり》・マラリアが蔓延《まんえん》する瘴癘《しょうれい》の地でもあり、毒蛇の害が多く、阿片《アヘン》吸飲者も多く、産業にも見るべきものない未開発状態でした(5)」と述べている。

当時の台湾島には統一された社会というものはなく、多種の民族が割拠・対立する状況であった。清朝時代以降に大陸から移民してきた人々の子孫と南方系の形質をもつ原住民が、それぞれ小さな単位で集団を作り併存していた。そのような状況の中で、四害と言われる深刻な問題を抱えていたのである。四害とは、土匪《どひ》、アヘン、瘴癘、生蕃《せいばん》のことである。

土匪は土着の匪賊《ひぞく》のこと。土着の民であって、徒党を組んで出没し、殺人・略奪などを行う盗賊のことである。土着民なので住民とのつながりが緊密であった。「土匪は普段は住民の中に隠れて区別がつかない」し、住民は「用心棒代を住民税として土匪に納め、首長はそこから俸給を得ていた(6)」といった有様であった。

アヘンは代表的な麻薬である。古川勝三《ふるかわかつみ》は『若者に知ってほしい台湾の歴史(7)』の中で「台湾が日本に割譲《かつじょう》される時、李鴻章が伊藤博文に『台湾人のアヘンの吸飲は久しいことにて、これを禁止することはできないであろう』と言ったほど、台湾におけるアヘン吸飲の習慣は根強いものがあった」と記している。

瘴癘は風土病のこと。特殊の気候や風土によって起る伝染性の熱病であり、衛生事情の悪さや医療の未発達から蔓延する。領有当時、台湾にはマラリア、赤痢、ペスト、コレラなどの風土病が蔓延しており、台湾平定に赴《おもむ》いた近衛師団長の北白川宮能久《よしひさ》親王もマラリアで薨去《こうきょ》されたと伝えられているように、台湾平定時の死者のほとんどが風土病による病死であった。

生蕃は南方系の原住民のことである。文明の恩恵に浴さず、粟・芋を主食として狩猟を日常の仕事とする原始さながらの生活を送っていた。平地居住が八種族、山地居住が八種族、海島居住が一種族となっており、数十人から数百人単位で集落（これを「社」という）を形成し、部族間の対立は勿論《もちろん》、個人的な争いでも首狩りを行っていた。

平定作戦　清国は条約締結後の明治二十八年（一八九五）四月十九日、台湾の官民に対して、日本への割譲を正式に通達した。交渉過程は外国新聞などの報道によって漏《も》れ伝わっていたとはいえ、この通達を受けて島内には大きな動揺が走った。とりわけ、大陸からの移住民の間では、将来への不安も含めて鬱屈《うっくつ》した憤懣《ふんまん》が広がった。

こうした中、五月二十三日、清国の台湾巡撫《じゅんぶ》であった唐景崧《とうけいそん》を総統とする「台湾民主国」が

台南府攻略〔「台湾大激戦之図」楊斎延一、明治28年(1895)、『大日本歴史錦絵』、国立国会図書館デジタルコレクション〕

誕生した。独自の国璽《こくじ》や旗、年号まで作って諸外国に通知した。それからわずか六日後の二十九日、初代台湾総督に任命された樺山資紀《かばやますけのり》海軍大将の率いる軍と北白川宮能久親王の率いる近衛師団、約五万の日本軍が台湾に上陸した。

台湾民主国軍は清国から派遣されていた正規軍三万五〇〇〇人と義勇兵、併せて約一〇万人で迎撃態勢をとった。しかし、軍事訓練を受け近代兵器を有する日本軍は破竹の勢いで進撃し、短期間で基隆《キールン》を占領した。元々士気が低く規律も乱れていた民主国軍は、緒戦に敗れると完全に統制を失い、兵士たちによる略奪や乱暴狼藉《らんぼうろうぜき》が横行し、台北《タイペイ》城内とその周辺地域は大混乱に陥った。

さらに、日本軍が基隆を占領したとの報が伝わるや、民主国総統の唐景崧は老婆に変装し、公金をもったままドイツ船で大陸に逃げた。他の要人も次々と大陸の厦門《アモイ》へと逃走した。台北城内の有力者や外国商人たちは善後策を協議し、日本軍を一日でも早く城内に迎え入れて秩序回復を図ることで、意見が一致した。かくして、日本軍の先遣隊は六月七日、住民の道案内で台北へと進み、一婦人が城壁から降ろした梯子《はしご》によって無血で城内に入ることが出来た。

台北を簡単に占領できた日本軍は、七月二十九日、南部の討伐に出発した。しかし、南進作戦は困難を極めた。なぜなら、南部は定着化した漢人系の移住民が多く、彼らが原住民とともに激しく抵抗したからである。婦女も参加したゲリラ戦が広範囲で繰り広げられ、日本軍は苦戦した。加えて日本軍を苦しめたのが、赤痢やマラリアなどの風土病であった。多くの兵士が罹患《りかん》し、北白川宮能久親王以下四、六四二名もの病死者が出た。

しかし、時間の経過とともに抵抗軍は次第に押され、リーダーとなっていた劉永福《りゅうえいふく》が厦門へ脱出したため、十月二十一日、台北と同じく住民に導かれて日本軍は台南《タイナン》に無血入城した。最終的に、日本軍は約五万の兵士と約二万六〇〇〇の軍夫を動員し、死傷者は五、三二〇人となった。大部分が病死であったとはいえ、日清戦争の戦死者が八、三九五人であったことを考えると、この平定作戦が非常に厳しいものであったことが窺《うかが》われる。

ちなみに、日本が台湾全土を鎮圧し終えたのは、最後の土匪（林少猫《りんしょうびょう》）を討伐した明治三十五年（一九〇二）五月、領有七年後の第四代総督児玉源太郎《こだまげんたろう》の時代であった。

統治方法と国籍選択　日本政府にとって、総督府の裁量権を認めて現地の実情に合せる「特別統治」（イギリスのインドで行った統治）、植民地を本国の一部と捉えて同化を進める「内地延長」（フランスのアルジェリアで行った統治）のどちらを方針とするかは重要な選択であった。日本はその折衷《せっちゅう》案を採用した。すなわち、台湾だけに通用する法律を作り、しかも、行政では日本内地と同じように統治するという方法である。

台湾統治の最高責任者は台湾総督で、その任命権が天皇にある親任官であった。総督は台湾統治のための律令《りつれい》（台湾に施行すべき法律がなく、台湾特殊の事情により特例を設けることを要するものについて発令する命令）を制定・施行する権限と、司法官を任免できる権限を持っていた。

総督の下には一般行政の責任者である民政局長を配置し、その下に各行政機関が設けられた。また、総督が政務を行う最高行政機関である総督府は台北に置かれた。

領有初期の施策で特筆すべきは、台湾住民に国籍を選択させたことである。日清講和条約には、条約批准から二年後（明治三十年五月八日）までに、台湾および澎湖《ほうこ》島の住民は、現地に留《とど》まって日本国民となるか、あるいは財産を処分して台湾を退去するか、どちらかを選択することが出来ると定められていた。

このため総督府は、「台湾及澎湖列島住民退去条規」を発令した。その内容は、①台湾および澎湖諸島の住民で、台湾からの「転居」を希望する者は、永住者、短期居住者に関わらず、氏名や住所、財産などを「地方官庁」に期日までに届け出ること、②「土匪暴徒の擾乱《じょうらん》」に関与した者は、まず「帰順降伏」して武装解除した後に台湾から退去すること、③台湾を去る者が携帯する私有財産にはすべて「海関税」を免除すること、であった。

台湾総督府〔台湾総督府殖産局特産課編『伸び行く台湾の茶葉』、昭和13年(1938)、国立国会図書館デジタルコレクション〕

総督府に集められた各地からの報告によれば、最終的に清国の国籍を選択して台湾および澎湖島を離れたのは、五、四六〇人、一、五三六戸であった。当時の全人口の一%にも満たなかったようであるが、これは大陸から移住してきた漢系の人々の定着がかなり進み、住み慣れた土地を離れがたかったからであろうと推定されている(8)。

いずれにしても、彼らには国籍を選択するという機会が与えられたのであった。

第二節　台湾統治の課題と後藤新平

星原大輔

アヘン対策をはじめとする難治の台湾統治を改善すべく起用されたのが、後藤新平《ごとうしんぺい》であった。明治三十一年（一八九八）二月に第四代総督に任命された児玉源太郎《こだまげんたろう》は、後藤新平を民政局長（後に民政長官と改称）に起用した。

後藤が抜擢《ばってき》されたのは、後藤が提出したアヘン対策案を伊藤博文などの政府首脳が評価したこと、また、かつて日清戦争帰還兵の臨時検疫作業を見事にやり終えた後藤を児玉が高く評価していたからだと言われている。いずれにしても、台湾統治が軌道に乗り始めたのは、後藤新平が民政局長となって台湾開発のグランドデザインを作成してからであった。

（一）後藤新平の根本理念

「生物学の原則でやる」というのが後藤の台湾治政の根本理念であった。それは、台湾の風俗習慣に即した施策を行うという意味であり、昔からの土着民や漢民族の文化や慣習を重んじることを基本とした。このことを後藤新平は次のように話したという。

比良目の目を鯛の目にすることはできんよ。（中略）比良目の目が一方に二つ付いているのは、生物学上その必要があって付いているのだ。それをすべて目は頭の両方に付けなければいかんといったって、そうはいかんのだ。政治にもこれが大切だ。社会の習慣とか制度とかいうものは、みな相当の理由があって、永い間の必要から生まれてきているものだ。その理由を弁えずにむやみに未開国に文明国の文化と制度とを実施しようとするのは、文明の逆政というものだ。そういうことをしてはいかん。(9)

後藤の意向を受けて明治三十四年（一九〇一）、総督府内に『臨時台湾旧慣調査会』が設置され、大規模な調査が開始された。

後藤新平肖像〔菜花野人『後藤新平論』、大正８年（1919）、国立国会図書館デジタルコレクション〕

同調査会の第一部では、部長に京都帝国大学法科大学教授で新進気鋭の民法学者である岡松参太郎《おかまつさんたろう》が就任し、法制に関する調査が行われた。土地・親族・相続の三つの分野について、各地方の役所が発令した法令や書類を調査し、かつ現地に赴《おもむ》いて実態調査を行うなど評価の高い業績をあげた。

第二部は、部長に実業家の愛久澤直哉《あいくざわなおや》、裁判官の波多野高吉、大蔵官僚の宮尾舜治《みやおしゅんじ》が任ぜられ、農工商経済の旧慣に関する調査が行われた。第二部は報告書を刊行したのち第一部へ吸収合併され、当調査会の解散は大正八年（一九一九）、最終報告書の上梓《じょうし》は大正十一年であった。

生物学の原則でやることを基本としつつも、台湾の拓殖政策は「輓近《ばんきん》の科学的政策」に基づいて計画された。まず、鉄道、郵便、電信などを初めとし、道路、治水、水道、下水、病院、学校などのインフラ整備を行い、その上で「殖産工業収税等の改良」に着手するという手順である。

ちなみに、後藤の「科学的政策」という観点は、イギリスの歴史学者ルーカス（C. P Lucas）の「Historical Geography of the British Colonies（英国植民地の歴史地理）」からヒントを得ており、イギリスの植民地政策を参考にしたものであった。

ところで、このような台湾治政を全うするには、それ相応の人材を必要とする。後藤が台湾に赴任した時、台湾領有から僅《わず》か三年にして行政組織が野放図《のほうず》に自己増殖していた。日本本国から派遣されてきた官吏は、中央の目が届かないのをいいことに、官吏の特質そのままに無駄な枝葉を広げていたのであった。

後藤はまず行政組織をスリム化した。県の統廃合によって六県（台北、新竹、台中、台南、嘉義、鳳山）三庁（宜蘭、台南、澎湖）を、三県（台北、台中、台南）三庁（宜蘭、台東、澎湖）と大幅に改正した。

そして、各県庁の下に設置されていた弁務署、警察署、撫墾署などを整理統合し、従来六五あった弁務署を四四とした。これによって一、〇八〇人もの官吏が罷免《ひめん》されることとなった。

一方、仕事ぶりを認めて残した官吏には特別手当を支給し、優秀な人間がいると聞けば、六割加俸《かほう》の条件などで内地の役所や大学から奪い取るようにして台湾に連れてきて、総督府の要職に配置した。

「資本は単に金銭のみではない。人も亦資本である[10]」と考えていた後藤は、人事の刷新と人材の雇用によって仕事を進める環境を整備したのである。

台湾の礎を築いた日本人①　**住民の立場に立った治世——西郷菊次郎——**　**【清家和弥】**

西郷菊次郎は、明治維新の大業を果した西郷隆盛の子である。九歳のとき、生まれ育った奄美大島から鹿児島の西郷本家に引き取られ、十二歳のとき米国留学を機会に外交への志を抱くようになった。明治十年、十七歳のとき、父に従って西南の役に従軍して右足に被弾《ひだん》、膝下《しっか》を切断し義足となった。二十四歳のとき、外務省に入り、翌年、米国公使館勤務のため再渡米、明治二十八年、三十五歳のとき、台湾総督府に赴任した。

台湾に赴任した西郷が痛感したのは、力による支配の限界であった。薩摩の支配下にあった大島で生まれ育った西郷は、外部の勢力による統治を受け入れがたい原住民の心情が理解できたにちがいない。赴任時の西郷の建白書には、「台湾治政の肝要点《かんようてん》は、先ず民心の収攬《しゅうらん》にあり、その為には常に住民の立場から治政を考えることは忘るべからざる最重要事なり」と記されていた（佐野幸夫『西郷菊次郎と台湾――父西郷隆盛の「敬天愛人」を活かした生涯――』南日本新聞開発センター）。まさに父の「敬天愛人」の精神をもって、台湾の治政にあたっていたのである。

宜蘭《ギラン》庁長に就任してまもなく、児玉源太郎が四代台湾総督に、後藤新平が民政局長に就任した。それまでの軍政による支配から、その土地の民俗・習慣を熟知した上で、それに適した政策を実施すべきとの考えをもつ児玉や後藤の後盾《うしろだて》のもと、西郷は自らの信念を貫いて宜蘭の施政に取り組んだ。

当時は、社会は不安定で、土匪《どひ》が跋扈《ばっこ》し、盗賊がはびこり、人心は乱れたままであった。その中で、台湾の人々の心をいかに和《なご》ませ、治安を取り戻していくか思案し、庁内の仕事の合間を見つけては、よく宜蘭の街を馬車に乗り巡視した。民情を視察し、住民に寄り添って、課題解決の糸口を見出していくことが大切だと考えたからである。

ある年、宜蘭地方は大雨で、畑作物の収穫が危ぶまれた。そんな折、西郷は、璧霞宮、勧善局の明神に詣でて一心に晴天を祈った。その姿を目にした住民は、心底から民を思う西郷の真心を感じとった。西郷の誠意が通じたのか不思議なことに晴天に変り豊作になったと伝えられている。

西郷が最も心を砕いたのは、土匪をいかに帰順させるかであった。そこで、児玉、後藤の懐柔政策のもと、これをいち早く実行した。すなわち、宜蘭の土匪に直接面会し、帰順すれば、現在までの罪は全て許し、良民と共に田畑を耕作することを支援し、土木工事、開墾、採鉱、樟脳《しょうのう》製造等の職を与えることを約した。かくして、明治三十一年七月、帰順の約束が成立し、帰順式が行われた。

こうして治安が安定化していく中で、西郷が力を注いだのは、宜蘭川の堤防築堤であった。台湾は台風にしばしば見舞われ、その度に宜蘭川は氾濫《はんらん》し、宜蘭は大きな被害にあっていた。西郷は、堤防をさらに高く築くしかないと決意した。

第一期工事は、西郷在任中の明治三十三年四月より約一年五カ月、延べ人員八万人が協力した。しかし、湿地帯での工事は、人海戦術に頼る難事業であった。このときの様子を、宜蘭県史館の李英茂は次のように述べている。

西郷庁長は、堤防工事時、昼夜田野を奔走し、監督督励された。一庁の長がこのように身を以て現場に足を運ぶだけでも称賛に値するのに、もし彼が歩行も困難な身体障害者であったと知ったら住民の感銘如何ばかりであったか。実は西郷庁長は、西南戦争で父に従い負傷して右足を膝下から切断していたのである。このことを知る住民は当時殆どいなかった。（「西郷隆秀（菊次郎の子）を偲ぶ会」における挨拶。平成十三年）

第二期の工事は、西郷が退任後、大正十五年まで進められ、長さは約三、七四〇mまで延長し、人員は延べ七四万人にのぼった。わが身のハンデを微塵《みじん》も見せず、住民のために奔走する西郷の熱意が、多くの人々を奮い立たせて、巨大な堤防を完成させたのである。

この堤防の完成により、宜蘭は、洪水の災害から苦しめられることがなくなった。人々は西郷の人柄を偲《しの》び、またその業績を讃《たた》えてこの堤防を「西郷堤防」と命名し、今日もその名称で親しまれている。

(二) アヘン対策

日清戦争の講和条約の席で、清国全権の李鴻章《りこうしょう》が日本全権の伊藤博文に、「貴国が台湾を領有するのは宜しいが、アヘンではきっと手を焼きますぞ」と警告したという。そのアヘンは華南地方から清国全体に広がり、中でも台湾で最も蔓延《まんえん》していた。貴賤貧富《きせんひんぷ》、老若男女を問わず、アヘンの喫煙習慣が広がり、清国全体の喫煙者は約五〇万人、台湾では約一七万人にも及んでいた(11)。

そこで後藤は、アヘン吸煙を基本的に厳禁し、その製造・販売を政府の専売とした。常習者をすぐに止めさせることは難しいため、医師によって「アヘン中毒に罹《かか》りたる者」と診断された者には役所から一定の通帳を交付し、この通帳をもつ者に対してのみ特別店舗で「薬用」として販売することとした。常習者と販売ルートを総督府の行政指導の下に置くことで管理し、違反者は厳罰に処し、新たなアヘン吸煙者を作らせずに徐々に減少させ、最終的にはアヘン吸煙の習慣を根絶させるという手順であった。

厳禁すればアヘン中毒者に禁断症状を生じさせ、社会混乱を招いてしまう。専売制にして輸入・製造・販売を管理し、通帳をもつ中毒者にのみ売るという人道的配慮を匂《にお》わせ、その実、末端の販売価格を大幅に引き上げて税収増を目論《もくろ》む。それを財源にアヘンの害を伝える啓蒙《けいもう》運動や医者の配置などの衛生事業を推進する。そういう仕掛けであった。

抗日紛争が続発している急場を凌《しの》ぐには、ツボを突いた巧妙な策であった。吸飲者の減少に成功しただけでなく、内地からの財政独立を促進する上でも好結果を生みだした後藤のアヘン対策は、難治のアヘンを「金のなる木」にする施策であったと言えよう。

(三) 土匪対策と保甲制度の活用

治安状況に応じて「三段警備」を採用したのは第三代総督の乃木希典《のぎまれすけ》(12)であった。それは、最も不安定な危険界は軍隊による治安維持を、不穏界には憲兵を配置し、安定している安全界は警察官による警備を、というものであった。

しかし、「土匪」と一般人との区別は難しく、また通訳を介した対応では意図が伝わりにくく、誤認逮捕あるいは処罰が頻出《ひんしゅつ》したという。その上、軍隊と警察では命令系統が異なるため現場が混乱するなど、事実上、この三段警備は成功しなかった(13)。

この問題解決に道筋をつけたのが、後藤新平であった。後藤は「台湾統治に当たっては、この島にもともと根づいていた〝自治の慣習〟を重んじ、広義の〝警察制度〟を確立して総督に全権を与え、本国政府は干渉するな(14)」との論を展開していた。

後藤はまず三段警備を廃止し、警察を中心とする治安方式へ切り替えた。ただ、導入したその警察制度は、日本の制度とは異なり、通常の行政・司法警察活動だけではなく、収税などの一般行政事務の補助も行う「広義の警察組織」であった。

蕃地《ばんち》付近に駐在した警察官は、原住民の子弟たちの教師も兼務するなど、広範にわたって各種業務を務め、社会統制を図る上で重要な役割を果した。それによって本島人や原住民にとって、警察官はもっとも身近な日本人となり、現地住民との間の心温まる感動的な実話が多く残っているので、その一部を本章に配したコラムで紹介した。(15)

さらに、伝統的な地域隣保組織である「保甲《ほこう》制度」を再編し、治安維持に活用した。保甲制度とは、一〇戸を以《もっ》て一甲として甲長を置き、一〇甲を以て保として保正（保の長）を置いた住民の自治制度である。保甲には、犯罪調査や犯罪人の捕獲などを行う警察の補助機関としての役割もあれば、戸籍の整備、住民出入の検査、公衆衛生に対する責任、道路交通の安全責任など行政事務の補助機関としての役割もあった。なお、匪賊《ひぞく》や水火災の警戒防禦《ぼうぎょ》を維持するために保甲壮丁団を編成することも求められた。

この制度の特徴の一つが連座制である。もし保甲内から犯罪者が出た場合は、同じ保甲の住民も連座責任で罰金もしくは科料が課せられた。相互監視と連帯責任を設けることで、治安維持を高めようとしたのである。

このように治安体制を整えた上で、台湾総督府は「アメとムチ」を以て「土匪」問題に臨んだ。「ムチ」と言われているのは、「匪徒《ひと》刑罰令」である。多くの人を結集し暴行または脅迫を以て目的を達しようとする者を「匪徒」とし、その首魁《しゅかい》（首謀者）や教唆《きょうさ》者、参加者、指揮者らを死刑に処すなど、かなり厳しい刑罰が定められた。実際、後藤の就任から五年間で、約三万二千人が刑罰の対象となったとも言われている。

一方、「アメ」と言われているのは、乃木がはじめた「土匪招降策」の踏襲《とうしゅう》である。後藤は指導者と直接交渉して、もし武装解除して帰順すれば過去の罪を問わないこととし、さらに投降後の生計が成り立つよう手配したのである。

こうした対策によって、「土匪」の鎮圧は、明治三十四年（一九〇一）五月にほぼ終結したとされている。李鴻章が「三年目には小さく、五年目には大きな反発が起こる」と述べた社会状況は大きく改善されたのであった。

台湾の礎を築いた日本人②　**神に祀られた巡査たち**　**【大葉勢清英】**

台湾東部の新城から約六四kmにある内タロコ山地トボコ村では、大正七年（一九一八）夏、飢饉《ききん》となり、餓死《がし》者が出るようになった。大正三年に赴任していた佐賀県出身の警察官・武富栄蔵《たけとみえいぞう》巡査は、見るにしのびず、自らの俸給を投じ、内地の妻子への送金まで中止して米を買い、村人の救済に努めた。また、鉄砲の代りに鍬《くわ》を携行し、餓死した村人の遺体を手厚く葬《ほうむ》ったり、親が餓死した子供二人を引き取り、立派な青年に育て上げたりした。巡査の姿勢に心打たれた村人は、村内の建物に神棚を設け、武富巡査の写真を掲げて、朝夕に礼拝したという。

広枝音右衛門《ひろえだおとうえもん》巡査も、神に祀られた日本の警察官の一人である。

神奈川県小田原出身の広枝は、昭和五年（一九三〇）に台湾総督府巡査として台湾北部の新竹《シンチク》で警務を務めた。昭和十八年には大東亜戦争の中で海軍巡査隊長に任命され、二千人の台湾人志願兵や軍属を連れてフィリピンのマニラに渡り、巡査隊の訓練と治安維持の任務に当った。だが、昭和二十年二月、米軍上陸の報に際し、軍上層部から巡査に全員玉砕《ぎょくさい》の命令が下った。

広枝は、苦慮のすえ、台湾人兵士の命だけは保証するようにと米軍にかけあい、二十三日、拳銃自決した。最後に広枝は、台湾人の部下に対して「祖国台湾には諸君らの生還を心から願っている家族が待っている。責任は日本人の私がすべてとる」と訓示したという。部下たちは、その後、全員帰国することができた。

戦後、かつての部下だった人々の集まりである新竹警友会《しんちくけいゆうかい》の手により、広枝とその妻の位牌《いはい》が、苗《ビョウ》栗《リツ》県《けん》獅頭山《しとうざん》の権化堂《ごんげどう》に祀られた。

神奈川県横浜出身の森川清治郎《もりかわせいじろう》巡査も神に祀られた一人である。

森川は、明治三十年（一八九七）、台湾南西部の台南州（今の嘉義《カギ》県）副瀬村に着任した。副瀬村は、痩《や》せた土地と浅瀬の海の厳しい環境にあり、村民は半農半漁《はんのうはんりょう》の貧しい生活を送っていた。また、マラリア・コレラ・ペストなどの伝染病や、匪賊《ひぞく》による治安の悪さにも悩まされていた。教育程度も低く、台南における男子の識字率は一割にも満たなかった。

森川は、このような過酷な社会で、治安維持に努めつつ、衛生の改善に努め、家の周りに排水溝を掘らせて汚水を流させたり、各家庭における飲食物の扱い方などについても、懇切丁寧に指導した。さらには、農地の改良や農耕技術の改善にも取り組み、自ら鍬《くわ》を持って指導に当り、村民に自費で農機具を進呈するなどしたのである。

教育の普及にも力を入れ、寺子屋式の学校を開き、日本から教科書を取り寄せ、自費で教師を雇い、時に自ら教鞭《きょうべん》を執った。自分の息子も台湾人と同じ環境で机を並べさせ、優秀者には自費で紙・筆・墨などを贈呈した。病める者には薬を、貧しい者には物品を施し、村民の生活苦に心から同情し、労《ねぎら》った。

一方で、自らの身辺は清貧を貫いた。明治三十四年（一九〇一）当時、森川が同僚たちと撮影した写真が残っているが、周りは当時の警察官に許された皮のブーツを履いているのに対し、一人森川だけが草鞋《わらじ》を履いていることがわかる。

また、村民を救った例として次のようなエピソードが紹介されている。

或る日、村民黄渓《こうけい》が海へ牡蛎《かき》を獲りに行き貝殻でひどく怪我をして海中で泣いているのを見付け、直《す》ぐ様《さま》海中に入り、二キロメートル余りある家まで背負い介抱した。後に当の本人よりも森川清治郎の方が大怪我をしたことを村民は知り、今更ながら其の誠実さに感泣した。（王振栄『義愛公伝　時空を超えて息づく森川清治郎』監制　富安宮管理委員会）

こうした森川を村民は「大人《うし》、大人《うし》」と心から敬慕した。大人とは、徳が高く度量のある偉人という意味である。

総督府が新たに漁業税を課した時にも、森川は村民のために尽力した。警察官には徴税の任務もあったので、村民たちは、何とか納税は免れぬまでも軽減をお願いできないかと森川に嘆願した。村の貧しさを実感していた森川は、その願いの切実さを充分に理解できたのだろう。税金の軽減について上司に交渉することを約束した。

しかし、巡査の減免嘆願の申し出を受けた台南州東石支庁は、森川が村民を扇動し事を荒立《あらだ》てたと誤解し、巡査を懲戒処分にしてしまった。この処置に対し、森川は明治三十五年（一九〇二）四月七日、無念やる方ない思いから、「疑われては弁解の術もない。覚悟する」とのメモを残し、村田銃の引き金を引き自決してしまう。四十二歳であった。銃声を聞いて駆け付けた村民は声をあげ嘆き悲しんだ。巡査の遺体は村の共同墓地に鄭重《ていちょう》に葬られた。

この巡査の憤死は行政当局を驚かせた。森川の訓戒処分は取り消され、台南州知事は警察官の鑑《かがみ》として森川を表彰した。そして、税金については、査定に誤りがあったという名目で村民全員が再申告した結果、従来と同様の税額で落ち着くことになった。森川は身を賭《と》して重税の苦から村民を救ったのである。

森川巡査の自決後二一年を経た大正十二年（一九二三）、副瀬村周辺の村々でコレラなどの伝染病が流行した。村民の不安が募る中、副瀬村の村長の枕元に警察官が立ち、「隣村で流行《はや》っている伝染病を防ぐには、普段から環境衛生に心がけなければならない。平素の生活、とりわけ飲食に注意し、生水や生ものを口にしないこと、そうすれば必ず治る」と告げ、消え去ったという（許國雄監修、名越二荒之助・草開省三編『台湾と日本・交流秘話』展転社）。

村長は、この警官こそ村で語り継がれていた森川巡査の霊に違いないと、お告げの通り対策を講じた。すると、伝染病は収まり、村は落ち着きを取り戻した。村民たちは、自分たちの親や祖父母に尽くしてくれた森川巡査が、死後も自分たちを護《まも》ってくれていることに心から感謝した。

そして、森川は、「義愛公《ぎあいこう》」と称され、神を祀る廟《びょう》である富安宮《ふあんきゅう》（嘉義県東石郷副瀬村）に祀られた。「義愛公」とは、生前はもちろん、死後も慈愛を注いでくれた森川の義と徳を追慕するための名前である。

さらに「義愛公伝」は台湾各地域にも広がりを見せ、現在、新北《シンホク》市新荘北巡聖安宮に「義愛公」の分霊も祀《まつ》られるなど、今なお台湾の人々の信仰を集めている。

（四）土地制度の改革と戸口調査

土地調査事業では、所有者・地番・地目・境界を確認する地籍《ちせき》調査と、面積を測量し、正確な地籍図・地籍簿を作る測量調査が、明治三十一年（一八九八）五月から実施された。

日本が領有する以前の台湾では、耕作地は「大租戸《だいそこ》（墾主）」と呼ばれる地主と「小租戸《しょうそこ》（業主）」という開墾に携《たずさ》わった者がそれぞれ自分の物にできる「二重所有」が認められていた。すなわち、大租戸は耕地ごとに「田底権」と呼ばれる所有権を、小租戸は同じく「田面権」なる所有権をもっていた。

小租戸は収穫物の一割から三割を「大租」として大租戸に納めれば永久にその土地を耕作でき、また、大租戸の承諾なくとも田面権の売買や貸与ができた。したがって、施肥や灌漑《かんがい》で地力がついて収穫量が増えるようになると小租戸の力が強まり、小租戸は小作人に土地を貸して耕作させ、収穫物の大部分を「小租」として受け取る寄生地主になっていた。(16)

清国の台湾巡撫《じゅんぶ》であった劉銘伝《りゅうめいでん》がこの問題解決に取り組んだが、結局、失敗に終っていた。台湾総督府はこの劉の失敗も踏まえて、所有権問題の処理を行った。調査事業がほぼ完結した明治三十七年、総督府は「大租権整理令」を公布し、大租戸がもつ土地の権利を買い上げ、小租戸を唯一の土地所有者とした。このように土地の所有権を一元化したことで、地租徴収の基盤が整った。

また調査の過程で、多くの隠田《おんでん》が発見されて、全耕地面積が約三六万甲ではなく約六三万甲（一甲＝〇・九七ha）であることも明らかとなり、地租の税収は明治三十六年度の九二万二〇〇〇円から、翌年度には一九五万五〇〇〇円へと、一気に増加した。

土地調査は前近代的な「地籍」を明らかにして所有権を定め、地租の徴収を軌道に乗せたこと、並びに二重所有の解消と地籍の明確化で経済発展のスターティングブロックを作ったという光があった反面、所有関係が曖昧《あいまい》だった土地をごっそり「官有」にしたという影も伴っていた。(17) ちなみに、全面的な測量によって、島内の地形や河川、農田、埤圳《ひしゅう》などの位置を正確に把握することができ、台湾総督府がインフラ計画を立案する上で役立つこととなった。

戸口調査は、明治三十八年（一九〇五）に実施された。前述したように、台湾および澎湖《ほうこ》諸島の住民は明治三十年五月八日まで国籍を選択できたため、それまでは人口動態調査に着手できなかった。その後、土匪《どひ》問題の解決に目途《めど》がつき、また明治三十五年に国勢調査に関する法律が成立し、内地で明治三十八年に第一回国勢調査が実施されることとなったため、台湾でも戸口調査を同時に行うことが決定した。

内地の国勢調査は日露戦争のため延期となったが、台湾では予定通り実施された。この調査では、人口、労働、住居だけではなく、「種族」「常用語」「常用以外の語」「読み書きの程度」「阿片《アヘン》煙吸食者」「纏足《てんそく》者」なども調査項目となっており、住民たちの実情をより詳しく把握しようとしていたことが窺える。(18) こうした情報もまた、その後の政策立案に生かされることとなった。

(五) 生蕃対策

近代化事業を推進する上で、最も大きな問題は生蕃《せいばん》対策であった。樺山資紀《かばやますけのり》初代総督は「愛育《あいいく》撫字《ぶじ》」を旨としたが、土匪対策など、島内の治安維持に専念せざるを得なかったため、具体的な対策を実施するまでには至らないままに、日本人と原住民との間で摩擦《まさつ》が拡大していった。

一例を挙げると、日本人が樟《くすのき》を得るために北中部山麓《さんろく》へたびたび立ち入るようになり、原住民がこれに反発した軋轢《あつれき》があった。これによって樟脳《しょうのう》の生産が停滞したこともあり、総督府内では事態を打開する具体策が検討された。その結果、参事官の持地六三郎《もちじろくさぶろう》が提唱する「威嚇《いかく》して後撫《ぶ》する」方針を採用し、威圧政策と懐柔《かいじゅう》政策を併用した対応を行うこととなった。

具体的には、まず隘勇線《あいゆうせん》と呼ばれる境界を設置し、境界線上に鉄条網を張り、監督員を駐在させた。そして原住民が立ち入らないようにし、銃器類や食塩などを入手できないようにした。その上で、隘勇線周辺の原住民の部族に総督府への帰順を促したのである。

帰順の意思を示した部族があった場合は、まず所持する銃器類を押収し、その土地に「蕃地道路」「警察道路」と呼ばれた道路を開き、警察官吏駐在所などを配置し、警察官に治安維持や行政事務を担当させた。帰順しない場合には、その部族への武力行使を実施した。

こうして隘勇線を少しずつ前進させて、台湾総督府の支配権を拡張していった。大正四年（一九一五）に、島内のすべての部族が総督府に帰順したとされている。[19]

しかし、この強引とも言える威圧政策は、昭和五年（一九三〇）に起った霧社《むしゃ》事件（第三章第四節参照）の一因とも言われており、のちに修正されることとなる。

一方、並行して行われた懐柔《かいじゅう》政策の柱は、授産と教育であった。前者の授産とは「水田作、牧畜、養蚕、機業《きぎょう》、煙草《たばこ》作、茶樹、桐木《きりのき》、柑橘《かんきつ》、苧麻《ちょま》、蓪草《つうそう》の栽培」が想定されており、狩猟中心から農耕中心へと生産形態を変化させ、生活の安定、向上を図ったのである。これに伴って、山地から農耕に適した平地へ集団移住した部族もあったという。[20]

後者の教育には、原住民の子弟の「化育」「徳育」を目的とする初等教育機関の設立があった。かくして、創設されたのが、蕃人《ばんじん》公学校である。修学年限が原則四年と短く、授業料は無料で、学校運営などは官費で行われた。

ただし、島内の教員はまだ少なく、治安が不安定なこともあり、設置されたのは二〇校に留《とど》まった。そこで、蕃人公学校が設置されなかった蕃地付近には、警察官吏派出所に蕃童教育所が併設され、日本人の警察官が授業を行った。

山地勤務の警察官は、首狩りの風習が残る原住民の襲撃に備えつつ、電気も水もなく、マラリアを始めとする風土病の恐怖が身近にあるなどの過酷な環境の中で、治安維持をはじめ、生活指導、害虫駆除、出産、衛生環境の改善、子弟教育などの任務を行ったのであった。

生蕃（ブヌン族）〔中華民国交通部観光局提供〕

蕃人公学校の必須科目は修身（礼儀作法および心得）、国語、算術、唱歌、実科（耕作・製作・除草・飼育など）で、蕃童教育所の教育科目は礼儀、倫理、耕作種芸、手工、国語、計数法、習字であった。修身または礼儀の内容は、敬礼（坐・立・注目・点頭・謹聴・欠身など）、譲路、門戸の出入、食事、物品授受とされており、日本人的な生活様式に沿った俗習であった。国語は、文字の読み書きではなく、「対話し得る様に」「話し方」が重視されていた。(21)

知識の習得以上に、「化育」「徳育」を中心とした教育によって、伝統的な風習であった入れ墨や出草（首狩り）が消滅していくこととなった。

エピソード③　サヨンの鐘　【大葉勢清英】

「サヨンの鐘」として伝えられているエピソードは、当時の日本の警察官がいかに台湾人に慕《した》われていたのかを示している。サヨンとは、台湾北部の山麓（現在の宜蘭《ギラン》県）に住んでいたタイヤル族の十七歳の少女で、本名はヨハンと言った。（黄文雄『台湾は日本人がつくった――大和魂への「恩」中華思想への「怨」――』徳間書店）

昭和十三年（一九三八）当時、サヨンの住む村には田北正記《たきたまさき》という日本人の警察官が駐在し、現地の人々に慕われていた。当時の台湾に赴任した日本の警察官は、警察任務とともに、教育や医療なども施したため、現地住民からの信頼は厚かった。同年九月二十七日、田北巡査は支那事変勃発に際し、海軍の召集を受けて、大陸に出征することになった。

下山《げざん》の日は前夜からの台風で、田北巡査は身を守るために軽い出で立ちで、荷物をもたずに出発しようとした。すると蕃社《ばんしゃ》女子青年副団長のサヨンが、心残りがあるままに出征しないようにと、荷物運びを申し出た。そして七人の青年男女が一足先に出発して荷物を運んだ。

だが、途中の橋でサヨンはバランスを崩して激流に呑《の》まれ、命を落としてしまったのである。民族衣装を着ていたために泳げなかったサヨンは、激流の中、かろうじて「サヨナラ」と叫んで流されていったと伝えられている。後日、サヨンが運んでいたトランク三個は見つかったが、サヨンの遺体はついに見つからなかった。

昭和十六年（一九四一）、サヨンの物語を知った当時の長谷川《はせがわ》清《きよし》総督は、彼女らの篤行を褒賞《ほうしょう》し、村に「愛国乙女サヨンの鐘」と刻んだ真鍮製《しんちゅうせい》の鐘を贈った。また、その年十一月に、「乙女の真心」という歌がつくられ、歌手・渡辺はま子が歌い、昭和十八年（一九四三）には李香蘭《りこうらん》主演の映画「サヨンの鐘」がつくられたことによって、多くの人々が知るところとなった。

戦後は、国民党軍により鐘は打ち捨てられ、記念碑は「愛国」「サヨン」「昭和」の文字が削られて川に捨てられてしまい、久しく行方不明であった。しかし、平成の時代となり、サヨンの関係者により石碑の一部が掘り起こされた。今では、慰霊祭も行われるようになり、石碑は完全に復元された。

台湾の礎を築いた日本人③ 生蕃の信頼を得た男——鳥居信平——

【江崎圭伊子】

台湾南部の屛東《ヘイトン》県には清らかな水が流れ、緑豊かで美しい自然の風景が広がっている。この土地が、荒《あ》れ野《の》だったとは信じられないほどである。この土地に豊かな水を供給する灌漑《かんがい》施設「二峰圳《にほうしゅう》」を作ったのが鳥居信平《とりいのぶへい》であった。

鳥居は、明治十六年（一八八三）静岡県に生まれ、東京帝国大学で農業土木と農業工学を学んだ。商務省に就職し、その後清国山西省《さんせいしょう》の農林学堂の教授となり、帰国後は徳島県の土木課に就職したが、大正三年(一九一四)、「台湾製糖」からスカウトされて台湾に渡った。

サトウキビの安定的な確保を目指していた「台湾製糖」は、広大な土地をもっており、鳥居は、その土地を改良することを命じられた。しかし、その土地は作物を作るには、非常に困難なところであった。「乾期は、地下を二m掘っても一滴の水すらでてきません。三月は極端な旱魃が襲い、人間や家畜の飲み水は全く手に入りません。ところが、五月から雨期が始まると、今度は洪水が襲い、田畑は水に浸かってしまいます」(まどか出版編『日本人、台湾を拓く。——許文龍氏と胸像の物語——』まどか出版)という有様であった。

また、マラリヤなどの恐ろしい病気、獣や毒蛇との遭遇《そうぐう》など、危険と隣り合せの過酷《かこく》な作業であったが、鳥居は、ひるむことなくデータを集め続けた。その緻密《ちみつ》な調査をもとにして考えられたのが、川床《かわゆか》に堰堤《えんてい》を埋めて地下を流れる水を溜《た》める地下ダムを作ることであった。

地下にダムを作ったため、原住民たちの狩場や漁場を損《そこ》なうことなく、風景をそのまま残すことができた。しかも、地下水を使っているために乾期《かんき》でも安定して水を供給することができ、豪雨《ごうう》であろうと水が濁《にご》らない。マラリアの原因となる蚊《か》などの発生の心配もいらず、衛生的でもある。電力も使わないので、維持管理するお金もかからない。住民の生活は向上した。

この「二峰圳」を作るに当って、最も苦労したのが原住民の協力をとりつけることであった。この辺《あた》りは、様々な部族が生活していて、土地と水の権利をもっていた。工事の計画を知ると、原住民は自分たちの水源を傷《きず》つけるなと「台湾製糖」に対して強く抗議をしてきた。その中には、当時、人々が恐れていた高砂族《たかさごぞく》もいた。

鳥居は、原住民の村々をひとつひとつ回り、根気《こんき》強く話していった。中国語、台湾語、パイソン語、ルカイ語もしゃべれるようになり、五〇人以上の頭目《とうもく》たちと対話を続けた。なかなか理解をしてくれない相手と対等に料理や酒を楽しみ、信頼を勝ち取っていったのであった。

ある時、鳥居は仲のよい一人の頭目から、「お前は立派な顔をしているので首を家に飾りたい」と真面目に言われた。「今は待て。この仕事が終わったらくれてやってもいい」と答えたそうである。

（平野久美子『水の奇跡を呼んだ男――日本初の環境型ダムを台湾につくった鳥居信平――』産経新聞出版）

「人に接するに純朴《じゅんぼく》、職務に厳格《げんかく》の一面に豊かな人間味があり、人使いがうまい」「どこまでも熱の人であり意《い》の人」とは、『糖業』（昭和十二年第十一号）に載《の》った鳥居への評である。冷静な思考に加えて仁愛に富み、使命感が強く、かつ肝が据わっていなければ、生蕃《せいばん》を相手に為《な》し遂げられる事業ではなかった。

屏東《ヘイトン》県の中学校の副読本にはその業績が掲載《けいさい》され、二〇〇九年には生まれ故郷の静岡県袋《ふくろ》井《い》市に、台湾の「奇美文化基金会」（許文龍会長）から鳥居の胸像が贈られている。

（六）財政の基盤作り

民政局長に任ぜられ渡台した後藤新平は、児玉第四代総督と協議し、明治三十二年（一八九九）にいわゆる「財政二十箇年計画」を発表した。目標は、台湾財政の独立と台湾経済の自立化である。

具体的には、当初は赤字財政を覚悟しながら各種の財源を掘り起こし、それを基に官営事業による殖産興業《しょくさんこうぎょう》政策を積極的に展開することに努める。その収益を上げながら、政府からの国庫補助を段階的に減少して、明治四十二年度には財政の独立を実現するという計画である。

殖産興業政策を推進するため、三つの新しい財源が想定された。

第一に、地方税による税収である。台湾では、明治二十九年（一八九六）に、製糖税、樟脳《しょうのう》税、製茶税、地租の賦課《ふか》が開始された(22)。しかし、前者三つの税は各産業の整備が整っていない中では、安定かつ十分な税収は期待できなかった。その点、地租は安定した税収が期待できたが、土地台帳が整い、土地の権利関係が明確になるまでは、それほど大きな税収とはならなかった。そこで、総督府は自由裁量で賦課徴収できる地方税の導入を図り、明治三十一年七月に地租附加税、家税、営業税、雑種税の四税を新たに設けた(23)。これらの税収は、帝国議会の制約を受けず、台湾総督府の自由な裁量で利用できた。

第二に、事業公債の発行である。台湾総督府は、鉄道、築港、土地調査の三大事業を骨子とする二〇年計画、六〇〇〇万円の事業公債案を作成した。この規模に台湾の世論は驚愕《きょうがく》し、内地の政府首脳は仰天《ぎょうてん》した。後藤は関係者への説明に奔走《ほんそう》し、その結果、明治三十二年三月、総額三五〇〇万円で「台湾事業公債法」が公布された。以後、明治四十一年度まで事業公債は毎年発行され、縦貫《じゅうかん》鉄道の敷設《ふせつ》、基隆《キールン》の築港、庁舎建設、水利事業など、大規模なインフラ整備を進める費用に充《あ》てられた。

そして第三に、専売制度である。既述したアヘンの専売制度が明治二十九年に始まっていたが、その後、食塩および樟脳（明治三十二年）、煙草《たばこ》（明治三十八年）、酒（大正十一年）の専売制度がそれぞれ開始された。専売益金はすべて台湾事業公債の償還にあてられ、専売制度による収益は主要な歳入科目のひとつとなった。

その他、台湾銀行券を独自に発行して外国資本に対抗し、台湾の産業発展の一元化を促す目的で台湾銀行が設立（一八九九年）され、また、島内流通を促進する観点から度量衡《どりょうこう》制度が設けられた。

余話　後藤新平という人物

齋藤洋子

後藤新平は陸中国胆沢《いさわ》郡塩釜村（現在の岩手県奥州市水沢区）において、安政四年（一八五七）、仙台藩伊達家の臣下である留守家の家臣、後藤佐伝治実崇《さねたか》と利恵《りえ》の長男として誕生した。一族には高野長英《たかのちょうえい》がおり、そのため幼少期には「謀反人の子」と嘲笑《ちょうしょう》されたというが、幼い頃から俊英であった。

明治二年（一八六九）八月、胆沢県が設置されると県庁の給仕に採用され、そこで県の大参事安《やす》場《ば》保和《やすかず》に見出されて彼の学僕となった。後藤の将来を嘱望した安場は、部下である阿川光裕《みつひろ》に後藤を預けた。以後、阿川は後藤が一人前になるまで援助を続けた。

十七歳で須賀川《すかがわ》医学校に進むが、成人するまでは貧窮の極みにあり、この時代、ぼろぼろの着物に片方の足には下駄《げた》、もう片方には草履《ぞうり》を履《は》いていたという逸話が残されている。

明治九年（一八七六）、愛知県立病院（現・名古屋大学医学部付属病院）に勤務し、同十四年には同病院長兼愛知医学校長となった。翌年、岐阜で刺客に襲われて負傷した板垣退助《いたがきたいすけ》の治療に当ったことは有名な話である。

明治十六年（一八八三）、内務省衛生局に入り、のち在官のままドイツに留学してミュンヘン大学でドクトル・メディチーネの学位を取得した。同二十五年、帰国して衛生局長に就任するも、相馬事件に連座して誣告《ぶこく》の罪に問われる。すなわち、相続問題に関与した疑いで検挙され、非職を命ぜられたのである。

後藤新平の銅像（岩手県奥州市水沢区・水沢公園、齋藤洋子撮影）

明治二十七年、無罪の判決を受け、翌年、臨時陸軍検疫《けんえき》部事務官長として日清戦争後の帰還兵の検疫業務に携わった。帰還兵二三万人余の検疫を二カ月でやり遂げるという功績をあげ、当時の児玉源太郎《こだまげんたろう》部長に認められた。この功績により、同年九月、後藤は内務省衛生局に返り咲いた。

明治三十一年、第四代台湾総督となった児玉源太郎から呼び寄せられ、台湾民政局長（後に民政長官）に就任した。その職にあって卓抜《たくばつ》した手腕を発揮し、台湾の発展に尽くした八年後、南満州鉄道の初代総裁に就任、台湾での手法を踏襲し、都市や農村の秩序や慣習をよく調査して政策を行った。同四十一年、第二次桂太郎《かつらたろう》内閣の逓信《ていしん》大臣に就任、初代の鉄道院総裁を兼務し、大正元年（一九一二）に第三次桂内閣の逓信大臣に就任、鉄道院総裁と拓殖《たくしょく》局総裁を翌二月まで兼任した。

大正五年、寺内正毅《てらうちまさたけ》内閣の内務大臣兼鉄道院総裁となり、同七年には外務大臣となってシベリア出兵を推進した。同九年、東京市長に迎えられ、同十二年の関東大震災直後には第二次山本権兵衛《やまもとごんべい》内閣の内務大臣に就任、帝都復興院総裁を兼任して大規模な東京復興計画を立案した。政官界を引退した大正十三年以降は社会事業や文化事業に力を注《そそ》ぎ、昭和四年（一九二九）、七十一歳で永眠した。

九年間台湾総督府で民政長官を務めた後藤は、実に多くのものを台湾に遺《のこ》した。道路、港湾、鉄道、産業、教育、衛生と数え上げれば枚挙にいとまがない。その中でも後藤だからこそ、後藤にしか遺せなかったものは、「自治の精神」であろう。後藤はそれを次のように語っている。

国家の健全なる発展を期せんと欲せば、国家生活の一部の機能たる、各種生活体の健全なる発展を期せねばならぬ。各種生活体の健全なる発展を期せんと欲せば、各種生活に特有する、特殊の目的、特殊の利害、特殊の習慣、特殊の感情に順応したる、生活態様、生活作用が行はれねばならぬ。斯くの如き、生活態様、生活作用の行はれんことを欲せば、各種の生活体の自治を助長せしむる以外に適当なる方法はないではないか。（後藤新平『自治の修養』東亜堂、大正八年）

後藤が、時間と費用を費やし、大規模な旧慣調査を実施した理由は、「自治を助長」させるためであったと言ってよいだろう。「自治的能力なるものは、一切の生物、一切の細胞に本能的に備はって居るもので」あり、「自治生活なるものは、人類生活の自然的所産であり、自然的発展である」と考えていた後藤は、台湾の旧慣の中から、この地に根ざした「生活態様、生活作用」を探ったのである。その結果設けられた保甲《ほこう》制度は、後藤の言うように「官治行政の力及ばざる所を補うて、国家の目的を達する作用」として機能した。

自治生活の要義は、国民各自の公共的精神を涵養し、披瀝し、一致団結、以て相互的協力の

美風を作興するにある

と、自治の精神の向かうところを見つめていた後藤が常々口にした処世訓は、「人のお世話にならぬよう、人のお世話をするよう、そして酬《むく》いを求めぬよう」という「自治三訣《じちさんけつ》」と呼ばれる言葉であった。短い言葉ではあるが、自治生活を実践するための心構えとも捉えることが出来よう。

後藤の台湾統治が、稀《まれ》に見る成功を収めることができたのは、台湾に本来備わっていた「自治の精神」を再興させたことにこそあったのではないだろうか。

プランナーであると同時にコミュニケーター、教育者でもあった後藤新平は、自治三訣の精神をもとに、人間の本質に則した社会構造を考えた人であった。調査研究を重視し、ビジョンを打ち出し、人材を集め、リーダーシップを発揮して政策を実行するという人物像は、日本の政治家としてはきわめて特異なパーソナリティをもっているとみられている。

「時流に先がけた卓抜した着想や、しばしば〝大風呂敷〟と評された大胆で雄大な構想力は官僚出身者としては異色」であり、「現実的条件の中でその構想の具体化をはかるという点では不十分なところが多く、また、やや気まぐれで忍耐力に乏しく、強い個性ゆえに対人関係において協調性に欠ける嫌いがあった」（『国史大辞典』）という否定的見解もあるが、「人生の大肯定、日々進歩することを信じてやまない楽観主義、当世風にいえばポジティブ・シンキングの未来志向が精神的根幹を形成している」（山岡淳一郎『後藤新平　日本の羅針盤となった男』草思社）という人物像が正鵠《せいこく》を射《い》ているように思える。

第三節　日本による台湾の近代化策

星原大輔

（一）教育政策

基本的な考え方

台湾での教育は、近代化に向けた知識の伝授のみではなかった。「精神的な支柱として、嘘をつかない、不正なことはしない、自分の失敗を他人のせいにしない、自分のすべきことに最善を尽くすという〝日本精神〟が教えこまれた(24)」のであった。

この台湾における教育政策の方向性を定めたのは、民政局学務部長に任じられた伊澤修二《いざわしゅうじ》であった。

伊澤が提唱した教育構想の特徴の一つは、日本語教育を教育政策の根幹に位置づけたことである。伊澤は、日本語教育の目的は「其日常ノ生活ニ資シ、日本国的精神ヲ養成スル」ことにあるとした。

そもそも、多民族社会の台湾には、共通語に相当する言語がなかった。漢民系の人々が話していた中国語は、広東《かんとん》語と閩南《びんなん》語の二種類あった(25)。また、原住民は部族によって異なる言語を使用していた。そのため、台湾島を一つの社会としてまとめるには、多民族を結びつける共通語となる言語を定着させることが必要であった。

そこで、台湾現地の一つの言語を採って共通語とするよりは、日本語を共通語とする方が台湾の近代化に資すると考えた。なぜならば、日本人は江戸時代から西洋の思想や知識を日本語に翻訳しており、日本語を通じて西洋文明を積極的に受容することで近代化を一気に進めることが出来るからであった。

留意しておかねばならないことは、日本語教育が他の列強諸国の植民地政策に見られるような、言語文化の剝奪《はくだつ》ではなかったということである。共通語としての日本語と、元々使用されていた現地の言語の複言語化を目ざしていたのである。したがって、日本人は台湾人を教化するために台湾語をマスターしようとし、殊《こと》に、警察学校と師範学校の教師は台湾語学習が必要だったため

国語学校の授業風景〔台湾総督府総督官房文書課『台湾写真帖』、明治41年（1908）、国立国会図書館デジタルコレクション〕

に台湾語学習会が開かれていたのである。[26]

ところで、伊澤は、新しく領土となった地域の教育方針には三つのパターンがあるとしていた。自国の言語や思想のみを柱とする「主我的の教化」、全く新しい教育方針で行う「仮他的の教化」、そして自国と新領土の言語や思想を併用して行う「混和的の教化」である。このうち、台湾における教育は「混和的の教化」が適当であると、伊澤は主張した。[27]

その根拠の一つとして、「一視同仁《いっしどうじん》」を旨とする皇室の精神に合致することを挙げている。もう一つの根拠として、日本と台湾は「同文同種」、つまり人種が近く、また意思を伝えるために「漢字」を用い、「孔孟《こうもう》の教え」(儒教)という共通の文化基盤をもっていることを挙げている。

そこで、内容の一部に儒教との共通性をもち、また本文中に「中外に施して悖《もと》らず」(国の内外で十分に有用する)とあるように、普遍性も有する『教育勅語』を台湾における教育の基礎に据え、「日本国的精神」の養成を図ろうとした。これが、伊澤が提唱した教育構想のもう一つの特徴である。

こうした理念を抱いていた伊澤は、①「会話書」や各種教科書を編輯《へんしゅう》すること、②将来教員や官僚となる本島人に日本語を教え、通訳等に従事する内地人に台湾語を教える言語教育を専門とする教育機関を設置することの二つを「目下急要」と位置づけ、この二つの目的を実現させるために芝山巌《しざんがん》学堂を開設した。

芝山巌学堂は郊外の八芝蘭士林《はっしらんしりん》の地（現在の台北市士林区）にあり、清朝《しんちょう》時代に私塾が開かれ、多くの学士を輩出した地である。台北城内ではなく、学堂をあえて台北城外に置いたのには理由があった。

伊澤は、明治二十九年（一八九六）二月の講演で次のように述べている。

若《も》しや教育者と云《い》ふものが、他の官吏《かんり》の如きものであるならば、何の危《あやう》い地に踏込むことがござりませう、城の中に居れば宜《よろし》い話である。然《しか》るに教育と云ふものは、人の心の底に這入《はい》らねばならぬものでありますから、決して役所の中で人民を呼附《よびつ》ける様にして、教育を仕やうと思つて出来るものでない。故に自ら身に寸鉄《すんてつ》を帯びずして、土民《どみん》の群中《ぐんちゅう》にも這入らねば、教育の仕事と云ふものは出来ませぬ[28]

当時の日本人教師たちの覚悟のほどが窺《うかが》える。

明治二十八年七月、後に「六士《ろくし》先生」と呼ばれる六人が赴任し、周辺の子弟を集め日本語を教授し、十月には第一回修業式が行われ、六人の生徒に修業証書が授与された。

しかし、翌年の元旦、楫取《かとり》道明ら六人は年始式に出席するため下山していた途中、土匪《どひ》に襲撃され、全員が落命する（「台湾の礎を築いた日本人④芝山巌と六士先生」参照）。

講習員を募集するため一時帰国していた伊澤は、この芝山巌《しざんがん》事件によって応募者たちが辞退するのではないかと恐れたが、「皆勇んで希望の意を表し」たという。伊澤は四五人の講習員とともに渡台し、一時閉鎖されていた芝山巌学堂を再開し、日本語教員の育成を進めた。

ところで伊澤は、教員養成を専門とする師範学校と本島人に初等教育を施す模範学校を創設することを「永遠」の事業と位置づけていた。師範学校としては、明治二十九年（一八九六）三月に総督府国語学校（附属学校を含む）が開校し、師範部と語学部（本国語科と土語科）が設けられた。模範学校は同年五月、国語伝習所として島内一四カ所に設置された。

台湾の礎を築いた日本人④　芝山巌と六士先生

【鈴木由充】

年の瀬も押し迫った明治二十八年十二月末、士林《しりん》一帯が不穏《ふおん》な空気に包まれ、元旦を期して土匪が蜂起《ほうき》するという情報が入った。当然、地元の人々も台北《タイペイ》城内に避難するよう、六人の先生に勧《すす》めた。後に「六士先生」と呼ばれる六人の教師は次の人々であった。

楫取道明《かとりみちあき》（山口県・三十九歳）、関口長《せきぐちちょう》太郎《たろう》（愛知県・三十八歳）、中島長吉《なかじまちょうきち》（群馬県・二十六歳）、桂金太《かつらきんた》郎《ろう》（東京都・二十八歳）、井原順《いはらじゅん》之助《のすけ》（山口県・二十五歳）、平井《ひらい》数馬《かずま》（熊本県・十九歳）。

この六人のうち、伊澤修二の留守を預かり、学務部長職を代行していたのは楫取道明であった。楫取道明の父は小田村伊之助（後の楫取素彦《もとひこ》）、母は吉田松陰の妹・寿《ひさ》である。また、最年少の平井数馬は十六歳の若さで高等文官試験に合格した秀才で、北京語にも通じていた。台湾においては台湾語の習得に力を入れ、「日台会話」を編纂《へんさん》している。

さて、土匪の不穏な動きに、地元の人々から避難するよう勧められた楫取らだったが、次のように言って、平素と変りなく過ごしたという。

> 芳情《ほうじょう》は誠に感謝に堪《た》へぬ事である。乍併《しかしながら》我々は平日諸氏の子弟に対して、日本人は義に殉《じゅん》ずるを辞せずと教へてをる。今若《も》し土匪が押し寄せて来るならば、我々は教育者であるからして、彼等に順逆の理を説き聴かせて以て、臣民たるの正道を踏ましめねばならぬ。然《しか》るを若し今、危急なりと聞いて台北に遁《のが》れたならば、我々の覚悟を破るのみでなく、亦《また》諸氏の子弟に偽《いつわり》を教へたといふことになる。我々は一死以て職務に倒る丶を知るのみであるからして、断じて台北に帰らぬ（伊澤修二「芝山巌の殉国者」〈『楽石自伝教界周遊前記』伊澤修二君還暦祝賀会所収〉）

六氏先生の墓（台北市士林区・芝山公園、江崎圭伊子撮影）

そして、明くる明治二十九年元旦、楫取らは総督府の拝賀式に出席するため台北に向かったが、途中の淡水河に渡し舟がなかったので、やむなく引き返した。土匪が蜂起したのは、その直後のことである。憲兵が急を知らせに来たが、楫取らは前言を繰り返し、芝山巌に留《とど》まった。

そして、いよいよ土匪が芝山巌に押し寄せてきたのであるが、「此時《このとき》でも逃れようとすればまだ其《その》道はあつた」と伊澤は言う。裏道から逃げればよかったのである。ところが、楫取らは逃げるどころか、正面から堂々と説諭《せつゆ》を試みたのである。

土匪というのは、いわゆる盗賊の類《たぐい》で、彼らが芝山巌に目を付けたのも、学校ならば何か金目のものがあるだろうと踏んだからに他ならなかった。ものの道理の分かる連中ではなかった。

しかし楫取らは、教育者としての信念に従って果てたのであった。そもそも、道理の通らない未開の地に教育を施すために来ているのであり、もとより「一死以て職務に倒るゝ」覚悟であった。土匪が相手だからといって、どうして逃げることができよう。それは取りも直さず、土匪であろうと、誠を尽くして道理を説けば必ず分かってくれる、という信念の裏返しでもあった。

悲報を聞いた伊澤は悲歎《ひたん》に暮れた。六士先生の殉難は、惜しみて余りある痛恨事であった。伊澤は六士の遺灰を芝山巌に合葬《がっそう》し、六士の遺徳を偲《しの》ぶ慰霊祭を懇《ねんご》ろに執《と》り行った。

「六士先生に続け」が、その後の台湾の教育に従事する人々の合言葉となった。そして芝山巌は、六士先生だけでなく、やがて台湾の教育に殉じた人々を祀《まつ》る聖地となっていった。昭和五年（一九三〇）に建てられた芝山巌神社には、昭和八年までに、台湾の教育に貢献した人々も含め総数三三〇人（うち台湾人教育者は二四人）が祀られ、終戦時にはその数は三三七人にのぼった。

芝山巌神社や六士先生の墓は、戦後、大陸から入ってきた国民党政府によって悉《ことごと》く破壊され、代って六士を襲撃した土匪を「義民」と讃《たた》える碑が建てられたりしたが、地元の人々の六士先生への敬慕は変ることなく語り継がれていった。

芝山巌学堂が開かれて百年を迎えた平成七年、地元の士林国民小学の卒業生有志が新たに「六氏先生之墓」を建立し、また、「学務官僚遭難之碑」も台北市によって修復され、元の姿に戻っている。

後藤新平以降の教育改革

伊澤は教育予算の削減に反対して上層部と対立し、明治三十年（一八九七）七月、非職扱いとなり、その後、台湾を去ることとなった。

児玉が第四代総督となり、後藤が民政長官に就《つ》くと、伊澤修二の構想を土台に、教育制度の見直しが図られ、明治三十一年七月に「台湾総督府小学校官制」と「台湾公学校官制」「台湾公学校令」が公布された。

初等教育　小学校は、内地人（日本人）の児童を対象とした初等教育機関である。公学校は、本島人（台湾人）の学齢児童を対象とした教育機関である。この二本立てで始められたのは、現地の言葉しか知らない本島人の児童と内地人の児童とでは、日本語能力に大きな差があったためである。まず日本語を身につけさせ、その上で中等教育を施す方策をとったのである。

小学校の教科は内地と同様であったが、補習科に「漢文」「土語」が含まれていることが注目される。最初は台北の一校だけで生徒数は一五七人であったのが、大正七年（一九一八）には、島内各地に一〇〇校と二〇の分教校が設置され、生徒数は一万六五〇〇人余まで達した。

一方、公学校の目的は「徳教を施し実学を授け、以て国民たるの性格を養成し、同時に国語に精通せしむる」とされた。対象年齢は八歳以上十四歳以下で、修業年限は六年、教科は国語伝習所時代と同じく「国語」「読書作文の初歩」「算術」などであったが、明治三十七年（一九〇四）の規則改正によって、手工、農業、商業などの実業科目が追加された。

なお、国語伝習所時代には台湾総督府が食費手当まで支給していたが、財政難のため、公学校の維持および運営は、地方庁からの支出と地元の募金や寄附金、そして授業料によって支弁された。こうして五五校、教員数一五二人、生徒数二、三九六人からスタートし、明治四十年には一九〇校、教員数七六五人、生徒数三万六〇〇〇人弱となり、大正七年（一九一八）には三九四校、教員数二、七一〇人、生徒数一〇万七七〇〇人弱となった。

ただし、公学校は義務教育制ではなく、授業料などの家庭への経済的負担も大きかったためか、就学率は一五・七一％に留《とど》まった。

中等教育　内地人と本島人はともに初等教育への就学機会が与えられたが、中等教育は内地人の子弟だけに限定された。

明治四十年（一九〇七）に「台湾総督府中学校官制」と「台湾総督府中学校規則」が公布されたが、規則第一条「中学校は内地人の男子に須要なる高等普通教育を為す」、第二条「高等女学校は内地人の女子に」となっている。計画の段階では、本島人のための中学校の設置も検討されていたが、最終的には財政難を理由に見送られた(29)。

大正時代になると、本島人の有力者たちは、自分たちの子弟のために中学校の設立を企画した。台湾総督府に設置許可を請願したところ、創設費等を民間ですべて負担することを条件に認可がでた。

かくして、大正四年（一九一五）に創立されたのが、台湾公立台中中学校（現在の台中市立台中第一高級中等学校）である。構内には「吾が台人初め中学無く、有らば則ち本校より始まる（我々台湾人には初め中学がなかったが、いまあるのは則ち本校から始まった）」と刻《きざ》まれた記念碑が建立された。

高等教育　高等教育に関しては、医学、農業、商業、工業など、実業関係の専門学校は順次創設され、内地人と本島人の区別なく進学することができた。しかし、理論やその応用を学べる総合大学に相当する教育機関は設置されなかった。本島人が中等教育以上の進学を志しても、台湾には進学先がなかった。そこで、彼らは内地に渡り、日本の学校への進学を目指すようになる。これを「内地留学」といった。

台湾からの留学生は、明治三十九年（一九〇六）に三六人であったのが、大正九年（一九二〇）になると、六四九人にまで増加する。この年の内地在住の本島人の総数が一、七〇三人であったから、四割近くが留学生であった。

高等教育機関への進学者数も年々増加したが、進学先は旧制専門学校、いまの早稲田大学や明治大学などの私立大学がほとんどであった。帝国大学に進学するためには、三年制の高等学校大学予科の卒業資格が必要であった。しかし、高等学校そのものが少なく、日本語による受験は本島人にはハードルが高かった。その点、早稲田などの旧制専門学校には、中学校の卒業資格で入学できる専門部が設置されていた。

したがって、当時の早稲田大学や明治大学などの専門部のうち、医科・法科・政治経済科に進学し、台湾に戻って法曹《ほうそう》界や医師を目指す者が多かったという。

日台共学

大正時代半ば、台湾の教育制度は大きく変更される。第一に、それまでバラバラであった教育諸機関が「台湾教育令」によって整理され、特に本島人に対する教育制度が体系的に整った。第二に、「日台共学」という原則が打ち出された。

大正八年（一九一九）に「第一次台湾教育令」が公布施行された。「教育ニ関スル勅語ノ旨趣ニ基キ忠良ナル国民ヲ育成スル」ことを本義とし（第二条）、教育を普通教育、実業教育、専門教育、師範教育の四つに分けて規定した（第四条）。このうち、普通教育は初等教育の公学校（修業年限六年）、中等教育の高等普通学校と女子高等普通学校（修業年限四年）とし、初等教育から中等教育へ進学する道が開かれた。

この背景には、本島人の「内地留学」の増加があったと指摘されている。当時、国際社会では民族自決の風潮が高まり、日本本土にいた中国人留学生の多くが革命運動に参画していた。内地留学した本島人が彼らと交流することで思想的影響を受け、政治・文化運動が興隆すると、その担い手として活動するようになった。そこで、本島人の教育を島内で完結させようとする狙いがあったという(30)。

また、教員養成の国語学校とその分校は師範学校として改組され、台北《タイペイ》と台南《タイナン》に設置された。当初は、本島人は公学校の教員となる課程しか履修《りしゅう》できなかったが、のちに小学校の教員となることも可能となった。

続いて、大正十一年(一九二二)、「第二次台湾教育令」が新たに公布施行された。同令の最大の特徴は、田健治郎《でんけんじろう》第八代総督が「内台人間の差別教育を撤去し、教育上全く均等なる地歩に達せしめ得る」と諭告《ゆこく》しているように、内地人と本島人で異なる教育課程をとっていた従来の方針を改めたことである。これによって、内地人と本島人は中等教育以上の教育課程では共に学ぶ「日台共学」という原則が確立した。

初等教育では、小学校と公学校の併設が存続したが、従来のように内地人と本島人という地域籍で進学先を分けるのではなく、「国語を常用する者」は小学校へ、「国語を常用せざる者」は公学校へ進学できるよう、基準が国語能力へと変更された。

また、公学校の修学期限は小学校と同等となり、小学校と同一の卒業資格が得られるようになった。これによって、公学校へ進学しても、中学校への進学が容易となった。

こうして、大正七年には一五・七一％であった公学校の就学率が、昭和四年（一九二九）には三〇・六八％へと倍増している。


台北帝国大学の創立　本島人から、中等、高等教育の環境改善を求める声は早くから挙がっていたが、台湾に居住する内地人も高等教育機関の設置を要望するようになった。内地人の子供たちもまた、進学を希望する場合には内地へ行くしか選択肢がなかったからである。

そこで、台湾総督府は、大正十一年から大学設置に向けた準備に着手した。当初は「第二次台湾教育令」第十条に「大学令に依る」とあることから、「台湾大学」という校名が予定されていた。しかし、創立準備を進めているうちに、東洋・南洋研究などの人文学や熱帯農学・医学などの自然科学に関して総合研究を行える学術拠点とすべきであると提唱され、帝国大学の一つとして位置づけることが決定した[31]。

かくして、昭和三年（一九二八）に七番目の帝国大学として誕生したのが、台北帝国大学（現国立

エピソード④　日台共学の成果――甲子園準優勝の嘉義農林学校――　【鈴木由充】

昭和六年（一九三一）台湾代表として甲子園大会に初出場した嘉義《かぎ》農林学校が、準優勝を果した。平成二十六年に台湾で、翌年に日本で公開された映画「ＫＡＮＯ――１９３１海の向こうの甲子園――」にも描かれたこの快挙は、台湾における教育の成果を象徴する出来事であった。

当時の全国中等学校優勝野球大会（後の甲子園大会）に日本内地以外からも出場できるようになったのは、大正十年（一九二一）の第七回大会からである。台湾は朝鮮、満州に後《おく》れて二年後の第九回から参加し、台北《タイペイ》一中、台北商業、台北工業などが出場していた。

大正八年に開校した嘉義農林学校は、当初は台湾人と原住民のための学校であったが、同十一年から日本人も入学できるようになった。その結果、日本人二〇％、台湾人七五％、原住民五％という、台湾の人口比率にやや近い構成となった。

嘉義農林学校野球部の最大の特徴は「日本人、台湾人、原住民による混成チーム」ということにあった。ここに言う台湾人とは、清朝支配時代に中国大陸から移住してきた人々の子孫のことであり、原住民とは古くから高地に住む南方系の民族のことである。

愛媛県松山市の出身であった近藤兵太郎《ひょうたろう》監督は、新聞記者のインタビューに次のように答えている。

嘉農の野球部は台北のチームとは違う。台北のチーム全員が台湾在住の政府関係者や会社員の日本人の子弟であるのに対して、嘉農は日本人、台湾人、原住民の三者が渾然《こんぜん》一体になったチームで、単に南部が台北より強くなったというだけではないのですよ。私はチームに三者一体の嘉農精神を教えています。親が誰かなんて関係ありません。(古川勝三『台湾を愛した日本人Ⅱ』アトラス出版)

その近藤監督は常々選手たちに、「球《たま》は霊《たま》なり。霊正しからば球また正し、霊正しからざれば、球また正しからず」と言い聞かせており、野球を通して立派な人格を磨くことを目指していたのである。日本人だから優れている、台湾人や原住民族だから劣っている、という偏見はなかった。「蕃人《ばんじん》は足が速い、漢人《かんじん》は打撃が優れている、日本人は守備に長《た》けている。これほど理想的なチームはない」と語っているように、それぞれの民族がもっている特性を見出し、それを生かし合うことで、最強のチームをつくり上げていったのである。

台湾の三民族混成チームが甲子園に出場したことは、世界史の上でも特筆すべきことであった。白色人種の欧米列強諸国が、有色人種のアジア諸国を植民地にしていた時代である。宗主国の植民地に対する差別はもとより、欧米列強の国内でも人種差別は公然と行われていた時代に、民族の差別なく事が行われたのであった。

その中心人物であった近藤監督の故郷、愛媛県松山市の「坊っちゃんスタジアム」には、明治時代に野球の普及に尽力した正岡子規《まさおかしき》の顕彰碑のすぐ側に、近藤監督の顕彰碑が置かれている。

近藤兵太郎監督の顕彰碑
(愛媛県松山市・坊っちゃんスタジアム、本島進撮影)

台湾大学）である。創立当初は、文政学部と理農学部の二学部だけであったが、その後、医学部と工学部が新たに設置され、のちに理農学部は理学部・農学部に分離した。

（二）衛生事業

日本が統治を始めた頃の台湾は、人と家畜が一緒に暮らすような状態で、街の排水路は汚染水が溢《あふ》れ、多くの民衆が雨水か河川から飲料水を得ていた。このため、マラリア、赤痢《せきり》、ペスト、コレラなど亜熱帯地域特有の風土病が蔓延《まんえん》していた[32]。

上下水道の整備　総督府衛生顧問でもあった後藤新平は、衛生事情の悪さに鑑《かんが》み、上下水道の整備が急務であるとして、当時帝国大学（現東京大学）で教鞭《きょうべん》を執っていた内務省雇衛生工事顧問のバルトン（W. K. Burton）を招聘《しょうへい》した。「都市計画の根本は上下水道の改良にある」ことを信条とするバルトンは、東京や神戸・福岡など二三都市の衛生状況の調査や上下水道の設計に関わっており、いずれの地でも実績を挙げていたからである。

弟子の浜野弥四郎《はまのやしろう》とともに渡台したバルトンは、台湾北部の衛生状況を調査して下水処理を優先すべきことに思い至り、また水道を引くための水源地を探索し、さらに亜熱帯地に適した水道設備を学ぶためシンガポールへ視察するなど、精力的に活動した[33]。

こうして作り上げられた調査報告書には、都市計画を策定して新たに道路を計画し、道路建設と下水道の整備を同時に行うべきという、都市計画と公衆衛生の総合が提言されていた。この報告書を基に、明治三十二年（一八九九）四月、「台湾下水規則」が公布され、下水道と都市計画の関係が初めて制度的に明文化された。

バルトンは島内各地の水道設備の建設案を作り始めたが、彼はこの事業を最後までやり遂げることはできなかった。台北市内に引く水源を探索して山野地を歩き回るうちにマラリアと赤痢に罹《かか》ってしまい、明治三十二年に四十三歳で病死したからである。

バルトンの遺志は、共に渡台した教え子の浜野弥四郎に引き継がれた。バルトンは、基隆《キールン》の水道を完成させていたが、浜野は、台北、台中、台南などの主要都市のほとんど全ての上下水道や先進的な貯水池の建設に着手し、渡台から二三年にあたる大正八年（一九一九）までに完成させた。

特に、浜野が設計・施工した台南水道は、当時の最新技術である急速濾過《ろか》法を取り入れた大規模浄水場であり、この工事には、後に烏山頭《うさんとう》ダムをつくった八田與一《はったよいち》が浜野の部下として関わっている。この時の経験が、後の八田の嘉南《かなん》平原の水利事業にも大いに役立ったと思われる。

こうして昭和十六年（一九四一）までに、基隆、台北、台中、台南、高雄などの大都市をはじめ、島内一二三カ所に水道設備が設置された。給水区域内に居住し、水道により給水を受ける人口は

一三六万人となり、計画一日最大給水量は二一万㎥となった。(34)

医学の展開

風土病が蔓延していたもう一つの理由は、医療環境の未整備である。日本が統治を始めた時の台湾の主な医学は、民間伝承療法を中心とする漢方医学であった。そこで、西洋医療が受けられる医療拠点として、台湾総督府は明治二十八年(一八九五)の始政式から四日後に、大日本台湾病院(後の台湾総督府台北病院)を設立した。

同院は、明治四十五年、近藤十郎の設計によるレンガ造りに改築され、東アジア最大規模の病院となった。昭和十三年(一九三八)には台北帝国大学医学部附属医院に改制され、戦後は台湾大学医学院附設医院となり、レンガ造りの病棟は現在でも利用されている。この他にも、官立および私立医院が台湾各地に開設された。

もうひとつ重要なのは、医療業務に携《たずさ》わる人材の確保と育成である。

明治三十三年度末における島内の医療従事者は、医師一五七人、産婆三五人、薬剤師三〇人で、統計上、医師一人当りの台湾住民は約一万八一〇〇人の割合となっており、(35)医師が圧倒的に少なかった。

日本が統治する前に医業を営んでいた者のほとんどは漢方医であったが、台湾総督府は明治三十四年(一九〇一)に「台湾医生免許規則」を交付し、彼らに免許証を与えて「医生」として医業を営むことを許可した[36]。

また、総督府は「島内枢要の地」に「衛生及医事」に従事する「公医」を配置し、治療はもちろん、伝染病予防、貧民救済、アヘン対策などの事務も担当させ、「島民の衛生思想を開発」することに努めた[37]。

これと並行して、総督府は医師などの医療業務者の養成に着手した。明治三十年（一八九七）医学講習所を設け、翌年三月には台湾総督府医学校を設立した。同校は本島人を対象としており、総督府が医療関係の人材育成をいかに重視していたかがわかる。

医学校はその後、台湾総督府医学専門学校、台湾総督府台北医学専門学校となり、そして台北帝国大学に医学部が設置されると、昭和十一年（一九三六）に附属医学専門部へと改組された。昭和十七年までに、一、八二七名の卒業生を世に送り出し、その大部分が島内の医療業務に携《たずさ》わった。

こうした様々な取り組みによって、昭和十三年末には、台北帝国大学医学部附属医院、日本赤十字社台湾支部医院、慈恵院七カ所、私立医院二三八カ所が開設され、医師一、九八三人（官庁勤務三九〇人、公医二七二人、開業医一、三二一人）、産婆一、七九六人、薬剤師二一三人となった。ちなみに、医師医生一人当りの台湾住民の割合は約二、七〇〇人まで減っており[38]、島内の医療環境が整備されていったことが数字からも確認できる。

さらに、総督府は熱帯医学の研究を進めるため、明治三十二年(一八九九)、「台湾地方病と伝染病調査委員会」を設立し、明治四十二年に台湾総督府研究所衛生学部を新設した。のち大正十年(一九二一)に中央研究所衛生部に改組され、昭和十四年(一九三九)台北帝国大学に熱帯医学研究所として附置された。

これらの研究機関や台北帝大では、マラリアをはじめとする各種風土病だけではなく、伝染病の研究も行われていた。特に、熱帯病、甲状腺腫、結核、小児夏季熱、妊娠中毒症に関する研究は、世界レベルに達していたという。また、台湾住民には蛇毒《じゃどく》による被害も多く、同大は蛇毒研究にも力を入れており、その研究分野では世界最先端の研究機関であった(39)。

こうした医療・衛生事業の発展によって、台湾における衛生状態は急速的に改善され、多くの人々がその恩恵を受けた。風土病による年間死亡者数は、明治三十八年(一九〇五)は千人当り三四一人であったのが、大正元年(一九一二)には二五・三人となり、大正十四年には二〇人以下となっており、台湾社会から風土病の脅威はほぼ取り除かれた。

台湾の礎を築いた日本人⑤

台湾医学界の父――堀内次雄――

【大葉勢清英】

堀内次雄《ほりうちつぎお》は、明治六年（一八七三）兵庫県に生まれ、同二十七年に第二高等学校医学部を卒業、翌年陸軍三等軍医に任ぜられた。同年の日本軍の澎湖《ほうこ》群島上陸当時、六、一九四人の日本兵士のうち一、九四五人がコレラに感染し、一、二四七人が死亡した（黄文雄『台湾は日本人がつくった――大和魂への「恩」中華思想への「怨」――』徳間書店）。罹患《りかん》率は三一％、死亡率は六四％である。

台湾出兵に従軍した際、現地の疫病の酷《ひど》さを痛感した堀内は、台湾における医師の養成の必要を思い、軍を辞めて細菌学に打ち込んだ。その後、後藤新平との出会いがあり、明治二十九年（一八九六）に台北病院に医員として赴任。台湾に派遣された医師の中で、細胞学を研究し、顕微鏡操作ができる医師は、堀内だけだった。

その頃、台湾ではペストが流行しており、堀内はペスト菌の検出に従事した。だが、堀内がペストの検疫を行おうとすると、台湾人は強く抵抗した。薬で身体を消毒することは冷水で人体を害することと、遺体の解剖や遺体を火葬することは死者を冒瀆《ぼうとく》すること、とみなされたからであった。そうした現地の人々の因習から激しい抵抗を受けたが、人々を説得しながら、検疫を進めた。総督府もペストの元凶であるネズミ五四〇〇万匹を捕獲するなど尽力した。

明治二十九年（一八九六）から大正六年（一九一七）の間にペストにかかった患者は三万一〇一人、死亡者二万四一〇四人にも達したが、大正六年頃にはペストは撲滅された。

その後、堀内は、台湾総督府医学校の第三代校長に任命され、以後、二一年間務め、多くの医師を育てた。

台北帝大医学部衛生学教授を務め、マラリア撲滅のために尽力した森下薫《もりしたかおる》は、「台湾の医学史の中で終始主役を続けていた堀内先生をとりあげなければ、台湾医学史の記述は成り立たない」と述べているという。また、堀内は台湾青年の民族運動にも理解を示し、医学校を卒業した韓石泉《かんせきせん》は、「一人の勇敢な開拓者であり、偉大なる教育者であり、真摯な学者である」と堀内を賞賛しているという（黄文雄『台湾は日本人がつくった』）。

堀内は、仕事に情熱を注ぐばかりで、貧しい生活をしていた。それを見かねた卒業生は、お金を集め、昭和十六年（一九四一）に住宅を購入して贈呈した。だが、戦後、進駐してきた国民党軍にその家は没収されてしまった。

堀内は、戦後も台湾大学の医学院で講義し、日露戦争時の従軍、また数度の欧州・南洋の短期視察を除き、ほとんど台湾から出ることはなく、五一年の人生を台湾の医師養成に捧《ささ》げた。

定年退職の際、教え子の台湾人開業医たちが餞別《せんべつ》を募ったところ、現在では三億円に相当するといわれる三〇万円にもなった。堀内は昭和三十年（一九五五）、日本で亡くなったが、高雄医学院では教え子たちによる追悼会が催された。堀内がいかに台湾の人々の敬意を集めていたかが分かる。

（三）灌漑・水利事業

日本領有当初の台湾島では、大陸からの移住民によって開墾《かいこん》と水利施設の拡張が行われていた結果、隠田《おんでん》を含めた水田が約三一万甲（一甲＝〇・九七ha）であった。

気候良好で農作物の良く育つ台湾島を一大食糧供給地にするため、総督府は水利事業に着手した。領有初期は大規模な水利事業に着手するだけの財政的余裕はなかったが、大正七年（一九一八）、総督府は官設埤圳《ひしゅう》規則を定め、従来の灌漑《かんがい》施設をすべて官営によって管理すると共に、新たに大規模な灌漑施設の建設を開始した。なお、「埤《ひ》」は大量の水を貯《た》める建物、「圳《しゅう》」は灌漑用の水路のことである。

その一つが、台湾北部の桃園大圳《とうえんだいしゅう》である。桃園台地は水利が悪く、農業用水を溜池《ためいけ》に頼っていたため、米収穫量は不安定であった。そこで台湾北部を流れる大漢溪《だいかんけい》上流のダムに、総計二五kmの幹線水路を設け、桃園台地に水を引くという大事業が計画された。

大正十三年（一九二四）に竣工《しゅんこう》し、四年後に諸設備を含め完成した。補足工事も含めて総工費約一、二四二万余円で、灌漑面積は約二万二〇〇〇甲となった。(40) 水田の面積が増加し、二毛作が可能となったことで、周辺の農民たちは伝統的な茶栽培をやめて米栽培を始めるようになり、急速に収穫量が増加した。

もう一つが、台湾で最大規模の水利施設となった嘉南大圳《かなんだいしゅう》である。設計を担当したのが、総督府の若き技術者、八田與一《はったよいち》であった。大正九年に着工したこの工事では、当時東洋一と呼ばれた規模をほこる総貯水容量一億五〇〇〇万㎥の烏山頭《うさんとう》ダムをはじめ、総計一万六〇〇〇㎞の給排水路（万里の長城の三倍）、給水門、水道橋、鉄道橋など、二〇〇以上もの構造物が建設された。特に、烏山嶺トンネルは起工以来、何度もガス爆発や泥土《でいど》の吹き出しなどが起り、五〇人以上の作業員が落命した。

様々な苦難を乗り越え、一〇年という歳月と総工費五四一三万円をかけて竣工したこの灌漑施設によって、「不毛の土地」と言われていた嘉義《カギ》庁と台南《タイナン》庁にまたがる嘉南平原は「台湾の穀倉地帯」へと変貌《へんぼう》した。昭和五年（一九三〇）から一〇年間で、水田面積は九万四一〇甲から二倍を超えた増加を見せ、耕地面積も二万五〇〇〇甲まで広がった。[41]

この他にも、台中の莿仔埤圳《ししひしゅう》や后里圳《こうりしゅう》などの灌漑施設も作られ、このような灌漑施設の充実によって約三五年の間に水田面積が約一・七倍拡大し、米の生産量は飛躍的に増加した。

台湾の礎を築いた日本人⑥　嘉南大圳の父――八田與一――　【江崎圭伊子】

台湾の中学校の歴史教科書にその業績が詳しく記載され、記念館や公園まで作られている日本人技師がいる。八田與一《はったよいち》である。命日の五月八日には、今もなお、台湾の人々の手によって心のこもった慰霊祭《いれいさい》が行われている。

八田は明治十九年（一八八六）金沢に生まれた。東京帝国大学（現在の東京大学）土木工学科を卒業後、明治四十三年には台湾総督府土木部の技術者として台湾へ渡った。

台湾で上下水道や発電のための灌漑《かんがい》工事に携《たずさわ》っていた八田のもとに、大正七年（一九一八）、台湾南部の水源やダムの調査の依頼がきた。調査を進める中で、八田は嘉南平原《かなんへいげん》に暮らす農民の生活の厳しさに大きな衝撃をうけた。

ある朝、馬で平原を回っていた八田は、水筒《すいとう》に水を入れ忘れたことに気づき、近くの農家に水をくれるように頼んだ。

「今はないが、昼頃には水汲みに行っている者が帰ってくるから、それまで待ってくれ」

「水はどこに汲みにいくのか」

「曽分渓《そぶんけい》まで四、五時間かけて行ってくる」

「井戸はないのか」

「井戸はあるが、今は乾期《かんき》で水はない。二、三時間待って染《し》み出てくる水は、桶《おけ》一杯分もない。汲みにいくほうが早い」

飲み水を得るためにさえ四、五時間かけなければならない。そんな厳しい生活を目《ま》の当りにし、八田は決心した。嘉南平原に暮らす六〇万人に、豊かな水を何としても送るのだと。

八田は嘉南平原一五万haに水を引く計画をたてた。それは、香川県ぐらいの面積で、当時そのように広大な土地に水をひくことは、世界でも珍しいほどであった。

八田は、その夢を現実にするために三つの対策に取り組んだ。

一つめは、堰堤《えんてい》の長さは一、二七三m、高さは五六mという、世界でも三つの指に入る巨大なダムを烏山頭《うさんとう》に造ることであった。しかも、この地で多く起きる地震に耐えうるとともにダム内に土砂が溜《た》まりにくくなる工法で、ダムの機能を長持ちさせることであった。

八田與一の銅像(台南市官田区・烏山頭ダム、江崎圭伊子撮影)

二つめは、山にトンネルを掘って水をダムに引き込むこと。烏山頭ダムに十分な水を蓄《たくわ》えるために山を掘り抜き、曽文渓から導水しようというのである。トンネルの長さは三、一〇九m、大きさは高さ幅共に五・四五mにも及ぶものであった。
三つめは三年輪作給水法を実施すること。供給できる水の量では嘉南平原全体を潤《うるお》すには足りないため、嘉南平原を三つに分けて一年ごとに給水する区域をかえていく方法である。水が来る地域は米を作り、来ない地域はサトウキビや野菜をつくるようにした。同じ嘉南に住む農民に、水が来る来ないで貧富の違いが生じてはならないという思いからであった。

八田は設計書と予算書をわずか半年余りで完成させ、いよいよ工事に着手した。しかし、ダムを築く烏山頭は未開の原生林が広がり、マラリヤが蔓延《まんえん》する不衛生な土地であり、車が走る道路さえ通っていなかった。

その場所に、なんと工事に従事する人々の家族も住める街《まち》を作ったのである。家族が住める宿舎はもちろん、病院、学校、大浴場もあり、映画やお祭りも催した。働く人を大切にすることが、工事の成功に結び付くという信念からであった。

面白いエピソードが残っている。八田は勝負事が好きで、碁《ご》とマージャンを好んだ。碁を打っていて負けそうになると「ちょっと待て」とやる。「そんなに待ったをしていると勝負がつかん」と相手が言うと、「待ったをしないと俺《おれ》が負ける」と八田は言う。今度は、相手が待ったをやる。すると八田は「待ったはできん」とやる。クラブから八田の声が聞こえると人々が集まってくる、そんな親分的な風格があった。

工事を進める八田を大きな試練が襲《おそ》った。トンネルでの大爆発事故であった。五十余人という犠牲者がでてしまった。八田は一人ひとりの犠牲者の家族を見舞った。少々のことでは物に動じない八田も、さすがに憔悴《しょうすい》を隠せなかった。事故が起きたことで、工事の中止を叫ぶ声まであがった。

そんなある日、八田のもとを訪れた犠牲者の家族からこう言われた。

「決して工事から手を引かないでほしい。今工事を中止したら、嘉南の農民は水のない生活を続けることになる。死んだ者のためにも、ぜひ工事を完成させてほしい」

仲間の死を無駄にはしないと、八田は一日も早い工事の完成を誓うのであった。

この時の犠牲者をはじめ、工事中に亡くなった一三四名は、慰霊碑《いれいひ》に祭られた。碑には、台湾人と日本人とを一切差別することなく、亡くなった順番で一人ひとりの名前が刻《きざ》まれている。

工事の期間中、関東大震災によって壊滅的な打撃を受けた日本に、台湾総督府から多額の援助金が送られたことがあった。そのため、工事へのお金が大幅に削減《さくげん》され、職員の半数にも及ぶ人を解雇《かいこ》しなければならなくなった。苦渋の八田は一人ひとりの退職者にわずかな賞与金を手渡しながら言葉をかけていった。

「しばらく辛抱《しんぼう》してくれ。いつかまた、工事が再開される時が来れば、一番に君たちに帰ってきてもらう。」

去る人の中には、有能な人がかなり含まれていた。優秀な者を退職させると工事に支障がでるので退職させないでほしいという声もあった。しかし八田は、能力がある者はすぐに雇《やと》ってもらえるだろうが、そうでない者は失業してしまい、生活ができなくなるという思いから、優秀な者から解雇したのであった。

多くの苦難を乗り越え、昭和五年（一九三〇）、十年の歳月《さいげつ》をかけてついに工事が完了した。嘉南の農民は、水路に流れてきた水をふるえる手ですくいあげ、「神の水だ」といったそうである。ダム完成から七年後には、米の生産高は工事前の十一倍、サトウキビ類は四倍になり、不毛の土地だった嘉南平原は、台湾一の穀倉《こくそう》地帯に生まれかわった。

その八田與一の座右《ざゆう》の銘《めい》は、「他利即自利《たりそくじり》」。人を幸せにすることが自分の幸せという意味である。八田に象徴される日本精神について、台湾の李登輝《りとうき》元総統は「『公《おおやけ》に奉《ほう》ずる』精神こそが日本および日本人本来の精神的価値である。」（二〇〇二年十一月十九日付『産経新聞』朝刊「国際欄」）と「他利即自利」の言葉を紹介して解説している。

昭和十七年（一九四二）五月八日、陸軍の依頼によってフィリピンの綿作灌漑《かんがい》調査の途次にあった八田は、乗っていた船がアメリカ潜水艦の攻撃を受けて沈没したため、東シナ海で亡くなった。享年五十六。

妻の外代樹《とよき》は、日本の敗戦が決まった直後の昭和二十年（一九四五）九月一日、八田の後を追うように、烏山頭ダムの放水口に投身自殺した。

工事を共に行ってきた人々が建てた八田の銅像には台湾の人の熱い思いがこもっている。昭和十九年（一九四四）、戦況が緊迫して物資不足となった折、銅像は金属回収の対象となり、八田の像も回収されそうになった。しかし八田技師を慕《した》う地元の農民たちは、この銅像を隠《かく》して守り続けた。

そして戦後。台湾を国民党政府が支配し、多くの日本の遺跡《いせき》が壊《こわ》されていった。その中にあってさえ、八田の銅像は台湾の人々の手によって烏山頭ダムの倉庫に隠され、守られてきたのである。

献花の絶えない八田與一の銅像は、今も烏山頭ダムを見守っている。

白冷圳の父——磯田謙雄——

【江崎圭伊子】

一九九九年、大きな地震が台湾中部の新社《しんしゃ》台地を襲《おそ》った。「九二一地震」である。その地震の後、大変なことが起った。当り前のように使っていた水が流れてこなくなったのである。農業用水どころか生活用水にも事欠き、そこに住む約三万人の住民は困り果てた。

原因を調べてみると、水管の一部が壊れていることが分かった。「白冷圳《はくれいしゅう》」と呼ばれる農業用水である。「圳」は、田んぼのほとりの溝、水路を意味する。取水地点が「白冷」という地名なので、「白冷圳」と名付けられていた。この「白冷圳」を作ったのが、磯田謙雄《いそだのりお》であった。

磯田は、明治二十五年（一八九二）金沢市に生まれ、四高、東京帝国大学に進み、台湾総督府土木局の技師として招かれた。烏山頭《うさんとう》ダムを造る際は、八田與一《はったよいち》と共に測量をし、猛暑の中、八カ月にわたって朝六時から夜の十一時まで精力的に調査を行った。

磯田が用水路を完成させた新社台地は、水を引くのがとても難しい場所であった。近くに大甲渓《だいこうけい》という豊かな渓流《けいりゅう》があるが、この台地よりも約九〇ｍも低いところを流れているため、水を簡単に汲《く》み上げることができなかったのである。

そこで磯田は、大甲渓の上流の新社台地より高いところに取水口を作り、そこから新社台地まで水を運ぶようにした。しかし、途中にはいくつもの山や谷があり、どうやって水を新社台地まで通すのかという難題に直面した。特に、大きな谷に水路をひくのは大変なことであった。

そこに使ったのが逆サイフォンの技術であった。大きな谷の間に水路橋《すいろはし》を設置するのではなく、自然の勾配《こうばい》を使って水が流れるようにしたのである。水を高いところから低いところへ一気に流すと、その勢いで水をまた高いところに押し流すことができる。そうやって谷を越え、押し上げられた水は、向かい側の山の送水管を伝ってまた下に流れていく。

この技術を使い、磯田は二二カ所のトンネルと一四カ所もの水路橋、台地の高低差を利用した三本の逆サイフォンで渓谷《けいこく》を越える水路を作り出した。特に逆サイフォンの二号は三四六mもあり、その長さには圧倒される。

この工事を行うために、直径一・三mもの鉄鋼の送水管を日本から船で運んできた。工事資源を手に入れるだけでも大変な中、木々の生い茂る道なき山々に分け入り、長く太い送水管を設置したのであった。この時の様子について、台中の農田水利局の幹部は「工事にたずさわった日本人は質素な宿舎に住み、台湾人と一緒になって、堅固で品質の高い基礎工事を行った」と話している（「盧千恵のフォルモサ便り」〈『産経新聞』二〇一一年十月二十一日朝刊〉）。

この工事は、昭和三年（一九二八）に開始され、昭和七年（一九三二）に完成。日本帝国議会で一四五万円（なんと今の五五億円相当）の予算をとって行われた大事業であった。

実は、磯田の出身地の金沢では、今から三百年以上も前の一六三二年、逆サイフォンを使って金沢城内に水を引き上げる辰巳《たつみ》用水が板屋兵四郎《いたやへいしろう》によって作られていた。兵四郎の技術を知る磯田ならではの逆サイフォンを使った仕掛《しか》けに当時の台湾の人々は驚いたそうである（『一泉』第四十二号）。

さて、その磯田とはどのような人であったのだろうか。磯田の長女、松任谷《まっとうや》良子《りょうこ》には次のような思い出がある。

「台風のひどい時に『現場が心配だから』と命懸《いのちが》けで見に行くんです。母は不安でたまらず、わたしも心細かった。」

「父は『贈り物は絶対に受け取るな』と厳しく言い、受け取ると怒るから母も困っていた」（『北國新聞』二〇一一年十月三十一日）

戦後、日本に帰った磯田は、東大教授から教官になるように勧められるが、「僕は土木技師だ」と言って断り、金沢の建設会社に入った。磯田の部下だった金沢市田井《たい》町の中村外茂雄は「北國新聞を読んではじめて台湾の仕事を知った。穏やかな人で、自分を宣伝することはなかった」と語っている（『北國新聞』二〇一一年十月十四日）。人に自分の業績を言わず、強い責任感をもって、ひたすら仕事に打ち込んだ、清廉《せいれん》な生き様を感じさせられる。

「九二一地震」の後、「白冷圳」は人々の手によって蘇《よみがえ》った。それだけでなく、これを機に磯田の功績を語り継いでいこうという機運が高まった。磯田の銅像の除幕式が二〇一三年に行われ、記念公園が建設された。

白冷圳の水は、現地の人から「命の水」として、今も人々の生活用水や灌漑《かんがい》用水として利用されている。磯田は「白冷圳の父」と呼ばれるようになった。大震災の後、毎年、通水《つうすい》が始まった十月十四日に合せ、現地の人々は白冷圳の清掃をして記念会を開催している。

（四）鉄道敷設

台湾統治が始まった時、日本から派遣された人々がまず驚いたことは、主要な幹線道路がなかったことであった。市場経済の発展と地域開発の推進を図る上で、流通を支える交通網の充実は欠かすことのできない事項である。このため、台湾総督府が最初に取り組んだ土木事業は、鉄道の建設であった。

日本が領有した当初の島内には、清国が建設した基隆《キールン》から新竹《シンチク》間に至る、わずか一〇〇kmほどの鉄道が敷設されていた。総督府はこれを接収し利用しようとしたが、設備が貧弱で大型機関車が走れず、また、「後押付鉄道《あとおしつきてつどう》」と揶揄《やゆ》されていた。勾配が少しでも急になると、乗客が降りて押さなければ動かなかったからである。加えて、破壊された箇所も多く、改良というよりは敷設《ふせつ》し直さなければならない状況にあった。

樺山《かばやま》初代総督は、台湾防衛と台湾統治の二つの側面から、台湾西部を南北に縦貫《じゅうかん》する鉄道（基隆～高雄《タカオ》）の敷設が重要であると考え、民間会社による工事・運営の許可申請を行った。これが受理されて計画立案が始まったが、資金調達に苦労し、工事開始の目途《めど》が立たなかった。

台湾総督府民政長官となった後藤新平は、明治三十二年（一八九九）四月に台湾鉄道部を創設し、自らそのトップに就任した。そして、縦貫鉄道の建設および運営は台湾総督府が行うこととし、事業公債よって鉄道敷設の資金を調達した。

後藤は長谷川謹介《はせがわきんすけ》を鉄道部技師長に任じ、鉄道部のすべての事務を一任した。長谷川は日本から優秀な部下たちを連れて渡台し、以後、彼を中心とする技師たちによって台湾鉄道の基礎が作り上げられていった。その功績から、現在、長谷川は「台湾鉄道の父」と呼ばれている。

縦貫鉄道、すなわち既設線（基隆〜新竹）の改修と新規線（新竹〜高雄）の敷設工事を開始するに当って、長谷川は、まず計画されていた線路の位置を修正した。

当初は「軍用鉄道」としての性質に重点を置いていたため、線路は攻撃されないように、海岸線から遠く、山間に接近した場所に敷くこととなっていた。それを経済的側面から見直し、線路が主要な市街や貨物集散地、農産物生産地などを通過するようにしたのである。

それまでの「軍用鉄道」から、土地開発や資源開発を視野において人や物の移動などを促し、文化や産業を振興させることを目的とした「開発鉄道」へと、鉄道の位置づけが変ったのである。以後、台湾の鉄道計画は、この「開発鉄道」の方針に基づいて立案されていく。

縦貫鉄道の工事は明治三十二年から始まったが、かなりの難工事であった。敷設予定地の多くが峻険《しゅんけん》な山岳地帯であったため、まず資材の輸送が難しく、さらに架橋《かきょう》やトンネル掘削《くっさく》といった大掛（おおが）かりな工事が必要であった。また、土匪（どひ）の襲撃で人夫が逃げ出したり、伝染病が蔓延（まんえん）して病死者が発生したりと、労働力の確保にも苦労した。さらに、工事中に日露戦争が始まり、建設資材の価格が高騰（こうとう）し、中には戦時禁制品の対象となったものもあり、建築資材を確保するのも一苦労であったという。

こうした中、長谷川は「速成延長主義」を基本方針として工事を進めた。とにかく、駅舎などの付属建物は必要最低限にして経費を抑え、できる限り線路を伸ばし、一日も早く汽車を走らせることとしたのである。

こうしていくつもの課題を乗り越えて、縦貫鉄道（基隆～高雄）四〇〇km余りが全通したのは、明治四十一年（一九〇八）四月であった。線路の一部は台車（トロッコ）線であったが、「速成延長主義」の方針のもと、計画工期よりも約一年早く、百数十万円の余剰経費が出た(42)。

その後、この縦貫鉄道から枝分かれするようなかたちで、森林資源の輸送を目的とする阿里山《ありさん》森林鉄路（嘉義《カギ》～阿里山）七〇km余、農作物の輸送量増加に対応した海線（竹南～彰化《ショウカ》）九〇km余などが総督府によって、そしてサトウキビや関連製品を輸送する糖業鉄道が民間会社によって敷設された。

一方、台湾東部は港湾に適した場所がないため、陸上の交通網を整備すべきであると早くから指摘されていたが、敷設計画はなかなか決定しなかった。

理由の一つは、東部の海岸沿いに断崖絶壁《だんがいぜっぺき》が多いことであった。西部の縦貫鉄道の時よりも資材搬入が難しく、工事にかなりの危険が伴うことが予想された。また、もう一つの理由が、この地域に居住する原住民の存在であった。彼らが敷設工事に強く反発し、時には工事現場を襲撃《しゅうげき》する可能性が高いと考えられたからである。

工事計画が確定し着工したのは明治四十三年（一九一〇）であった。当初は七カ年度継続事業とされていたが、予想通り難工事の連続で、工期はかなり遅れ、台東線（花蓮《カレン》港〜台東）一七〇km余が全通したのは、大正十五年（一九二六）であった。

台湾総督府交通局鉄道部編『台湾総督府交通局鉄道年報　第四十（昭和十三年度）[43]』によると、昭和元年度は乗客八八万人、貨物量一六万tであったのが、昭和十三年度には乗客一六一万人、貨物量四〇万tとなっており、台湾東部の流通も飛躍的に向上していることがわかる。

なお、台東線の敷設工事には多くの原住民の部族が関わっており、その労に報《むく》いるため、台東線には彼らが無料で乗車できる専用車両が設けられた[44]。

こうして昭和十三年度までに、官営鉄道八八〇km余、私営五二〇km余という鉄道網が、台湾全島にはりめぐらされた[45]。

最初に敷設された縦貫鉄道の経営は、当初一〇年間の赤字が予想されていたが、実際の赤字は三年間にとどまり、明治三十二年（一八九九）以降は大幅な黒字を計上し、歳入の約一割を占めるようになった。[46]それだけ、鉄道利用が盛んであったのである。

官営鉄道全体の収入の変遷を見てみると、貨物収入が例年もっとも高かったが、旅客収益も年々増加している。鉄道事業の発展が台湾全島の人の移動や物流を大きく変貌《へんぼう》させ、産業振興に大きく寄与したことが数字からも見て取れる。

(五) 港湾整備

台湾における交通網のもう一つの柱は海運で、築港の促進に伴って発展した。

台湾は、総面積は九州よりやや小さい程度で近似しているが、海岸線の長さは、四、二〇〇km弱の九州に対して一、五〇〇km余と、九州の半分以下しかない。地勢の関係と暖流の影響から、直線の海岸線が多いからである。逆に言えば、海が陸地に入り込んでいる場所が少なく、沿岸部には天然の良港となるような場所がないということである。[47]

しかし、日本内地と台湾を結ぶ海上交通路を確立させ、台湾を南洋の市場との中継地とするためには、規模の大きい近代的な港湾が必要不可欠であった。既存の港のうち、大規模な港湾工事の候補地となったのは、基隆《キールン》、高雄《タカオ》、淡水《タンスイ》、安平《アンピン》の四カ所であった。

初期の台湾財政は非常に厳しく、巨額の経費がかかる港湾整備を限りある財源で効率的に進める必要があった。そこで、総督府は内地の港湾政策である「大港集中主義」を参考にし、基隆と高雄の「修港に主力を傾倒し」、淡水と安平の「改良は之を放棄」することとした(48)。

明治三十二年(一八九九)に縦貫鉄道の敷設工事が始まると、その北の出発地にあたる基隆港の港湾工事も開始された。この工事を担当した技師は、博多湾の築港工事などにも関わった川上浩《かわかみこう》二郎《じろう》や十川嘉太郎《とがわよしたろう》である。

基隆港の港湾工事では、川上の提唱によって、コンクリート製の箱形構造物内に砂を投入し、その重量で波浪、土圧といった外圧に抵抗する工法が採用された。当時としては最先端技術であった(49)。

基隆港は、樺山《かばやま》初代総督時代には軍港として、乃木第三代総督時代には商港と軍港の併用として位置づけられ、整備が進められた。ところが、後藤新平が「純《もっ》ぱら商港設備となし、一朝事あるに当りては商港全部は之《これ》を提供して軍港となす」と提案したことで、これ以降、基本的に貿易港として利用できるよう整備されていった。

その後、岸壁やドックなどが完備されたことで、大型の乗客船や貨物船の入港が可能となり、内地と台湾を結ぶ海の玄関口だけではなく、東アジアにおける国際貿易港の一つとなった[50]。

台湾南部の高雄港では、縦貫鉄道が全通した明治四十一年（一九〇八）から、港湾工事が本格的に開始された。当初は六カ年の継続事業であったが、年々急増する貨物量に対応して機能拡張が必要となり、二度にわたって計画と工期が見直され、最終的に工事が完了したのは、昭和四年（一九二九）であった。

現在の基隆港〔基隆市、中華民国交通部観光局提供（徐世榮撮影）〕

この長い工期中に、高雄港は米や砂糖などの農産物を搬《はん》出《しゅつ》する「商港」から、原料や工業製品を取り扱う「工業港」へと位置づけが大きく変っている。この事業を指揮した総督府土木課長の山形要助《やまがたようすけ》が、「台湾を工業地たらしめるには打《ダ》狗《グ》（筆者註：高雄の古称）を工業地として発達させるのが第一」と考えていたからである。
そして、山形は高雄港のさらなる発展には大きなエネルギーが必要であると考え、大型の水力発電を計画立案する。これが、日月潭《にちげつたん》発電所の計画へとつながっていく[51]。
この両港に続いて国費負担で港湾工事が行われたのは、台

エピソード⑤　川上浩二郎の信念

【清家和弥】

基隆《キールン》築港に携わった川上浩二郎の甥《おい》である一郎が学生時代（大正初期頃）、学友数人と台湾見学の旅に出たところ、どうしたことか、川上浩二郎の甥だということを船長が知るところとなった。その途端に、食事はすべてメニューによってボーイが注文をとり、それを船室に運んでくるという特別待遇となった。当時はまだ洋食が一般には普及しておらず、料理の名もわからず、恥をかいたとのことである。

甥にしてこの通りである。川上が台湾においていかに尊敬されていたかが窺《うかが》える。困難を極《きわ》めた基隆築港に当った川上浩二郎は、その時の心境を、のちに郷里の東谷小学校の講演で次のように語っている。

基隆築港の地点は海がばかに深いのみか、潮の流れが急で自他ともに許す一流技術家のだれでもが処置なしの難工事でした。自分自身もいくどとなく失敗をくり返したが、この苦難にたえ、だれがどんな非難をあびせようとも、これを完成させるのは自分以外には絶対にないという信念に燃えて、ついにこの工事を完成させた。だから人間はどんな苦境に立っても、断じて自信を失ってはならない。

以上の話は、佐藤松太郎が地方誌『とちお』（昭和四十六年五月十日発行）に投稿したものであるが、不屈の精神で困難に立ち向かった川上の努力が偲《しの》ばれる。

湾東部にある花蓮《カレン》である。台東線が開通したことで、終着駅のあるこの地が選ばれ、昭和六年（一九三一）に起工した。

この付近には港に適した入り江がないため、砂浜を掘り込んで港を築く掘込式という技法が用いられた。国内では昭和三十八年に開港した苫小牧《とまこまい》港が嚆矢《こうし》とされているが、花蓮港はそれよりも早い昭和十四年に開港しており、近年、同港が日本最初の近代的掘込式港湾であると指摘されている。

同港の開港によって、重軽化学工業関係の会社が港付近に進出し、花蓮は台湾東部最大の経済拠点となった。これに伴って内地人の移住が進み、昭和十五年には、花蓮に市制が実施されるに至った。

しかし、その後、戦況悪化のため船舶の出入りが少なくなり、昭和十九年十二月に港は閉鎖され、第二期拡張工事は未完のまま終戦を迎えた(52)。なお、新高港（現台中港）の港湾工事も昭和十四年に国費負担で始まったが、終戦のため未完となった。

（六）電力供給

さまざまな交通機関や工場を稼働させるためには、膨大《ぼうだい》なエネルギーが必要である。日本領有

日月潭風景〔南投県魚池郷、中華民国交通部観光局提供（陳志明撮影）〕

以前の台湾には発電設備はまったくなく、電気事業はゼロからのスタートであった。

台湾における電気事業は、明治三十五年（一九〇二）に土倉《どくら》龍次郎《りゅうじろう》によって設立された台北電気株式会社を端《たん》緒《ちょ》とする。

土倉が興した会社は官営の台北電気作業所となり、明治三十六年に亀山水力発電所が完成し、台北《タイペイ》と基隆《キールン》への電力供給を開始した。当時、内地の発電所の発電量は最大で六、六〇〇kWであったのに対して、亀山水力発電所は最新の技術と装置を用いていたらしく、発電量は一万一〇〇〇kWと記録されている。

その後も、新店渓《しんてんけい》（台湾北部の川）の小粗坑発電所、美濃鎮《みのうちん》（高雄）の竹子門発電所、台中の后里《こうり》発電所と、発電所が次々と建設された。

大正八年（一九一九）、第七代総督の明石元二郎《あかしもとじろう》[53]は、台湾の工業化推進の為《ため》に、さらなる水力発電事業の発展を期して、日月潭《にちげつたん》ダムの建設を命じ、台湾電力株式会社が設立された。

建設工事が間もなく始まったが、第一次世界大戦後の経済不況や関東大震災の影響を受けて、大正十五年に中止となってしまう。その後、台湾現地の商工業者を中心に工事再開が強く要望されたこともあり、昭和四年（一九二九）に松木幹一郎《まつきかんいちろう》が新たに台湾電力株式会社社長に就任し、再開に向けて準備が進められた。この松木も後藤新平にゆかりのある人物であった。

従来の工事計画が見直された。台湾で最も長い河川である濁水渓にダムを作り、全長約一五kmの地下導水路を設けて日月潭に水を貯《た》め、湖畔に堤防を設けて約三三〇m下の発電所に送る。その落差で生じた水力で発電機を動かすという計画であった。

また、調査内容、経済経営の見通し、資金計画の詳細を稟申書《りんしんしょ》として付加し、当局への要望も抜かりなく行われた。安定した水源確保の為の森林の保全（森林は水を貯蔵する役割があり、先住民が森を伐採し畑にすると安定した水量が確保できなくなる）、島内電力需要の独占に必要な政府の厳重なる監督など、島内全域に充分な電力供給のために優勝的保証《ゆうしょうてきほしょう》（将来にわたり台湾電力株式会社が島内の需要に対して動力供給を独占できること）を願い出ている。

周到な計画の下、外債による資金調達が実施されて、建設工事は再開した。険しい地形の下での工事、生蕃《せいばん》による危険、国際金融の激変と、多くの問題を乗り越え、ついに昭和九年（一九三四）に日月潭第一発電所が完成した。最大出力一〇万kWで、当時東洋一の規模を誇ったという。

その後も増加する電力需要に対応するため、日月潭第二発電所、万大発電所が作られ、台湾の経済発展と照明設備の普及に大きく貢献した。これらの発電所は戦後も利用され、現在も運転が続けられており、台湾経済を支えている。

台湾の礎を築いた日本人⑧　松木幹一郎の大志　【丸　幸生】

松木幹一郎《まつきかんいちろう》は、明治五年（一八七二）二月二日、伊予国桑村郡河原津村《いよのくにくわむらぐんかわらづむら》（愛媛県西条市河原津）に生まれた。幼い頃から詩文を能《よ》くし、十歳の頃には「日本外史《にほんがいし》」「日本政記《にほんせいき》」「論語《ろんご》」「孟子《もうし》」を素読暗誦《あんしょう》していたという。

東京帝国大学卒業後、逓信《ていしん》省や鉄道院に勤務し、その後実業界に転出した。西洋の植民地支配の波に呑まれないモデルとなる国家の確立を志していた松木は、昭和四年（一九二九）に台湾電力株式会社社長に就任し、供給力を高めるとともに、利用料金の値下げなど需用者にとって電力をより身近なものとすべく並々ならぬ情熱を注いだ。

松木は機会をみつけては値下げを断行した。需用者が増えれば充分に採算がとれると考え、薄利多《はくりた》売《ばい》を基本方針とした需要の開拓《かいたく》が、業務刷新、経費節約の励行と相俟《あいま》って、料金値下げを実現させたのである。

松木は、各地で講演活動も惜《お》しまずに行って、電気の利便性《りべんせい》を訴え続けた。不景気で将来的な見通しが暗くて萎縮傾向《いしゅくけいこう》にある中で、電気の普及は台湾全体を明るい方向へ導き、動力の経済的な利用は明るい見通しを拓《ひら》くこととなった。こうなると世間からの期待は高まる一方で、中小企業、大企業の誘致へとつながることになった。台北はもちろん、人口希薄《きはく》の山村、漁村にいたるまで、台湾全島を同一料金としたことによる利用者の広がりも電気普及の原動力になった。

台湾を電気の島に変える事業を最期のご奉公として引き受けた松木は、それでもまだまだ続けていこうとした計画があったが、昭和十四年（一九三九）、六十七歳で病に倒れ帰らぬ人となった。

日月潭《にちげつたん》の湖の東側には、台湾電力公司OBと経済界実力者の許文龍《きょぶんりゅう》氏の寄贈により松木幹一郎の胸像が建てられ、人生の最後の力を振り絞って台湾の近代化を成し遂げた松木の功績は、台湾の人々によって顕彰されている。

松木幹一郎の肖像〔始政四十周年記念台湾博覧会編『始政四十周年記念台湾博覧会』、昭和11年（1936）、国立国会図書館デジタルコレクション〕

（七）殖産興業

台湾の気候は温暖で、米をはじめ、甘蔗《かんしょ》（サトウキビ）・茶・落花生《らっかせい》・豆類・胡麻《ごま》・柑橘《かんきつ》・芎蕉《きゅうしょう》（バナナ）・鳳梨《ほうり》（パイナップル）・龍眼《りゅうがん》など、さまざまな農作物が収穫される。

総督府は農作を積極的に奨励し、台湾における農業の発展を期した。それは本土からの財政の独立を実現する上でも、また住民たちの食生活を安定させる上でも、あるいは台湾を日本の食糧供給地とする上でも重要と考えられたからである。

中心の施策は砂糖・樟脳《しょうのう》・塩・茶・米の増産と阿里山森林の開発であったが、総督府が特に重点を置いた作物がサトウキビと米であった。

製糖業政策　総督府がはじめに重点的に取り組んだのは、製糖業の育成であった。一八五八年に清国がイギリスなどと締結した天津条約によって、安平《アンピン》と基隆《キールン》が開港されて以降、台湾で砂糖の輸出が始まり、製糖業の基礎がある程度確立していたからである。

また当時、日本国内で消費する砂糖の九八%が輸入品であったため、官財界から原料のサトウキビが収穫できる台湾に熱い目がそそがれていた。大量に移入すれば、関税がかからない台湾を内地の経済システムに組み込めるからである。

総督府が財界有力者を積極的に勧説《かんぜい》した結果、明治三十三年（一九〇〇）、三井財閥を中心とした台湾製糖株式会社が創立された。二年後には新式機械をもつ製糖工場ができ、製糖商品を生産し始めた。その後も、塩水港製糖株式会社や明治製糖株式会社（現大日本明治製糖株式会社）など、いまも続いている製糖会社が次々と誕生した。

ところが、予想に反して生産量は上がらず、むしろ減少傾向すら見せた。そこで、新渡戸稲造《にとべいなぞう》が総督府殖産局長《しょくさん》として招聘《しょうへい》された。彼は明治三十四年九月に「糖業改良意見書」を提出し、品種改良を含むサトウキビ栽培の改良、大規模な機械工場の設立、糖業市場の保護の三つを柱とする改良案を示した。総督府はこれをほぼ採用し、[54]製糖業政策のその後の基本方針を確立した。新渡戸の建言に基づく奨励《しょうれい》策を広く展開した結果、台湾の製糖業は急速に発展した。明治三十六年には産糖高約七六〇〇万斤《きん》、砂糖消費税収七六万一〇〇〇円であったのが、明治四十四年になると、産糖高約三億斤、砂糖消費税収一〇七〇万円となった。新渡戸は、明治四十四年度における製糖関連の税収は二二一万円になると予想していたが、実際には五倍近い税収を得ており、予想以上の好結果をもたらしたのである。

米政策　続いて総督府が重点的に取り組んだのが、米作の促進であった。明治二十九年（一八九六）の台湾における水陸稲の作付面積は、隠田《おんでん》を含めて約三二万甲であった。[55]

児玉第四代総督が、明治三十四年十一月五日に、

> 若し水利を通じ耕作を慎《つつし》まば、其の穫《と》る所をして現今所産の三倍ならしめんこと敢《あ》へて難《かた》しとせず。是に於て細民《さいみん》共に三餐《さん》に飽き、尚剰《あま》す所を以て之を海外に輸出するに於ては蓋《けだ》し貿易品の大宗たるを失はざるべし。

と訓示しているように、総督府は島内の食糧事情を安定させると共に、米を輸出品のひとつに位置づけようとしていた。

ただし、統治初期の主な輸出先は日本内地ではなく、大陸であった。しかし、日露戦争の前後になると、度重なる凶作、人口の急激な増加、軍用米の調達など、様々な要因によって内地の米不足が顕在化した。そこで、三井や大倉などの大手商社が台湾米を買い占め、国内で販売をはじめた。これがきっかけとなり、米の内地向けの輸出量が増加していった。

この頃の輸出には法的規制はほとんどなく、諸々《もろもろ》の手続きなどはすべて民間に委《ゆだ》ねられていた。ところが、輸出した台湾米に雑多の品種が混合していたり、稗《ひえ》や小石・砂などの夾雑物《きょうざつぶつ》が混入したものがあり、時にはカビが発生していたこともあり、台湾米の評価を下げるような事態が頻出《ひんしゅつ》した。そこで、総督府はこうした問題を等閑視《とうかんし》できなくなり、検米規則を制定するなどして、輸出に関する手続きを総督府の管理下に置くこととした。(56) それと同時に、内地向けの輸出拡大を視野に入れて、米の商品価値を高めるために、幾つかの改革を実施していった。

その第一が、日本の農業協同組合に相当する協同組合「台湾農会」を設置し、農業新知識の普及と農業支援を図ったことである。

総督府は明治四十一年(一九〇八)、もともとあった小作農中心の共同組織を整理して法人化し、各行政区域に台湾農会として設置した。総督府は農会を通じて農政を遂行し、優良品種の栽培、肥料・農薬の使用、新しい生産技術などの情報を広め、また農会は総督府当局に代って、米穀の集荷や肥料・農薬等生産資材の配給を行った(57)。

第二が米種の品種改良であった(58)。もともと、台湾米の在来種は不純交雑種《ふじゅんこうざつしゅ》が多く、赤米、烏《から》米《まい》、茶米などが混じっていたため、収穫量が少なかった。そこで、明治三十四年(一九〇一)に創立された台湾総督府農事試験場では、在来種に混在する赤米を除去する品種改良に取り組み、品質と純度を向上させることに努めていた。

しかし、品種改良の方向性をめぐって、総督府内に意見の対立が生じた。一つは、台湾の風土に適応している在来種を改良し、安定した収穫を見込むべきであるという意見である。もう一つは、在来種は細長くてねばりがないインディカ種のため日本人の口に合わないので、日本種を改良して内地への輸出拡大につなげていくべきであるという意見である。最終的には、在来種の改良を基礎として、日本種の改良を長期的に取り組んでいくという二段階方式で進めていくこととなった。

その後も在来種の改良は続けられ、赤米の除去や優良品種の選抜など、確実に成果を挙げていた。しかし、大正四年(一九一五)の第四次改良事業をもって、台中州における在来種の改良事業は終了し、台北州、新竹州、台南州でも順次停止された。日本種の改良で、非常に優れた品種が育成されたからである。

この品種改良に成功したのは、農業技師の磯永吉《いそえいきち》と末永仁《すえながめぐむ》である。日本種は台湾のような亜熱帯地域では育たないので、そのまま蒔《ま》いて栽培するわけにはいかなかった。そこで彼らは、日本種相互間や台湾種との交雑《こうざつ》を繰り返すことで、形や大きさ、食味が日本種米とほぼ等しい新品種を生み出すことに成功したのである。

大正十五年（一九二六）五月の大日本米穀《べいこく》会第十九回大会で、第十代総督伊沢多喜男《いざわたきお》はこの新品種を「蓬萊米《ほうらいまい》」と命名した。蓬萊米は、のちに台湾で品種改良された日本種米の総称となる。

その後も、稲熱病《いもちびょう》などに高い抵抗性をもつよう更なる品種改良が進められた結果、蓬萊米の品種は一三〇種にも及び、その中で、もっとも優秀な品種とされているのが、末永が育成した「台中六十五号」である。強い抗病性を持ち、生産性が高く、そして何よりも水稲二期作栽培に適応できたからである。

総督府が台湾農会を通じてこうした蓬萊米の原種を配給したところ、瞬《また》く間に普及し、全耕地面積の約六〇％で栽培されるようになった。特に、台中六十五号は「北は基隆《キールン》から南は恒春《コウシュン》まで、全島到る処に栽培され、沖縄県にまで」普及した。

蓬萊米は生産量、価格ともに在来種よりも高く、これを栽培する農家の収入は一気に増えた。そのため、サトウキビ栽培から水田稲作へと転換する農家が多発して、サトウキビの生産量が落ち、砂糖の原料価格が高騰《こうとう》したことで、製糖業に大きな支障《ししょう》が生じた。当時は「米糖相克《そうこく》」と呼ばれ、農政上の大問題となった。このように、蓬萊種の出現は台湾人の生活だけではなく、台湾の農業構造をも大きく変えたのであった。

第三は、農業技術の普及と人材育成を目的とした農業教育の充実である。

まず、実業教育について見ると、明治三十四年（一九〇一）に創立された総督府農事試験場に講習生制度が設けられ、農業概要、土壌、肥料、作物、園芸、病虫害、林業、測量などが教授された。大正十一年（一九二二）までに八七二人の卒業生が世に送り出されたが、講習生となるためには、十八歳以上で日本語が堪能《たんのう》で、二甲以上の耕地を持っていることが必要であった(59)。

大正八年に「台湾教育令」が公布されると、就学機会が拡大された。台湾人子弟を対象とする「実業ニ関スル知識技能ヲ授ケ兼テ徳性ヲ養成スルコトヲ目的」とする農業、工業、商業など実業学校の設置が決定し、入学条件は「修業年限六年ノ公学校ヲ卒業」、または同等以上の学力をもつ者とされたのである。

最初に設立されたのは、「エピソード④」で紹介した台湾公立嘉義《カギ》農林学校である。その後も屏東《ヘイトウ》、宜蘭《ギラン》、台中、桃園に、農業学校が設けられた。この他に、簡易実業学校や実業補習学校も設置され、実業教育の充実がはかられた。

つぎに専門教育の分野を見ると、「台湾教育令」によって専門教育の設置が定められ、総督府農林専門学校が創立された。同校はその後、日台共学の理念から総督府高等農林学校に改称され、そして台北帝国大学が設立されると、台北帝国大学附属農林専門部として編入された。

台北帝国大学には理農学部も設置されており、農学や熱帯農学などの講座を通じて農業生産に関する専門知識が教授され、さまざまな技術研究が行われた。

以上の改革に加え、灌漑《かんがい》・水利事業の展開によって、人材、組織、土地、品種が改善されたことで、台湾における米の収穫量は一気に増大した。

台湾の礎を築いた日本人⑨　蓬莱米の父と母――磯栄吉と末永仁――　【大葉勢清英】

農業の発展を期した台湾総督府は、米収穫量の増大を目指し、品種の改良、施肥《せひ》の普及、灌漑《かんがい》の完備、土地の改良に取り組んだ。

従来の台湾の在来米は、「品質が粗劣、常に赤米や黒米が混じる。収穫量も低い。最も頭痛の種となるのは、一升の玄米の中に、赤米は二千五百～三千粒も混じること」（黄文雄『台湾は日本人がつくった』徳間書店）と不評であった。しかし、品種改良によって「蓬莱米《ほうらいまい》」を完成させたことで、台湾の米の生産量は四倍へと飛躍的に発展した。それを導いたのが、「蓬莱米の父」と言われる磯永吉《いそえいきち》と「蓬莱米の母」と言われる末永仁《すえながめぐむ》である。

磯永吉は、明治十九年（一八八六）広島県に生まれ、東北帝大農学科を卒業後、明治四十五年台湾総督府農業試験場に技手として赴任した。

末永仁は、磯と同じ年に福岡県に生まれ、明治四十三年（一九一〇）台湾に渡り、二十四歳で嘉義庁試験農場の技手となった。大正元年（一九一二）の第一回技術員制作品展覧会、翌年の第二回と続けて論文が一等を獲得し、その実力が第二回の審査員であった磯の目に留まる。これが二人の出会いであった。

大正四年、二人は共に台中農事試験場に赴任し、磯は米改良農業技師、州内の農業監督として指導にあたり、末永はその下で、在来米の品種改良に取り組んだ。末永は、大正七年には主任技師に昇格した。

当時の末永仁のエピソードについて、早川友久は次のように紹介している。

朝は五時には起きだして日の出とともに四キロ離れた試験場へ歩いて向かう。この習慣はどんな天気でも変わることはなかった。妻のクニは朝と昼の弁当を抱え、夫が汗を流す田んぼへと通ったそうである。夜は日が暮れるまで作業を行っているため、家に帰ってくるのは七時か八時ごろ。新聞を読みながら簡単に夕飯を済ませると、実験机に向かい在来種の交配実験を行うという夜を日に継いで米と向きあう毎日であった。時には自転車にまたがり、三キロ離れた磯の宿舎を訪れ、実験状況を報告するとともに、指導を受けることもあったという。末永はこうした生活を十年以上も休むことなく続けたのである。（『日本人、台湾を拓く。』まどか出版）

この間、千余の品種を交配して、二百数十品種が試作された。そして、当時難関とされた内地米

（日本種の米）栽培の突破口が拓かれた。ようやく完成した品種は、大正十五年（一九二六）、伊沢多喜男《いざわたきお》総督により、台湾の古称「蓬萊仙島」にちなんで「蓬萊米」と命名された。磯は農業監督として、この蓬萊米の普及・指導に尽力した。

台湾の米作は飛躍的に拡大し、明治三十三年（一九〇〇）から昭和十三年（一九三八）の四十年足らずの間に、産出量は四・六倍にもなった。その三分の一が蓬萊米であり、そのうちの三分の二は対日輸出に当てられた。

清国時代には米の輸入をしていた台湾が、逆に味の良い蓬萊米を日本に輸出できるまでになったのである。それによる現金収入が台湾農民をさらに豊かにした。

その後、末永は昭和十二年（一九三七）、ボルネオのサラワク王国に招かれ、二年間稲作指導に従事した。その際に持ち込んだ蓬萊米は、やがてボルネオを介して東南アジアでも栽培されるようになった。

不幸にも、ボルネオで稲作指導にあたっていた時に結核を患《わずら》って、昭和十四年（一九三九）、台湾に戻った末永は、実験田で作業中に倒れ込み、同年十二月二十三日、五十三歳の若さで亡くなった。台湾の人々は、末永の功績を讃《たた》え、昭和十六年に台中農事試験場内に胸像を建てた。

磯は、大正十四年（一九二五）から中国南部、香港、インドシナ、マレー、フィリピン、ジャワに渡り、現地の農業研究の様子を調査した。その後、台湾に戻り、総督府中央研究所技師・台北帝大助教授に昇進した。昭和三年（一九二八）、欧米各国に留学し、農学博士号を取得した後、昭和五年に台北帝大教授となった。

終戦後、中華民国台湾省政府の命令によって台湾に残った磯は、農林庁技術顧問として農業指導に尽力した。昭和三十二年（一九五七）に定年退職となり、七十一歳でようやく日本に帰国した。明治四十三年（一九一〇）の渡台以来、四七年間を台湾の農業振興に捧《ささ》げたことになる。

帰国に先立ち、台湾省政府は磯の功績を讃《たた》え、最高勲章として年一、二〇〇kg（二〇俵）の米を終生贈与し続けることを決議した。昭和四十七年（一九七二）、磯は八十六歳の生涯を閉じた。

第四節　日本統治下の事件と民族運動

星原大輔

明治三十五年（一九〇二）に一旦は平定された武力抵抗も、台湾総督府の政策が進むにつれて再び起ってきた。主な事件には次のようなものがあった。

北埔《ホクフ》事件（明治四十年十一月）：客家《はっか》の蔡清琳は若い頃巡査補になったが、行いに節度がないことから免職となり、二度懲役刑《ちょうえきけい》に服していた。警察に恨《うら》みを抱いていた彼は、北埔の自警団員と樟脳《しょうのう》労働者に対し、「まもなく清国の軍隊が旧港（新竹南寮港）に上陸する。先に北埔を占領し、日本人を皆殺しにしよう」と扇動《せんどう》し、北埔支庁を攻撃して五七人の日本人を殺害した。総督府が軍隊と警察を向かわせると蔡清琳の仲間は総崩れとなり、一〇〇人余が逮捕され、九人が死刑となった。

林圯埔《リンイホ》事件（明治四十五年三月）：易者を生業としていた劉乾は、デマを流して民衆を惑わしていると日本人から告発され、商売を改めるよう脅迫された。劉乾は総督府に対する抵抗を信徒に呼びかけ、また、㈱三菱製紙の竹林使用権の独占に不満をもつ者を味方とし、林圯埔の近くにある頂林派出所に攻め込んだ。しかし、警察隊と保甲壮丁団に敗れ、八人が死刑となった。

苗栗《ビョウリツ》事件（大正二年十月）：密《ひそ》かに革命党を組織し、本部を苗栗に置いた羅福星たちが、明治四十五年から大正二年にかけて、台湾各地で数件の反乱陰謀《いんぼう》を企てた。しかし、相次いで暴《あば》かれ、重要な党員は大部分が逮捕された。五件の類似事件に対して、総督府は臨時法院を苗栗に設置し、同時に審理した。この結果、死刑は二二一人、有期懲役《ちょうえき》は二八五人、行政処分四人の判決であった。

西来庵《せいらいあん》事件（大正四年八月）：本島人の余清芳を首謀者とした宗教団体では、台湾にはすでに〝神主〟が出現し、間もなく〝大明慈悲国〟を打ちたてて日本人を追い払うから、一揆《いっき》に参加した者は褒美《ほうび》を沢山もらうことが出来る、と宣伝した。警察に察知された余清芳は山地に逃げ込み、日中関係が緊張してきたのを機会に暴動を起したが逮捕された。

「匪徒《ひと》刑罰令」で一、四一三人が起訴され、八六六人が死刑、四五三人が有期懲役になった。しかし、判決が苛酷《かこく》すぎると非難され、死刑執行は九五人、その他は無期懲役に改められた。この事件は、それまでの武装暴動から非武装の政治社会運動への分水嶺《ぶんすいれい》となった事件であった。

以上の事件に共通していることは、政治的色彩を帯びていることであった。第一次世界大戦が終った頃、各国の植民地では民族自決運動が起っており、武力を主体とした統治では立ち行かなくなっていた。日本による台湾統治も、大正八年（一九一九）に大きく転換した。「台湾総督府条例」の改正によって、台湾総督の資格規定が削除《さくじょ》され、文官の就任が可能となったのである。

これは、時の宰相原敬《はらたかし》の強い意向によるものであった。原は、台湾を「殖民地の類」とみなすのではなく、「台湾の制度はなるべく内地」と同じようにし、最終的には「内地と区別なき」制度にしなければならない、という「内地延長主義」を考えていた(60)。

大正八年（一九一九）、田健治郎《でんけんじろう》が最初の文官総督として赴任《ふにん》し、これに伴って総督の律令《りつれい》制定権を認めていた「台湾ニ施行スヘキ法令ニ関スル法律」が改められた。台湾総督の律令制定権が大幅に制限されたのである。この結果、内地に施行されていた法律が段階的に台湾にも施行されるようになり、さまざまな分野において改革が実施された。

台湾の民族運動　改革は為政者からのみ行われたのではなく、民衆の要求が高まることによっても促進された。台湾統治が進むと、同じ日本国民でありながら内地とは異なる統治制度に置かれていることや、「臣民」の権利義務の一部が制限されていることなどに不満を覚える本島人が増え始めた。日本人と同様の権利待遇を求めて、大正三年（一九一四）に設立された民間団体が「台湾同化会」である。

中心メンバーは本島人の林献堂《りんけんどう》、蔡培火《さいばいか》らであったが、同会設立の最大のきっかけは、自由民権運動の主導者である板垣退助《いたがきたいすけ》が、彼らの招聘《しょうへい》を受けて台湾を訪れたことであった。明治維新の功臣である板垣が関わったことで、内地からも多くの賛同者を得て、同会は五百人余りの参加者を集めて設立された。

一旦は設立許可を与えた台湾総督府であったが、約一カ月後に解散命令を下した(61)。その後、林献堂らは内地に留学した本島人の学生らと交わり、大正九年（一九二〇）に「啓発会」を設立した。目的は、台湾が内地とは異なる政治体制と法体系に置かれる要因となった「台湾ニ施行スヘキ法令ニ関スル法律」の撤廃を実現することにあった。

これらの運動は、大正デモクラシーや民族自決の影響を受け、台湾人の中に民族意識と政治意識が高まったことがきっかけで発生した政治運動であった。従来の武力による抵抗運動とは異なる新しい「近代的民族運動の端緒」であり、「台湾の政治的発展に対し一転機」をもたらした(62)。

一方、日本統治下で、台湾の自主性と高度な自治を獲得しようとする新しい政治・文化運動もはじまった。その一つが台湾議会設置請願運動で、「台湾住民より公選せられたる議員を以て組織する台湾議会を設置し」て、「台湾に施行すべき特別法律」と「台湾予算の協賛権」を付与することを求めた(63)。

もう一つが「台湾文化協会」で、大正十年十月に設立された文化団体である。設立呼びかけ人の一人である蔣渭水《しょういすい》は発足総会で、

台湾人は、日華親善媒介の使命を負うて居る。日華親善は亜細亜《あじあ》民族連盟の前提である。亜細亜民族連盟は世界平和の前提である。世界平和は人類最大幸福にして又最大の願望である。（中略）然乍《しかしなが》ら、台湾人には現に病がある。（中略）台湾人の病症は知識の栄養不足症である。（中略）文化運動はこの病気に対する唯一の原因療法である。文化協会は専門に原因療法を講究し、施行する機関である。

と演説した。同協会は島内各地で文化講演を行ったり、『台湾民報』を創刊したりして、台湾人への文化啓蒙《けいもう》を通じて民族的な自覚を喚起させることに努めた(64)。

しかし、運動母体の台湾文化協会は、目的を達することなく解散した。台湾総督府による取り締まりもあったが、様々な人々が台湾文化協会に結集するなかで、社会主義者や共産主義者が合流し、内部で左派と右派の路線対立が激化し、分裂したのが一番の要因であった。

運動自体は失敗に終ったが、多民族社会の中で「台湾人としての意識」を共有し、「近代的な

市民としての自覚に目覚め」たことは、その後の台湾社会にとって、その歴史的意義は大きいであろう。(65)

この頃、全台湾を驚愕《きょうがく》させた霧社《むしゃ》事件と呼ばれる事件が起った。

昭和五年(一九三〇)に起った原住民による武装蜂起《ほうき》事件である。多くの日本人が殺害されたこの事件が起った原因は多岐にわたると言われている。

日本の山林資源の開発によって原住民の狩猟《しゅりょう》の場が激減したこと、日本の警察の権威が集落の指導者を上回り、原住民の社会組織に衝撃を与えたこと、原住民を徴発《ちょうはつ》して各種の建設作業に当らせたが、これらの労役によって生業の時間を奪いかつ労賃が低すぎたこと、また、伐採《ばっさい》の現場が原住民の伝説にある祖先発祥の地にあったため、日本憎しの心理を強めたことなどであった。

霧社のタイヤル族は昭和五年十月二十七日、日本人が小学校で運動会を開いたのを機に会場に突入し、日本人一三四人を殺害した。その後、吊《つ》り橋と電話線を切断して外部との接触を遮断《しゃだん》し、日本警察の銃と弾薬を奪った。

総督府は軍隊・警察・軍卒四、〇〇〇人余、その他親日の原住民五、三〇〇人を動員した。この結果、反乱に加わったタイヤル族六社(集落)の総人口の五八%に当る七二三人が殺された。この事件の後、反乱に加わり生き残った高砂族《たかさごぞく》は、反乱に加わらなかった高砂族に襲撃され、一九一人が殺され、一八人が自殺し、六人が行方不明になるという事件（第二霧社事件）も起きた。この事件が最後の武力抵抗であった。

第五節　戦時体制下の台湾と敗戦

星原大輔

昭和十二年（一九三七）に支那事変《しなじへん》が勃発《ぼっぱつ》して以降、戦時体制化が進められた日本の台湾統治は、いろいろな側面で変化していった。

皇民化運動　その一つが、皇民化《こうみんか》運動である。「皇民化」とは、「皇国精神の徹底を図り、普通教育を振興し、言語風俗を匡励《きょうれい》して忠良なる帝国臣民たるの素地を培養」することである[66]。

その具体的な内容は、以下のように整理される[67]。

第一に、漢文の廃止と日本語教育の徹底である。公学校の教科目から漢文科が削除《さくじょ》され、新聞『台湾日日新報』の漢文欄が廃止されている。また、官公衙《かんこうが》職員の日本語使用を徹底するよう通牒《つうちょう》が発せられ、さらに本島人が日本語を学び使用することを奨励《しょうれい》するため「国語家庭」制度が設けられた。国語家庭審議会に申請し、家族がみな日本語を話すことが認められれば「国語家庭」の門標が授与され、多くの優遇措置が与えられた[68]。このように日本語の使用を徹底したことで、全島人の約五七%が日本語を理解するようになったと言われている。

第二に、寺廟《じびょう》の整理と神社の建立である。台湾の伝統的な広間（庁堂）の中心に神棚を配置するよう促す正庁改善運動のほか、各地にあった寺廟を破壊し、神社を建立した。

第三に、改姓名運動である。台湾総督府は、皇紀二千六百年にあたる昭和十五年（一九四〇）二月十一日から、本島人と高砂族《たかさごぞく》が日本風の姓名に変更する手続きを受け付けた。ただし、変更手続きを出せば誰でも変更できたわけではなく、国語（日本語）を常用し、皇民化しようとする熱意を有し、公共精神を有するなど、いくつの条件を満たしているかが審査され、合格者のみが改姓名を許可された。

第四に、皇民奉公会である。この団体は昭和十六年に発足し、台湾島在住のすべての国民に対して、「戦意の高揚、決戦生活の実践、勤労態勢の強化、民防衛の完遂、健民運動の推進」を積極的に進めていくことを目的としていた。

総裁には長谷川清第十八代台湾総督が就《つ》き、台湾総督府に中央本部が置かれ、その下に地方組織として、地方の各行政機関に合わせて、支部、分会、区分会、集落会、奉公班が設置された。この他にも外郭《がいかく》団体として、奉公団や商会奉公会、産業奉公会、青年団、少年団などもあった。ここに「内地人、本島人、高砂族ノ全島民」が会員として所属した。

以上の他にも、旧暦の正月行事、伝統的な音楽や芝居を禁止するなど、本島人および高砂族の生活様式や風俗習慣が改められた。

従来の台湾統治では台湾の風俗・習慣を排除するようなことはほとんどなく、こうした日本化ないし日本人化の推進は戦時中という限られた時期に見られた現象であったことは留意すべきであろう。

志願の実態　「台湾籍」の本島人と原住民には、兵役の義務が課せられていなかった。しかし、実際には多くの台湾の人々が戦地に赴いた。

昭和十二年（一九三七）に支那事変が勃発《ぼっぱつ》し、総督府が台湾徴発令に基づいて軍夫徴用《ちょうよう》を公表したところ、志願者が殺到し、中には血書を認《したた》めた者もいたという(69)。また、昭和十三年（一九三八）二月、朝鮮に陸軍特別志願兵制度が導入されたが、台湾での導入が見送られたとき、同じ外地である朝鮮に実施されて自分たちには適用されないことに不満が高まり、総督府に実施を求める声が挙がった(70)。

支那事変《しなじへん》解決の糸口がつかめず長期戦となった昭和十六年（一九四一）、台湾司令部および台湾総督府は翌十七年から陸軍特別志願兵制度を導入することを発表した。初年度の昭和十七年度は一、〇〇〇人の募集に対して、四二万六〇〇〇人もの志願者が殺到《さっとう》し、最終的に一、〇二〇人が採用された。年々、志願者数は増加し、昭和十八年度には海軍でも特別志願兵制度を導入した。

なお、台湾においても昭和二十年（一九四五）に徴兵検査が実施され、四万五七〇〇人余のうち二万二六八〇人が合格し、現役兵として入営した。[71]

戦地に徴用《ちょうよう》された中でも「高砂義勇隊」は有名であった。彼らははじめ食糧輸送の任務に就《つ》いていたが、戦争末期になると、軍事訓練を受けた高砂族による「特別遊撃隊」が編成され、南方の戦地に派遣された。彼らは命令に極めて忠実で、かつ戦場では極めて勇猛で、多くの戦功を挙げた。ある元特務機関員は、「マッカーサーが台湾を攻略しなかったのは、高砂族を恐れていたことも大きな原因の一つ」と語ったという。[72]

引揚げ　昭和二十年八月十五日、日本はポツダム宣言を受諾し、帝国陸海軍は無条件降伏した。終戦直後の島内では大きな混乱は見られなかった。日本人が敗戦国民で、台湾人が戦勝国民になったことに気づいた人はほとんどいなかった。むしろ、台湾人も日本人と同じように「戦争に負けた」と思い、共に悲しみ共に悔《くや》しく思っていた。「旧の如く、敗戦、無条件降伏の姿全くなし。次に来る嵐に此の状況にて果して堪えうるや否や」という懸念すら感じさせる様子であったという。[73]

同年九月、蔣介石の国民党政権は陸軍大将の陳儀《ちんぎ》を台湾省行政長官兼台湾警備総司令官に任命し、翌十月、陳儀は台湾に入った。十月二十五日、安藤第十九代総督は台北公会堂で降伏文書に調印した。中華民国代表の陳儀は、この式典終了後にラジオ放送を通じて、「今日より台湾は正式に再び中国の版図《はんと》に戻り、すべての土地、人民および政務は中華民国の主権の下に置かれた」と台湾を領土に編入することを一方的に宣言した。

戦争が終った時、台湾には約六七〇万人の台湾人、二八万五〇〇〇人の日本民間人、一九万五〇〇〇人の将兵と軍属、五、〇〇〇人の沖縄出身者、二、〇〇〇人の朝鮮人がいたが、満州や朝鮮で起きたような日本人に対する仕返しは行われなかった。

昭和二十年十一月の段階で、台湾にいた民間人で本土への帰国を望む者は半数程度であった。その理由は、①現状維持への希望、②中華民国の「怨ヲ以テ怨ニ報イザル態度」への期待、③統制が解除されたことで生活が豊かになったこと、④台湾人の動向も比較的平静であったこと、⑤本土の情況が悪化しているという情報、⑥日本人の送還は昭和二十四年以後になるという噂《うわさ》、などが原因であったという(74)。

しかし、国民党政権は復興に必要な一部の人材以外の日本人の台湾残留を許さず、また、米国は日本の海外における影響力を排除しようとして、海外に居住する民間人の帰国を各国に促した。こうして、「史上類のない大規模な民族移動」と称される引揚げ事業が始まった。

まず、「日本陸海軍の移動に第一優先を、民間人の移動に第二優先を附与すべし」との連合軍の指示により、在台の軍人の引揚げから始まった。昭和二十年十二月下旬から翌二十一年二月上旬までに、台湾における軍人・軍属の復員はほぼ完了した。

昭和二十一年二月十五日、日本人の台湾引揚命令が発表された。約二カ月にわたる民間人の引揚げは「おおむね順調かつ平穏のうちに行なわれた。（中略）朝鮮、樺太《からふと》、南洋諸島あるいは満洲のそれと比較するとき、台湾はいかに順調に、しかも危険のない状況のもとに進められた」という。(75)

これで、島内にいた日本人のほとんどが引揚げた。引揚者は帰国するに当って、現金千円と途《と》次《じ》の食糧、一定の必需品（夏冬服各三着、布団《ふとん》類、日用品）の携帯《けいたい》しか許可されなかった。(76)

国民党政権は、台湾の戦後復興のため、農林、交通・逓信《ていしん》、金融・商業、地籍・医療・警務・インフラ、学術研究の諸分野において、優秀な技術者の帰国を許可しなかった。昭和二十一年四月十四日の時点で七、〇〇〇人強、その家族を含めると約三万人がその対象となり、「留用日僑《りゅうようにっきょう》」と称された。

ただし、米国の要求により期限は翌年末までとされていたため、台湾大学や各研究所、各病院、気象局以外の技術者とその家族の留用は順次解かれ、昭和二十一年十月から十二月にかけて約一万九〇〇〇人が帰国し、翌年二月には約九〇〇〇人、その家族を含めると二、三〇〇〇人にまで減少した。さらに、「二・二八事件」を受けて留用解除が一気に進み、昭和二十二年四月末から五月上旬にかけて約三、二〇〇人が帰国した。

こうして島内にいた日本人のほぼ全員が引揚げ、約五〇年にわたる日本統治は幕を閉じた。

第六節　戦後の台湾

勝岡寛次

国府軍の接収と二・二八事件

台湾の人々にとって、大東亜戦争における日本の敗北は何を意味したのだろうか。

国際法上、領土の帰属が変更した場合、当該地域に居住する人々には、従来の国籍を保持するか、新たな国籍を取得するかを、自分の意思で選択する機会を与えなければならないとされている。日本が清国から台湾を割譲《かつじょう》された際、台湾に居住していた人々に国籍選択の機会を与えたことは、既述したとおりである。

しかし中華民国は、「盗取」された領土を取り戻したのであって領土の帰属が変更したわけではないとして、国籍選択の機会を設けなかった。このため、半世紀の日本統治で、大日本帝国臣民としてのアイデンティティを受け入れてきた台湾住民は、一夜にして「日本人」から「中国人」へと国籍変更を強《し》いられた。国籍選択の機会も猶予《ゆうよ》も一切与えられず、「中国人」たることを一律に強制されたのであった。中国からすれば、それは清朝時代の失地回復であり、台湾住民の「祖国」復帰だったが、台湾住民（本省人《ほんしょうじん》）にしてみれば、日本人に代る新たな支配者（外省人《がいしょうじん》）を迎えただけだった。

しかも、大陸から来た外省人は、腐敗と堕落の極みだった。無能で規律を守らず、日本が台湾に遺《のこ》した資産接収の段階から、着服・横領は平気で行われた。一例を挙《あ》げると、当時の台湾には、終戦当時一六万人いた日本軍の二年間分もの食料備蓄があったが、来台した外省人はこれを大量に横流しして我先《われさき》に蓄財したため、接収一カ月後の一九四五年十一月には米価は六〇倍にも跳ね上がり、早くも深刻な米不足となっていた。

インフレの昂進《こうしん》により大量の失業者が巷《ちまた》に溢《あふ》れ、省政府からは本省人が排除された。「犬去りて豚来る」と当時言われたが、これは日本人というるさい番犬は去ったが、代りに貪欲《どんよく》でうす汚い豚がやって来た、という意味である。忠実に法を守る日本人は、融通は利《き》かないが台湾人を守ってくれる番犬であった。しかし、外省人は恥も外聞もなく、自分の利益となれば豚のように何でも食ったのである。

その上、国民党政権は「日本による奴隷化教育」の証《あかし》だとして、日本語の使用を一律に禁じ、中国語（北京語）の使用を強制したため、本省人の間には不満が鬱積《うっせき》し、外省人との間に一触即発《いっしょくそくはつ》の不穏《ふおん》な空気が醸成《じょうせい》されていった。

台湾は、皆が安心して暮らせる法治国家から、国民党一党独裁の恐怖政治へと、一夜にして変貌《へんぼう》した。それを象徴するのが、一九四七年二月二十八日に起きた「二・二八事件」であった。

国民党政権（外省人）が台湾人民（本省人）を無差別大量に虐殺《ぎゃくさつ》したこの事件で、特に狙《ねら》われたのは最上層の知的指導層であった。彼らは台湾省行政長官兼台湾警備総司令官の陳儀に対して、「貪官汚吏《どんかんおり》の一掃と、台湾の政治改革の実現」を求めただけだったが、陳儀は蔣介石《しょうかいせき》に援軍を要請し、ブラックリストに載《の》ったエリート層を片っ端から逮捕・投獄しては、裁判にかけることなく拷問《ごうもん》し、虫けらのように無差別に殺戮《さつりく》していった。

被害者の数は数万人に及ぶと見られているが、正確な犠牲者数は今もって不明である。

国民党政権は翌一九四八年五月に戒厳令を布《し》き、強権支配の道を歩み始めた。

国共内戦と中華民国の台湾遷都

一方、中国大陸に目を転ずると、そこでは戦後台湾の運命に直結する、さらに大きな変化が進行していた。日本の敗戦後、日本という共通の「敵」が消滅したことによって、国民政府軍（以下、国府軍）と中国共産党軍（以下、中共軍）との内戦が勃発《ぼっぱつ》したのである。

国府軍が〝総崩れ〟となる中で一九四九年十月一日、毛沢東《もうたくとう》は国共内戦勝利と中華人民共和国の成立を宣言した。

蔣介石は一九四八年末、国府軍の敗色が濃厚になる中で、腹心の陳誠《ちんせい》を台湾省主席に据え、翌四九年五月、台湾に再び戒厳令《かいげんれい》を布き、厳戒態勢の中、長男の蔣経国《しょうけいこく》と共に台湾に脱出した。前後して、約二〇〇万人もの中国人難民が、台湾にドッと押し寄せた。

難民の内訳は、第一のグループが蔣一族を中心とした国民党関係者（省政府高官・国民党幹部・軍および警察幹部・特務関係者・商人等およびその家族）、第二のグループが難民の過半数を占める国府軍の下級軍人、第三の最底辺のグループが、国府軍からも放逐《ほうちく》された二〇万人近い除退役兵で、これら全てを含めて「外省人」と呼んでいる。

第二・第三のグループは中共軍に敗れた、言わば敗残兵であり、その装備は劣悪で士気も低く、規律ある日本軍を見慣れていた本省人には、彼らは乞食《こじき》同然の姿に映った。一例を挙げると、水道の完備した台湾に乗り込んできた国府軍の兵士が、蛇口《じゃぐち》を捻《ひね》ると勢いよく水が飛び出すのを見て、蛇口を買い求めて取りつけてみたところが、水が全然出ない。怒って蛇口を買った店に文句をつけたという、笑い話のような実話まである。

大陸で敗れた蔣介石は、「中華民国」という国家そのものを台湾に持ち込み、「大陸反攻」を合言葉に、中華民国総統としてあらゆる権力を自らに集中させ、抵抗する者は容赦《ようしゃ》なく弾圧した。自らの政権を堅固なものにするため、戒厳令を三八年間も継続し、「白色テロ」と呼ばれる独裁体制を布いたのであった。

ここから戦後台湾の苦難の道が始まった。五〇年間の日本統治によって、法による支配と近代文明の恩恵に十分浴していた本省人は、国民党政権の銃口によるテロリズムと言論弾圧の下で、逼塞《ひっそく》を余儀なくされる。かくして彼らは、内心では無智蒙昧《むちもうまい》な外省人を軽蔑し、その一方では日本時代を頻《しき》りに懐かしむようになっていくのである。

戦後の台湾が、世界でも有数の「親日」国へと変化した最大の理由を、我々はここに求めることができる。

戦後台湾の歩み

蔣介石が遷台《せんたい》した一九四九年から一九八七年までの三八年間、蔣介石・蔣経国父子は国民党一党独裁体制で台湾を支配した。

まず、言葉の統制をはじめた。国民党政権は、「旧敵」の言葉である日本語を一切禁止したばかりか、台湾の人々が日常的に使う台湾語(閩南語《びんなん》など)や客家語《はっか》まで、学校などでの使用を禁じ、北京語を「國語」(公用語)として強制した。

次に行ったのは、歴史教育である。「大陸反攻」を国是とする国民党政権のアイデンティティは、常に中国大陸にあったから、学校で教える歴史は、専《もっぱ》ら中国大陸の歴史でしかなかった。台湾という、大陸南端の局限された島にいながら、その教える歴史は台湾とは何の関係もない、中国大陸における漢民族の興亡でしかなかったのである。

中学校の歴史教科書では中国史(「本国史」)の記述が全体の五〇%を占める一方で、台湾史の記述は四%に過ぎなかった。この傾向は高等学校になると更にひどくなり、中国史の記述が六五%(台湾史は四%で変らず)を占めるに至っていた。(77)

この時代は、大陸に出現した中華人民共和国(以下、中共)と、その正統性をめぐって激しく対峙《たいじ》した時代でもあった。

大陸から追い落された格好で台湾に拠《よ》った中華民国は、中共に対抗しようとすれば、米国を頼るしかなかった。米国も朝鮮戦争の勃発(一九五〇年)により、台湾を西側陣営の一員として位置づけ、一九五一年には「米華共同防衛相互援助協定」を締結し、台湾に軍事顧問団を派遣した。

米国は中華民国を中国の唯一の合法的政府と認め、一九五四年には「米華相互防衛条約」に調印した。こうして中華民国は、米国の軍事力をバックに、台湾海峡を挟《はさ》んで中共と対峙する形となった。

しかしその後、中華民国は国連を脱退して国連常任理事国の地位を失い（一九七一年）、国際的に孤立を余儀なくされる中、一方の中共は益々《ますます》大きな影響力を行使するようになった。やがて米国も、中共を中国の唯一の合法的政府と認め、中華民国との国交は断絶に至る（一九七九年）。しかし、その後も米国は台湾防衛に必要な武器を有償で提供し続けており、台湾を一方的に見限ったというわけではない。

この間、戒厳令下に置かれた台湾の人々には言論の自由もなく、政党結社の自由もなく、特務機関による「白昼テロ」に脅《おび》える毎日だった。蒋介石は一九七五年に死去したが、その後を継いだ長男の蒋経国は、特務機関の元締的存在だったこともあり、台湾民主化を求める一切の言論を弾圧する強権政治に、変化は生まれなかった。

当然ながら国家は蔣家《しょうけ》の私物だったし、あらゆる官公衙《かんこうが》のポストは、古来中国がそうであったように、それを占有した人達の私物だった。台湾人にとっての蒋介石政権は、外来政権であり、「中華民国」は「押しつけられた祖国であり、台湾人はその不条理のもとで〝二等国民〟の扱い(78)」

を受けたのであった。

別言すれば、蔣介石とその国民党政府には「台湾統治に対する〝正統性〟が欠けていた[79]」のである。台湾において「中華民国」を支える大陸系の人々は、台湾人全体の十数％にすぎず、その少数の人々がこの島を力ずくで支配することにより、矛盾が幾重にも重なっていったのである。

しかし、一九八〇年代になると台湾の民主化運動は、最早《もはや》国民党が力で抑えつけようとしても制御できないほどの高まりを見せる。台湾が国際社会で唯一頼みにする、米国の強力な民主化運動の後押しもあり、一九八六年には「民主進歩党」（民進党）が戦後初めて、野党として結成された。民進党は戒厳令の解除や台湾の民主化を要求したが、国民党は最早これを制止する力をもたなかった。翌一九八七年には、ほぼ四〇年間にわたって猛威を振った戒厳令が、遂《つい》に解除されている。

一九八八年一月、蔣経国の死去により、副総統だった李登輝《りとうき》が総統に就任した。台湾はこの李登輝総統の下で、一気に民主化に向った。

本省人として初めて総統に就任した李登輝は、一九九一年から翌九二年にかけて、国民党の遷台以来、一度も改選されることのなかった「万年議員」（外省人の立法議員）を全員退職させ、立法議員の全面改選を行って「万年国会」を一新した。

一九九六年には、李登輝は台湾初の総統直接選挙を断行した。共産党一党独裁の中共は、これを独立運動とみなし、総統選挙に合せて台湾海峡に向け、ミサイルを発射して威嚇《いかく》した。米国は航空母艦を台湾海峡に差し向け、両岸の緊張は一気に高まったが、中共のこうした行動は却《かえ》って台湾の人々を団結させる結果になり、李登輝は圧倒的支持を集めて、中華民国総統に再選された。

このような政治改革のみならず、李登輝は文化改革を通した精神革命を試みた。台湾語や日本語を解禁し、台湾独自のアイデンティティに根ざした教育を開始したのである。その象徴が一九九七年に登場した『認識台湾（歴史篇・社会篇）』である。(80)

歴史篇は、「一言でいえば、古代から現在に至るまでの台湾の歴史を台湾本位に描いたもの」(81)で、日本統治時代についても、時間厳守の観念の養成・遵法精神の確立・近代的衛生観念の確立など、初めて肯定的な評価を下した点は、画期的と言える。

社会篇は、「わたしたちはみな台湾人です」というタイトルに象徴的に示されているように、また「台湾意識」「台湾魂」「台湾精神」という用語を多用していることからもわかるように、歴史篇よりも台湾アイデンティティ形成への指向が、より強く表れたものだった。

こうした一連の動きは「本土化」と呼ばれることが多いが、(82)それは台湾人が台湾人の言葉と歴史を取り戻す、アイデンティティの確認と回復の運動に他ならない。台湾は台湾であって、中国でもなければ、日本でもない。その当り前のことが当り前でなかった歴史、それが今までの台湾の歴史であった。

台湾「本土化」運動とは、自らの言語と歴史を取り戻すことによって、台湾人自らが歴史の主人公となり、台湾独自の歴史と文化に根差した新しい国づくりに着手した、ということに他ならないのである。

第七節　日本の植民地政策の特徴

本島　進

戦後日本の論壇を支配した進歩的文化人と称される人々は、戦前の日本の植民地政策を、アジアの民を虐《しいた》げる支配と論じた。その一例として、尾崎秀樹《おざきほっき》の論がある。「呉濁流の文学(83)」という解説文に、次のように記されている。

日本は西欧社会よりも遅れて近代化の歩みをはじめたとき、アジア民衆の犠牲の上にそれを実現する富国強兵策をとった。そして最初の植民地である台湾でこころみたさまざまなくわだてを、その次の段階で朝鮮におしつけ、ときには修正し、ときにはより暴力的な手段を講じながら、偽国家満洲国の成立をうながし、虚妄の繁栄を維持しつづけたのだ。

このような論を張る進歩的文化人に対して王育徳《おういくとく》は、「この人たちはイデオロギー優先の立場に立っているために、人間的な感情と感覚を軽視している」と非難した上で、「戦後この国の知識人のあいだでとくに流行している一つの奇妙な嗜好、精神的マゾヒズムに新しく浸る快感を味わうと同時に、自分たちの進歩的なポーズを誇示するのに利用しようとする底意が見えすいている(84)」と痛烈に批判している。

戦後も七〇年を過ぎ、特定のイデオロギーからでしか物事を見られない風潮から、そろそろ脱却してもよい時代になっているのではなかろうか。特定の色眼鏡を外して歴史を振り返ると、そこには驚くべき事実が隠されている。

日本の台湾における政策について古川勝三《ふるかわかつみ》は、「特にイギリスのインドにおける植民地政策に比べると、天地ほどの違いがあった(85)」と述べている。

イギリスの統治においては、「現地に学校や病院や社会整備などを行ったことは、なかった」し、また、「マハラジャと呼ばれる地方の藩主を支配し」、そのマハラジャに一般庶民を支配させた。「フィリピンを統治したアメリカにしても、インドネシアを統治したオランダにしても、植民地から搾取はしたが、現地人のための近代化政策は行わなかった」と記している。

この古川の言葉の中に、西欧列強の植民地政策の本質が窺《うかが》える。西欧列強は、まず、徹底した愚民《ぐみん》化政策を行った。統治をしやすくするために現地民に識字教育の機会を与えず、集団意識を芽生《めば》えさせないために標準語（共通語）を作らないことから始める。社会インフラの整備を行わず、教育を施《ほどこ》さず、何も考えないように誘導し、その日暮らしの家畜のような生活を強いて、一方的に搾取《さくしゅ》するのである。

ところが、日本の統治はそれとはまったく異なるものであった。この違いを、日本の統治下で教育を受けた蔡焜燦《さいこんさん》は、「欧米列強諸国の植民地経営は、愚民化政策の下に一方的な搾取をおこなうばかりで、現地民の民度向上、教育など考えの及ばぬところであった。しかし日本の台湾統治は、〝同化政策〟の下に、外地（台湾）も内地と同じように教育系統を整備し、その民度を向上させるべく諸制度改革などあらゆる努力が払われたのである。[86]」と指摘している。

また、李登輝は、

植民地に現地人のための教育機関を整備したというのは、世界史上でも類がありません。西欧列強の植民地政策は、〝死刑台〟こそ作りますが、学校は作りません。現地の教育水準が上がれば、民族意識が芽生え、植民地統治に不満が出るからです。[87]

と、日本統治の特徴が教育の重視にあったことを述べ、「植民地統治を教育から始めたことは世界にも例のないこと[88]」と高く評価している。

さて、西欧列強の植民地政策の第二は、民族のまとまりをつくらないために複合民族化を図ることである。イギリスがマハラジャを支配し、マハラジャに一般庶民を支配させたように、階層社会を作って民族内対立を煽《あお》り、一致団結の芽を摘んで統治をやりやすくする手法である。この場合、他の民族を大量に植民させたり、あるいは支配者（西欧人）と現地民との混血児を作り、その混血児を中間階級として統治に利用するなどの方策がとられる。

愚民化政策や複合民族化政策の根底には、民族固有の文化の否定がある。アイデンティティにつながる民族固有の神話や歴史を、価値のないもの、遅れた社会の産物と位置づけて否定し、また多くの場合、改宗政策によって民族の固有文化を破壊する。後藤新平が旧慣調査を行い、台湾の風俗習慣に即した施策を行ったこととは好対照である。

原住民を奴隷《どれい》的に扱い、資源と市場と労働力の独占という経済搾取《さくしゅ》を行うのが西欧列強の植民地政策の常道であった。しかし、日本の台湾における施策は全く異なっていた。日本内地の国家予算をつぎ込んで台湾の産業振興を図り、原住民に授産を行ったのである。

なぜ、日本のみが異なった施策を行ったのであろうか。そこからは、明治維新の歴史的意義が見えてくる。第二章「明治維新と東亜解放の思想」の項で勝岡寛次が指摘しているように、明治維新は「アジア諸国の近代化の一つのモデルを提供」するとともに、「植民地からの独立と解放を目指す精神」を明らかにした。また同章「日韓併合」の項で、「民心を得る」ことができれば他国を取ることに問題はなかったという当時の常識が記されている。

勝岡の分析を踏まえると、当時の日本および日本人は、未開の地であった台湾に対してまず物質文明の近代化を行い、次いで独立の精神を植えつけ、西欧列強の軛《くびき》から世界を解放する同胞と為《な》そうとした、という考え方が得られる。

また、それを可能とする素直さが台湾に住む人々に具《そな》わっていたことも見逃せない。維新の精神を身につけた日本および日本人に感応し得る人々が台湾に暮らしていたからこそ、同化政策が稔《みの》りあるものとなったのであろう。満州や朝鮮と大きく異なる所以《ゆえん》がここにありそうである。

ちなみに、新渡戸稲造《にとべいなぞう》は植民を「文明の伝播《でんぱ》」と捉えていたという。文明の伝播とは、植民地の人々が自治に目覚めて自立することである。日本および日本人にとっての植民地経営の基本がここにあるからこそ、領有当初から教育を重んじたのではなかったろうか。

拓殖大学百年史編纂室主幹の池田憲彦は、「当時の桂太郎・児玉源太郎・後藤新平の一連の台湾政策には、明治天皇の叡慮《えいりょ》が大きかったと想像しています。五箇条のご誓文に示された国是を、どう新しい版図に於《お》いても、実際に実現するか使命感をもって取り組んでいたのではないでしょうか。明治建国の息吹とは、そうしたところに脈々と流れていたのだと想像するのですが[89]」と述べている。

明治維新の精神は「五箇条の御誓文」に集約される。そこには、「旧来の陋習《ろうしゅう》を破り、西洋文明を新たに受容しつつ正義（天地の公道）に基づいて行動しよう。それぞれの立場にある者が個性を発揮し（其の志を遂げ）、怠《なま》けないようにしよう。上下心を一つにして政治を行ない、衆知を集めた結論（万機公論）を得るように努めよう。」（要約）と記されており、その根底には、「一視同仁《いっしどうじん》」の精神が流れている。日本の台湾統治の根底にはこの精神があった、と言えるのではなかろうか。

註

（1）李登輝・浜田宏一『日台IoT同盟――第四次産業革命は東アジアで爆発する――』講談社、二〇一六年。
（2）山岡淳一郎『後藤新平　日本の羅針盤となった男』草思社、二〇〇七年。
（3）李登輝『熱誠憂国――日本人へ伝えたいこと――』毎日新聞出版、二〇一六年。
（4）伊藤博文関係文書研究会編『伊藤博文関係文書　第1』塙書房、一九七三年。
（5）日本李登輝友の会編『李登輝訪日　日本国へのメッセージ――2007旅と講演の全記録――』まどか出版、二〇〇七年。
（6）山岡『後藤新平　日本の羅針盤となった男』。
（7）古川勝三『若者に知ってほしい台湾の歴史』ユナイテッド・ツアーズKK、二〇一三年。
（8）伊藤潔『台湾――四百年の歴史と展望――』（中公新書）中央公論社、一九九三年。
（9）鶴見祐輔『正伝　後藤新平』藤原書店、二〇〇四年。

(10)「台湾殖民政策(二)後藤新平男談」『読売新聞』大正三年十一月十五日。
(11) 越澤明『後藤新平――大震災と帝都復興――』(ちくま新書)筑摩書房、二〇一一年。
(12) 台湾総督に着任したのは日清戦争従軍後で、その後、日露戦争で第三軍司令官として旅順攻略を果したが、二人の子息をそこで失う。日露戦争後に学習院長を務め、明治天皇の大喪の日、自邸で妻静子とともに殉死。
(13) 山形勝義「日本統治下の台湾における地方行政制度の変遷」(浅野和生編著『一八九五―一九四五　日本統治下の台湾――戦後七十年の視座から――』展転社、二〇一五年)。伊藤潔『台湾』。
(14) 山岡『後藤新平　日本の羅針盤となった男』。
(15)「台湾の礎を築いた日本人②神に祀られた巡査たち」(一〇四頁)や「エピソード③サヨンの鐘」(一一三頁)欄参照。
(16)(17) 山岡『後藤新平　日本の羅針盤となった男』。
(18) 栗原純「『台湾総督府公文類纂』にみる戸口規則、戸籍、国勢調査――明治38年の臨時台湾戸口調査を中心として――」(『東京女子大学比較文化研究所紀要』65号、東京女子大学比較文化研究所、二〇〇四年)。
(19) 大津麟平『理蕃策原議』大津麟平、一九一四年。近藤正己「台湾総督府の「理蕃」体制と霧社事件」(大江志乃夫ほか編『岩波講座近代日本と植民地2　帝国統治の構造』岩波書店、一九九二年)。
(20) 松田吉郎「日本統治時代台湾原住民に対する授産政策について」(『東洋史訪』6号、兵庫教育大学東洋史研究会、二〇〇〇年)。菊池一隆「日本の理蕃政策と台湾原住民――戦時期を中心に――」(『人間文化：愛知学院大学人間文化研究所紀要』28号、愛知学院大学人間文化研究所、二〇一三年)。
(21) 台湾教育会編『台湾教育沿革誌』台湾教育会、一九三九年。
(22)(23) 手島兵次郎編『台湾制度大要』法院月報発行所、一九一〇年。
(24) 古川『若者に知ってほしい台湾の歴史』。
(25) 現在「台湾語」と言う場合、一般的には台湾に住む人々が使っている言葉を意味するが、狭義では、「大多数の住民が母語とする、福建省南部由来の言語」である「閩南語」を指す。なお、「閩南語」は現在「福佬語」と呼ばれる(赤松美和子・若松大祐編著『台湾を知るための60章』明石書店、二〇一六年)。ちなみに、中華民国の国語は「北京語」を採用して制定された「國語」である。
(26) 黄文雄『日本人が台湾に遺した武士道精神』徳間書店、二〇〇三年。
(27) 明治三十一年の台湾協会における講演(台湾協会編『台湾協会会報』第2号、一八九八年)。
(28) 信濃教育会編『伊沢修二選集』信濃教育会、一九五八年。
(29) 紀旭峰『大正期台湾人の「日本留学」研究』竜渓書舎、二〇一二年。
(30) 藤井康子「第二次台湾教育令期における中学校設置問題――中学校の支持基盤に着目して――」(『京都大学大学院教育学研究科紀要』57号、京都大学大学院教育学研究科、二〇一一年)。
(31) 李恒全「台北帝国大学設立計画案に関する一考察――幣原坦の設立構想を中心に――」(『神戸大学大学院人間発達環境学研究科研究紀要』1巻1号、神戸大学大学院人間発達環境学研究科、二〇〇七年)。
(32) 台湾総督府民政部土木局編『台湾水道誌』台湾総督府民政部土木局、一九一八年。
(33) 黄俊銘「台湾におけるバルトンの水道事業について」(『土木史研究』10号、土木学会、一九九〇年)。
(34) 台湾水道研究会編『台湾水道誌』台湾総督府内務局、一九四一年。
(35)『台湾総督府統計書　第5回』台湾総督府総督官房文書課、一九〇三年。
(36) 鈴木哲造「日本統治下台湾における医療施設の形成と展開――台湾総督府医院を中心として――」(『中京法学』51巻2・3合併号、中京大学法学会、二〇一七年)。
(37) 栗原純「台湾における日本植民地統治初期の衛生行政について――『台湾総督府公文類纂』にみる台湾公医制度を中心として――」(『史論』57号、東京女子大学、二〇〇四年)。
(38) 台湾総督府警務局衛生課編『台湾の衛生　昭和十四年版』台湾総督府警務局衛生課、一九三九年。
(39) 歐素瑛「台北帝国大学と台湾学研究」(酒井哲哉・松田利彦編『帝国と高等教育――東アジアの文脈から――』国際日本文化研究センター、二〇一三年)。
(40) 台湾総督府内務局土木課編『台湾総督府内務局主管土木事業　昭和七年十一月』台湾総督府内務局、一九三三年。

(41) 台湾総督府内務局土木課編『台湾総督府内務局主管土木事業　昭和十五年十二月』台湾総督府内務局、一九四一年。
(42) 長谷川博士伝編纂会編『工学博士長谷川謹介伝』長谷川博士伝編纂会、一九三七年。蔡龍保「長谷川謹介と日本統治時代台湾の鉄道発展」(『現代台湾研究』35、台湾史研究会、二〇〇九年)。
(43) 台湾総督府交通局鉄道部、一九三九年。
(44) 片倉佳史『台湾に残る日本鉄道遺産――今も息づく日本統治時代の遺構――』交通新聞社、二〇一二年。
(45) 台湾総督府交通局鉄道部編『台湾総督府交通局鉄道年報　第40』台湾総督府交通局鉄道部、一九三九年。
(46) 曽山毅「台湾植民地鉄道の発達とその背景」(『立教大学観光学部紀要』4号、立教大学観光学部、二〇〇二年)。
(47) 台湾総督官房調査課編『港湾行政制度の研究』台湾総督官房調査課、一九三三年。
(48) 井上敏孝「台湾総督府の港湾政策に関する一考察――基隆港・高雄港の南北1港への「集中主義」方針を中心に――」(『現代台湾研究』40、台湾史研究会、二〇一一年)。
(49)(50) 井上敏孝「日本統治時代の台湾基隆港・高雄港築港工事――コンクリートケーソンを巡る川上浩二郎技師と山形要助技師の功績――」(『セメント・コンクリート』782号、セメント協会、二〇一二年)。
(51) 井上敏孝「日本統治時代における高雄港築港事業――砂糖積み出し港から工業港への変遷――」(『教育実践学論集』15号、兵庫教育大学大学院連合学校教育学研究科、二〇一四年)。
(52) 井上敏孝「花蓮港築港事業に関する一考察――日本初の近代掘込式港湾建設と東台湾開発を中心に――」(『土木学会論文集D2(土木史)』69巻1号、土木学会、二〇一三年)。
(53) 日露戦争の時、欧州でロシアを攪乱する工作で活躍した明石は、台湾着任後二年も経たないころ「死後は台湾に埋めて欲しい」との遺言を残して他界した。歴代総督一七名のなかで、現職中に斃れて台湾に埋葬された唯一の人物である。戦後、墓地は住宅地とされたが、現在整備され、明石は今も台湾の地に眠っている。墓の復活の経緯は、孫の明石元紹が『祖国と青年』(平成十年五月号)で語っている。
(54) 矢内原忠雄『帝国主義下の台湾』岩波書店、一九八八年。

(55)『台湾総督府統計書　第1回』台湾総督府民政部文書課、一八九八年。
(56) 中嶋航一「台湾総督府の政策評価‐米のサプライチェーンを中心に」(『日本台湾学会報』8号、日本台湾学会、二〇〇六年)。
(57) 郭汀洲・工藤壽郎「台湾農会組織の変遷と当面の課題」(『農業経済論集』47巻1号、食農資源経済学会、一九九六年)。
(58) 堤和幸「1910年代台湾の米種改良事業と末永仁」(『東洋史訪』12号、兵庫教育大学東洋史研究会、二〇〇六年)。やまだあつし「1910年代台湾の地方農政――米種改良事業を中心として――」(『名古屋市立大学人文社会学部研究紀要』13号、名古屋市立大学人文社会学部、二〇〇二年)。
(59) 台湾教育会編『台湾教育沿革誌』。
(60) 原敬「台湾問題二案」(伊藤博文編『秘書類纂』第18巻、秘書類纂刊行会、一九三六年所収)。
(61) 岡本真希子「植民地在住者の政治参加をめぐる相剋――「台湾同化会」事件を中心として――」(『社会科学』89号、同志社大学人文科学研究所、二〇一〇年)。
(62) 矢内原『帝国主義下の台湾』。
(63) 伊藤潔『台湾』。伊藤幹彦「台湾議会設置請願運動の意義――台湾自治論と台湾独立論――」(『昭和大学教養部紀要』29号、昭和大学教養部、一九九八年)。
(64) 王育徳『台湾――苦悶するその歴史――』弘文堂、一九六四年。
(65)(66) 伊藤潔『台湾』。
(67) 伊藤幹彦「皇民化運動と戦時動員体制――日本人意識と台湾人意識――」(『アジア文化研究』4号、国際アジア文化学会、一九九七年。
(68) 呉密察監修、遠流台湾館編著、横澤泰夫編訳『台湾史小事典』中国書店、二〇〇七年。
(69)『大東亜戦争と台湾　昭和18年版』台湾総督府官房情報課、一九四三年。
(70) 台湾総督府編『台湾統治概要』原書房、一九七三年。

(71) 伊藤幹彦「皇民化運動と戦時動員体制」。
(72) 一般社団法人日本台湾平和基金会「高砂義勇隊とは」〈http://www.nittai-heiwakikinkai.org/data/takasago-giyutai.html〉
(73)(74) 塩見俊二『秘録・終戦直後の台湾――私の終戦日記――』高知新聞社、一九七九年。
(75) 台湾協会編『台湾引揚史――昭和二十年終戦記録――』台湾協会、一九八二年。
(76) 若槻泰雄『戦後引揚げの記録　新版』時事通信社、一九九五年。
(77) 林初梅『「郷土」としての台湾――郷土教育の展開にみるアイデンティティの変容――』東信堂、二〇〇九年。
(78) 王育徳『台湾海峡』日中出版、一九八三年。
(79) 鈴木満男『日本人は台湾で何をしたのか――知られざる台湾の近現代史――』国書刊行会、二〇〇九年。
(80) 『認識台湾』は歴史篇の邦訳が『台湾を知る――台湾国民中学歴史教科書――』として雄山閣出版から二〇〇〇年に刊行されている。訳者の一人蔡易達は、東京大学大学院在学中に月刊誌『祖国と青年』平成十年（一九九八）五月号に、「中国史観から国民史観へ」という紹介文を寄稿している。
(81) 林『「郷土」としての台湾』。
(82) 山崎直也『戦後台湾教育とナショナル・アイデンティティ』東信堂、二〇〇九年。
(83) 呉濁流『夜明け前の台湾――植民地からの告発』社会思想社、一九七二年。
(84) 王『台湾海峡』。
(85) 古川『若者に知ってほしい台湾の歴史』。
(86) 蔡焜燦『台湾人と日本精神――日本人よ胸を張りなさい――　新装版』小学館、二〇一五年。
(87) 李・浜田『日台IoT同盟』。
(88) 平成十九年六月六日、国際教養大学における特別講義より。
(89) 日本李登輝友の会編『李登輝訪日　日本国へのメッセージ』。

第四章　李登輝元総統からのメッセージ

本島　進

一二年間、中華民国総統の地位にあって台湾の改革を押し進めた李登輝《りとうき》は、卓越《たくえつ》した政治力と人間力を有する人物であるとともに、巨大な運命を背負って誕生した人物である。彼は大正十二年(一九二三)生まれの台湾人であるが、「私は二十二歳まで日本人だった」、「私は戦前の日本教育によって純粋培養された人間」と語っているように、日本国民として教育された。

李登輝と同じ世代の台湾人である蔡焜燦《さいこんさん》は、自分たちは「世界でも最も長い期間の日本統治時代を経験した。だから戦前の日本の素晴らしさを誰よりも知っている(1)」と自負している。青年期まで戦前の日本教育を受けた彼らは、〈明治日本人〉の薫陶《くんとう》を受けた最後の世代である。

さて、台湾に自由民主の社会を打ちたてた李登輝は、誰よりも倫理的個我が確立しており、さらに在来の漢民族にはない義務のみを背負いこむという資質をもっている。彼の精神・思想の背景には、ヨーロッパ的な思想、仏教や武士道や美学に見られる日本精神、アメリカの合理主義、

李登輝元総統（浜島直隆撮影）

農業経済学者としての実践主義、キリスト教徒としての信仰と祈り、中国文明に対する理解などが見て取れ、それらが国際的な視野の広さと人間理解の深さを醸《かも》し出している。

その中でも、彼の精神・思想を支える基盤は「ニッポン」である。その「ニッポン」とは近代日本の原風景としての明治日本であり、外省人の支配や虐待《ぎゃくたい》に遭遇《そうぐう》する中で改めて意識化されたものである。

ちなみに、戦後の自虐的価値観《じぎゃくてきかちかん》が横行《おうこう》する言論空間の中で過ごした日本人は、「ニッポン」を忘れあるいは蔑《さげす》むことが進歩であると錯覚させられてきた。このような日本人が形成する今日の日本に対して蔡焜燦は、「現代の日本人が正しい日本の歴史を学び、祖国を愛する気持ちを育んでくれること[2]」を望んでいる、と明言している。

李登輝という人物には、敗戦後の日本人が忘れてしまった明治日本人が残されている。彼は若者に向って、次のように呼びかけている[3]。

《私が重ね重ね若い人々に申上げるのは、品格、教養、愛国、そして人民を愛することは終

生学ぶべき科目です。金銭と権力は一時的なものに過ぎず、精神こそが生涯を貫いて奮闘し、追及すべきものなのです》
《個人的に充実するのとともに、国家や世界と言った社会のことも考えなければなりません》
《人が自分の力で生きるには、自らの信念や心の弱さを十分理解する必要があります》
彼の言葉は我々日本人の先達の言葉であり、「日本への言葉は、まさに身内を思いやる心情(4)」に基づいているのである。彼の言葉に耳を傾けることは、戦後日本人が見失ったアイデンティティを取り戻す〝よすが〟となるであろうし、国際社会の中での振舞いの参考ともなるであろう。

第一節　李登輝の見る現代日本

現代の日本に対して李登輝は、「日本が持てる力を十分に振るえずに停滞している姿をみているのはつらい。また、国際社会において、意外なほど幼い行動をとるのを目撃するのは、実に残念(5)」と危惧《きぐ》の念を表明している。その日本に対する危惧の念は、国際関係における憂慮と国内問題における懸念の二つに大別できる。

国際関係における憂慮

戦後の日本人は平和を望む気持ちを何よりも強く抱いている。しかし、平和とは唱えているだけで訪れるものではない。時には力を行使してでも勝ち取らなければ手に入らぬものである。国際社会に平和を求めようとすれば国際政治がその舞台となるが、そこには世界各国を統制・制御する権力や機構が不可欠で、日本人は、国連すなわち国際連合がそれを担う機関だと信仰にも似た期待をもっている。

しかし、現在の世界には世界各国を統制・制御する権力も機構もなく、それぞれの国家に対して何人も強制力を行使することができず、国際関係は善悪正邪とは無縁で、法の秩序の通用しない領域となっている。国連に対する日本人の信仰は幻想なのである。

このような、国家を超えた機構のない、分断されている世界の政治とは、平等に主権をもつとされる各国家が、国益を最大にすべく、権力闘争を繰り返す過程であり、法の支配とか正義とかを訴えたとしても、空《むな》しい言論に堕してしまう。

国際政治の領域において法の支配や正義を訴えたとしても、「国防を委ねることのできる主体が存在しない以上、各国は武装して、その存立を保つほかに選択肢がない」(6)のであり、「戦争が国際政治における現実にほかならないからこそ、その現実を冷静に見つめながら、戦争に訴えることなく秩序を保ち、国益を増進する方法を考えるのが現実的見解[7]」なのである。

国益を最大にしようとして国家間の闘争を繰り返す国際社会に生きるためには、まず自己の〝生存〟を確保しなければならない。「とにかく、絶対的な〝生存〟を確保してから、後は一歩ずつ前進し、進歩・発展と成長・繁栄を孜々《しし》として積み重ねていけば良い――これが私の基本的な考え方[8]」と李登輝は語る。

また、いじめられないためには、軍事力を有するしか方法はない[9]のであるが、「軍事力を有することが即、戦争に繋《つな》がるということではない。それは指導者の問題[10]」であり、「自国を自分で守るために戦力を持つことは国際社会の共通認識[11]」であると李登輝は主張する。

このような観点から見れば、「国家の根幹を規定する憲法で、戦力を保持しないということを明記していることは、自らの生存を放棄している、もしくは他者の手に委ねていると取られかねない[12]」のであって、国際社会で生きていく資格も権利もないと李登輝は指摘する。

「国際政治の現実は、日本国憲法にある〝平和を愛する諸国民の公正と信義に信頼して〟外交を行うような状態にはありません[13]」と、現実を語る李登輝の目に映る現代日本は、「意外なほど幼い行動」しかとれていないのである。

ところで、自らの生存を放棄ないし他者の手に委ねている現憲法を讃美《さんび》し、「平和！平和！」と唱えていれば平和が訪れるという妄想に陥っている現象があるが、国際政治の現実から目をそむけた論であることは言うまでもない。

平和とは物理的に戦闘が行われない状態のみを意味するのではなく、戦闘が行われる条件（貧困や独裁的支配など）を取り去ることまで含むことに思いを馳《は》せれば、平和を実現するための首尾《しゅび》一貫《いっかん》した原理あるいは原則というものは存在しないことが理解できる。

人々に出来ることは、「具体的な状況の中から平和の条件を探ることにすぎない。そうなると、戦争はいけない、いや戦うべきだとは簡単に言えなくなる」[14]のである。

以上のような機微《きび》を弁《わきま》えた上で国家の生存を考えねばならないのであるが、戦後日本においては〝国家〟や〝戦争〟といった言葉が直ちに悪を連想させるように人々の脳裏に刷り込まれたため、現実の国際関係を見る眼が曇らされ、現実が見えなくなってしまっている。

現実の国際関係が見えなくなっている状態は、日本政府の戦後外交に顕著《けんちょ》に現れている。戦前・戦中期の失敗に懲《こ》りて、「対外姿勢に過度の弱さがつきまとうようになってしまった。ことに中国大陸に対しては、あまりにも遠慮がすぎる」[15]のである。それが、アジアの小さな国々の期待を裏切って、「アジアのリーダーとしての自覚が不十分」[16]との印象を与えることになっている。

大陸の中華人民共和国の共産党政府は、戦後一貫して、先の大戦においては台湾の国民党政府と同じように、日本帝国主義と戦ったと言い張っている。台湾を自陣に引き留めると同時に、韓国などを語らって対日包囲網を構築しようとする意図からであるが、「実状は日本軍と真正面から戦ったのは、蔣介石率いる国民党軍です。共産党軍は遊撃戦やゲリラ戦を展開したものの、主戦場では、どちらかといえば逃げ回り、日中戦争の間に戦力を温存、勢力を拡大し、その後の内戦に勝利[17]」したに過ぎないのである。この事実を我々はしっかりと認識しておくべきである。

そのような中国そしてまた韓国は政権の求心力を維持するためだけに、長年にわたって〝反日教育〟を国内で行っており[18]、容易に纏《まと》め難い国内のバラバラの人心を反日プロパガンダによって纏め上げようとしているに過ぎない。「それしか愛国心を育てるすべがなかった[19]」のであり、そのために靖国問題が利用されてきた。

靖国問題は本来日本の国内問題であるが、「中国や韓国において、自国内の問題を処理できないがゆえにデッチ上げられ、日本攻撃に利用されたというのが真実だと私は思います。それに対して日本の政治家はあまりにも弱腰だった[20]」ために、主要な外交問題とされてしまったのである。従軍慰安婦の問題にしても、発信源は日本国内にあり、それを利用されて拡大していることも思い合せると、この李登輝の指摘の妥当性が理解できるだろう。

今日の日本人に求められるのは、「日本を批判しているのは中国と韓国だけで、それもまったく身勝手な、自分たちの都合によるものである」から、「日本人は一刻も早く戦後の自虐的価値観から解放されなければならない[21]」ことである。

また、「現在の日本の外交は、敗戦のショックとGHQによる徹底したプロパガンダ、そして日教組の教育による自虐的、かつ自己否定的な歴史観から抜け出せていないように思われます。反省は大事なことです。しかし、反省が過ぎて自虐的、卑屈になるのは愚かしいことと言わざるを得ません。自虐や卑屈の精神では、健全な外交はできない。世界中から嘲笑されるだけです。中国や韓国はそこにつけ込んで日本を貶めています[22]」という現実を認識することである。

国内問題における懸念

李登輝の見る現代日本は、学校の荒廃《こうはい》や少年非行、凶悪犯罪の横行《おうこう》、官僚の腐敗《ふはい》、企業の不祥事《ふしょうじ》、指導者層の責任回避と転嫁《てんか》など、国家の存亡にもかかわりかねないさまざまな問題を抱えている。それらの問題が生じた懸念される要因を李登輝はいくつか挙げている。

その第一は官僚制である。官僚には、排他性が強くて、つまらない理論に固執して新しい事態に対応できない[23]ところがあり、また、何かがあるとすぐに会議を開き、用事がなくても会議をもち、大型の会議、少人数の会議と会議にあけくれ、しかも会議をしても結論をださず、結論がでても実行せず、問題は相変らずそのまま[24]という特性がある。

そもそも官僚制には、法令に規定されていないことは何もできないことや、規定と前例に縛られていて、新しい事態について勉強するということがあまりない[25]といった弊害《へいがい》がある。

どのような社会も、活力の源は多様性と包容力である。しかし、今日の日本社会は官僚および官僚制によって「多様性や深みの意味がつかめなくなって」おり、また、「既成の権益が多様性と深みが発揮される回路を塞いでしまっている[26]」のである。

そのような官僚のもとに世襲化された政治家がいる。したがって、政治に関しても硬直的な官僚制の下で多様性が奪われ、「政治的な組織、そして、国家の形態そのものが曖昧になって[27]」しまっているのである。

要因の第二は、「率先垂範するべき〝貴き身分〟（ノーブレス）の者がいなくなってしまった[28]」ことにある。そもそも、未来を背負って立つ世代に対して「人間いかに生きるべきか」という哲学や理念を、「国家百年の大計に基づいて、〝清貧〟に甘んじながら」「率先垂範してみせてくれる[29]」のは大人たちの責任である。

かつて、日本の大人たちには《武士は食わねど高楊枝《たかようじ》》という毅然《きぜん》たる生活態度があり、また、最高指導者たちは確固たる姿勢と信念を内外に見せてきた。しかし、戦後の日本では優秀な人材がこぞって官僚になり、一度地位に就いてしまうとすぐに保身を図る。そして、厳しい現実を前にすると逃げることばかりを考えるようになってしまった[30]。したがって、みずからのリーダーシップの欠如が招いた国家や企業の失敗に関しても、自発的・積極的に責任をとろうという姿勢が希薄[31]になっているのである。

トップ・リーダーたちまでもが堕落《だらく》した原因は、言うまでもなく「〝公〟的なことを何ひとつ考えていなかった[32]」という公意識の欠如である。それは利己主義の蔓延《まんえん》と、世上に流布《るふ》する悪平等主義と無縁ではない。

利己主義は「自分さえよければ」とか「今さえよければ」という刹那的《せつなてき》な快楽主義に起因している。それは近代という時代の宿痾《しゅくあ》である。現実世界の差異を認めず、あらゆることに平等を求める悪平等主義もまた近代の宿痾である。その結果、エリートや選良が貶《おとし》められることとなり、上から下まですべてが不道徳ないしは反道徳の典型のようになってしまった[33]。これらの考え方には物質主義・拝金主義が大きく影響している。

物質主義・拝金主義の横行《おうこう》は国内問題が生じた要因の第三である。敗戦によって固有の文化・伝統が全否定され、「日本が変わる」「国の制度が変わる」などと大騒ぎされた。戦後社会の混乱のなか、日本人は世界的にも優れた精神的な価値観をないがしろにし、〝高度経済成長〟のかけ声のもと、物質主義で拝金主義的な価値観を追い求めてきた。(34)

特に高度経済成長期の日本では、物質主義・拝金主義が世を覆い、結果的に、人間は何のために生きるかということさえはっきりしなくなり、「自我の中に自分を肯定する。自分を肯定するとは、つまり〝自分は何者なのか〟ということをアイデンティファイしなきゃいけない」にもかかわらず、「個人が自分自身で自分をアイデンティファイ（確認）できない(35)」ようになってしまった。

それは、敗戦によって国土が焦土《しょうど》と化《か》したからのみではなかった。精神的な価値観を重視した戦前の考え方が否定され、物質的な面での満足が成功の唯一の基準であるという物質主義の価値観が、戦後一挙に広まったのである。ちなみに、物質主義の価値観は未曾有《みぞう》の富を世界にもたらした急速な科学技術の発展に起因するものであるから、科学万能主義と深く結びつく。

物質主義や科学万能主義は心の問題を無視するから、これらの主義・思想が広まると人々の心の中には空虚な気持ちが広がり、社会には分裂と歪《ひず》み(36)が生じるようになる。また、科学技術の発展による経済活動の進展は、社会に功利主義的な考え方や投機的な心情をはびこらせ、民主社会に不可欠である相互寛容の精神や相互尊重の気持ちを失わせる危険(37)を生じさせる。

人とは不可思議な生き物である。「社会において人は理性や合理性のみに立脚して存在しているのではない。合理性よりも、むしろ非常に多くの非合理的な要素、たとえば感情や信頼、その他の相互作用的なものが、人が生存していくうえで重要な役目を果たしている[38]」のである。

したがって、物質的に豊かになった社会には逆に〝こころの不安〟や〝こころの腐敗〟が生まれてくる。ことに自我意識の高まりに伴って、社会に対する責任感が希薄になる[39]という現象が生まれるのである。

さらに、物質主義は個人の欲望を際限なく刺激するし、拝金主義は目に見えるものや金額換算できるもののみに価値を見出すから、金銭をもって評価しえない行為や精神的な価値といったものをないがしろにする。これによって、国内問題の生じた第四の要因、すなわち一方では個人の欲望の果てしない肯定、他方では社会の規範の果てしない否定[40]という風潮が生みだされた。

そもそも、近代化した社会においては、個人がシステムの中の一分子でありながらも、一人一人が非常に有意義な存在であるという充実した精神的境地に至らしめることができるか、いかにして個人の解放を図るか、ということを何とか模索[41]していかねばならない。

一方において、人間は個別的に生きると同時に社会的に生きる生き物であるから、自我の強すぎる人間は〝自己を中心とする〟観念を、〝社会を中心とする〟観念に切り替えることが必要[42]となる。

問題は、個人と社会(国家)との密接な結びつきが見えなくなったところにあり、李登輝はその遠因の一つを〝忠義〟の喪失《そうしつ》に見出している。忠義の喪失はアイデンティティの喪失につながり、アイデンティティを喪失した子供が自分を大切に思うはずがないし、ましてや周囲の人間や社会の人間を大事にするはずがないからである。[43]

以上のような要因に基づく問題に直面している現代の日本人を総括して李登輝は、「いまの日本人は、日本は何かということを真剣には考えていない。（中略）国際社会のなかで主体的に生きてきたという意識があまりないのではないでしょうか」[44]と現実直視の感覚が欠如していることを指摘している。

また、「日本の若い世代は安定した社会で育ちました。外敵はなく、内乱もありません。生活は豊かで保障されています。その反面、危機意識がなく、改革意識も失われているようです。中国に対しては何も言えず、不公平や不正義に対して、胸を張ってそれを正すことができないよう」[45]になっていると分析している。

本来、古来その国に生まれ育ち、根づいてきた醇風美俗《じゅんぷうびぞく》や固有の文化、すなわち何ものにも代えがたい〝伝統〟というものは、それほど簡単に消し去ってよいものではない[46]のであるが、表面的な物質主義に目を奪われた戦後日本社会では、昔の日本人がもっていた《公に尽くし、責任を負い、忠誠を尽くして職を守る》といった日本精神が消えてしまった。「これは日本の社会の最大危機です[47]」と警鐘《けいしょう》を鳴らしている。

国際問題であれ国内問題であれ、問題の核心は「日本人には信念が希薄」であり「そのために自分に対する信頼感がもてず、堂々と実行に移す迫力が感じられない[48]」ところにある。「合理的な発想からいえば、〝能力〟を開発すればいいのだろうが、人間はそれほど単純なものではない。（中略）日本人に欠けているのは、まさに〝能力〟や〝利害〟から離れた発想に他ならない[49]」と精神的な修養の必要性を説いている。

精神的な修養、すなわち自分の存在を超えたものを見つめていくという意識は、自分を最大に生かすためにも非常に重要である。しかし、敗戦のショックで、自分を超える価値などと言い出したら危険人物に指定されるという風潮が生まれた。それに加えて既述の通り、物質主義と拝金主義の世の中となったから、すべてが自分中心のミーイズムに流されている戦後の日本である。

このような風潮、すなわちトップリーダーの堕落《だらく》、公意識の欠如、アイデンティティの喪失《そうしつ》といったネガティブな現象は、「〝武士道〟に代表される道徳軌範の喪失に起因[50]」している。それは、現代の価値観を絶対と為《な》して過去を推《お》し測《はか》り、〝過去を否定する〟日本人の自虐的価値観と決して無縁ではない[51]のである。

第二節　自虐的価値観からの脱出

「私は日本の若い人たちがかわいそうでなりません[52]」と李登輝は憐《あわ》れみを隠さない。何を憐れんでいるかと言えば、「昔の日本は悪いことをした、悪い国だった」と一方的に教育を受けていることであり、かつ、日本は全世界から批判されていると思い込んで「つまらない国に生まれたんだ」と自信を失っていることに対してである。

李登輝が歎《なげ》きかつ心配している自虐的価値観《じぎゃくてきかちかん》は、GHQ[53]によるウォー・ギルト・インフォメーション・プログラム政策[54]によって日本人に植え付けられた先の大戦に関する歴史観を基盤とする。それによって、台湾の人々が愛情を込めて〈日本精神〉と呼ぶかけがえのない価値観は、完膚《かんぷ》無きまでに否定された。また、日本社会は時代遅れで偏狭《へんきょう》で、非合理かつ野蛮《やばん》で、しかも軍国主義的であるとの認識が戦後広まるようになった。

「教育の場においても、〝日本の過去はすべて間違っていた。日本は悪いことをした〟と教える日教組の暴走が始まり、日本の青少年は誤った価値観を植えつけられ、どんどん自信を失っていき」、「これに乗じた中国や韓国の虚偽と悪意に満ちた宣伝によって、日本は貶められる一方[55]」となった。

打ちのめされた日本人は、学校でも家庭でも、自らの文化や歴史を語り伝えることをやめた。その結果、「〝国家〟とは、〝主権〟とは、〝国益〟とは何かを考えるリーダーが生まれにくい国になって[56]」しまい、自分の国を自分の国でないかのような罵倒《ばとう》や批判を平気で行うようになった。

「これが日本にとって一番悪いことだと僕は思うな[57]」と李登輝は語っている。

そして、「私は終戦後の日本人が価値観を一八〇度変えてしまったことを非常に残念に思うのです」「戦争に負けてから、日本の社会には自虐史観が蔓延するようになった。これは実に悲しむべきことです。日本人だけが日本人の素晴らしさを忘れ、自信を失ってしまった[58]」と嘆き、「今日の日本人は一刻も早く戦後の自虐的価値観から解放されなければなりません。そのためには日本人はもっと自信を持ち、かつて武士道という不文律を築き上げてきた民族の血を引いていることを誇るべき[59]」であり、「昔は昔、今は今。どちらも大切だ。昔がなければ何で現在があるのか、そういうところから教育を改めていかなくちゃいけない[60]」と提言している。

さらに、「日本人自体、日本とは何かということを真剣に考えてはいないね。日本は日本なりの考えがあって戦争もした、競争的な立場もあった。それを主体的に行ったという意識があんまりないじゃないか[61]」と、日本人としての矜持《きょうじ》をもつことがいかに重要であるかを語っている。

自虐的価値観の刷り込み方法

ウォー・ギルト・インフォメーション・プログラムとは、先の戦争についての罪悪感を日本人の心に植え付けるための宣伝計画であって、その実現のために、当然、検閲と教育が密接にかかわってくる。GHQはこの三つの分野にわたり、巧妙な方法で日本人を洗脳していった。

宣伝　宣伝の第一は、昭和二十年（一九四五）十二月八日から十七日まで、全国すべての新聞に一斉掲載《いっせいけいさい》が強制された『太平洋戦争史』と題する宣伝文書であった。これは徹頭徹尾《てっとうてつび》侵略戦争史観で書かれたものであり、「東京裁判のための思想的地均《じなら》しを狙った、日本人全体に贖罪意識を植えつけんがための、仕組まれた〝侵略戦争〟史観(62)」であった。

ちなみに、『太平洋戦争史』は連載終了後、高山書院より発刊され、国史等の授業の代りに学校教材として用いられ、侵略戦争史観は教育現場に深く浸透することとなった。

第二は、『真相はこうだ』という週一回のラジオキャンペーン（昭和二十年十二月九日から翌年二月十日まで）と、『真相箱』という週一回のラジオ放送（昭和二十一年二月十七日から同年十二月四日まで）であった。

第三は、『東京裁判』であった。昭和二十一年五月三日に開廷し、昭和二十三年十一月十二日に判決の出たこの裁判は、戦争犯罪人探しの裁判であった。戦勝国が敗戦国を一方的に裁《さば》いた復《ふく》讐劇《しゅうげき》であり、日本人にみずからの犯した〝戦争の罪悪〟を見せつけるためのものであった。このため、一個の証拠の提出について直ちに反論が許されないといった方法が採られるなど、一方的に既成事実が積み重ねられていった。

検閲　GHQによる検閲は、「言論機関を対象とする忠誠審査システム」であり、「日本の言論機関に対する転向の強制」[63]であった。

昭和二十年九月十九日、GHQはプレスコードに基づき検閲を開始した。検閲とは、GHQ内部の民間検閲支隊（CCD）[64]を通じて新聞・映画・ラジオ放送・雑誌・書籍などに行われる厳格な情報統制のことである。その指針は、昭和二十年九月二十七日付の「新聞と言論の自由に関する新措置の件」という指令に示された。

それによると、新聞の発行者および社員などには、「いかなる政策ないしは意見を表明しようとも決して日本政府から処罰されることがないという特権的地位」が与えられた。また、「〝政策ないしは意見〟は、日本にどのような不利益をもたらすものであってもよく、直接間接に日本という国家そのものの解体と消滅を志向するものであってもよい」とされた。

その代りに、「新聞は、連合国最高司令官という外国権力の代表者の完全な管理下に置かれ（中略）彼の代表する価値の代弁者に変質させられた」[65]のである。日本のマスコミは「旧体制を崩壊させる自由を獲得したかわりに、今度はＧＨＱ権力の報じてはならない〝壁〟を意識」[66]することとなり、それは結果的にご主人様に媚《こび》を売る体質を強めることでしかなかった。

これによって、政府批判こそがマスコミの使命という奇妙な報道姿勢が育成され、是々非々の論陣を張る姿勢は消え去り、国家破壊の論理を堂々と主張するマスコミがもてはやされた。報道機関はＧＨＱをご主人様と仰ぐようになり、占領が終了してＧＨＱが去った後には、ソ連・中国をご主人様と仰ぐこととなった。そして、ソ連・中国あるいは韓国の代弁または称賛《しょうさん》こそがマスコミの使命となっていったのである。

このようなマスコミの姿勢は、「まったくあたらしいものが注ぎこまれたというよりも、すでに大正末昭和初期から浸潤していた傾向が、いよいよそれをチェックしていた力がとりはらわれて公然」[67]となったもの、すなわちＧＨＱの施策だけではなく、大正期から醸成《じょうせい》されていた日本人自身に内在していた思想もその要因を成していたのである。加えて、大東亜戦争の世界史的意義を理解していた知識人たちが公職追放や検閲によって表舞台には登場できなかったことも大きく影響している。

ところで、ＧＨＱの検閲は極めて巧妙であった。戦時中の日本では、「現在の日本社会で××

を中心とする×××は、その政策の方向をすべて××××に傾くことを前提にしている」と、このように、問題の部分を削《けず》る時は「×」や「○」などを用いて、都合の悪い表現を伏字《ふせじ》にした。そのため、どこが削られたかが一目瞭然《いちもくりょうぜん》であった。しかし、文脈からその伏字を想定することは容易であり、笑い話であるが、当時の知識人の間では×がどのような言葉だったかを当てる遊びが流行《はや》っていたとのことである。

しかし、GHQはそうした方法を用いなかった。

この一文は都合が悪いとなった時は、その部分を書き直させる、あるいは別の文章を挿入《そうにゅう》させた。検閲が無かったかのような、別の表現が〝あった〟ことを気づかせない巧妙な検閲であった。留意しておかねばならないことは、「被検閲者は、検閲者に接触した瞬間に検閲の存在を秘匿する義務を課せられて、否応なく闇を成立させている価値観を共有させられてしまう」[68]ことであった。GHQは「影と闇の世界の黙契を支える〝恐怖〟の裏付けを得て、はじめて日本人の精神にまで立ち入り、これを変質させる手がかりをつかんだ」[69]のである。このような方法によって、GHQに不利な情報は削除《さくじょ》され、GHQを利する意図的な情報のみがマスコミの自発的な形となって提供されたのであった。

また、私信の開封が行われ、これによって世論の動向を探り、占領政策の効果が計られた。検閲員は優に一万人以上に上る日本人であり、「のちに革新自治体の首長、大会社の役員、国際弁護士、著名なジャーナリスト、学術雑誌の編集長、大学教授等々になった人が含まれている(70)」ことは公然の秘密となっている。しかし、これらの人々が具体的にどのような人で、どのような思いで同胞の秘密を暴露していたのかなどの研究は、全く行われていない。

戦後日本のマスコミの姿勢は、このGHQの検閲に迎合する体質が民間検閲として残ったものに他ならない。反日日本人こそ望ましいと喧伝《けんでん》するマスコミの〝偏向〟の原点がここにあることに留意しておきたい。

教育　日本人の軍事活動を支えた意識を喪失《そうしつ》させ、みずからの主張する民主化を実現しようとしたGHQは、日本の教育制度を抜本的に改正した。勿論《もちろん》、その過程において、日本の学校を占領軍自身の宣伝手段のために利用もした。

GHQから発せられた教育指令は四つあった。

「第一は、昭和二十年九月二十日に行われた軍国主義的な教育の廃止であり、前述のように教科書の墨ぬりはこのときから始まった。第二が望ましくない教職員の排除、そして第三は国家神道の教育排除ということになる。これは〝信仰の自由〟が認められるということだった。第四が修身や日本歴史、地理などの授業停止(71)」であった。

これらの指令に端を発する戦後教育には、いくつかの特徴がある。

第一は、権利の主張である。個性を伸ばすあるいは自由を行使する権利だけを教え、他人や社会に対する義務を軽んじた。そのため、「皆良い子」という概念が振りまかれ、個性を伸ばすとは子供の好きなようにさせることであるという〝放任主義〟がまかり通り、甘え・我儘《わがまま》・独り善《ひとよ》がりの心性が助長されるようになった。

第二は、奇妙な平等主義である。平等とは、本来は、誰にでも同じ状態が与えられることではない。努力した人にはそれだけの報《むく》いがあるということであり、怠《なま》けていた人にはそれだけ報われないことが平等ということである。また、社会には男と女や年長と年少といったおのずからなる差異がある。それらを無視してまで平等を図ろうとすれば、それは悪平等となってしまう。

しかし、奇妙な平等主義は特に教育機関で顕著《けんちょ》に現れた。子供達を競わせることを忌避《きひ》し、自分を鍛《きた》えることに役立つ競争を否定した教育は、結果的に惰弱《だじゃく》な社会不適応者を増産することとなった。

第三は、人権の主張である。自分の利益を主張し守ることが人権であり、人は他者の犠牲になる必要はなく、誰の強制にも従う必要はないと教えられた。

本来の人権とは、人間不平等起源による差異が差別や格差にならないようにする法的・社会的保障のことである。しかし、抽象的な人間像を前提として綺麗事《きれいごと》を並べる人権の主張は、生活実態とかけ離れた空理空論に陥り、結果的に利己主義一辺倒の考え方を蔓延《まんえん》させて伝統的な社会関係をないがしろにしてしまった。

ちなみに、教育を通じての自虐的価値観の刷り込みに最も反応したのは、いわゆる「墨《すみ》ぬり教科書世代」であろう。敗戦時に七歳から十五歳頃までの子供達、特に十歳前後の子供達である。彼らは教師の指示に従って教科書に墨をぬった。戦時中は神がかり的な皇国論や軍国主義を鼓吹《こすい》しながら、敗戦を機に一転して民主主義・平和主義を唱《とな》える教師たちの墨ぬりを指示する態度は子供達に不信感を抱かせることとなった。

また、成長期の子供達は耐えがたい飢餓感《きがかん》に苛《さいな》まれた世代でもあった。「ギブ・ミー・チョコレート」と叫んでいた彼らは、その飢餓感の故に、ＧＨＱの政策――同胞の中に敵を定め、その敵を憎むことに民衆の関心を向ける政策――にまんまと嵌《はま》った。飢餓という現実は過去の日本の指導者の所為《せい》であると実感させられたのである。

あらゆる大人、あらゆる価値観を信じることが出来なくなった彼らは、「もう騙《だま》されないぞ」と誓った。しかし、その心情が逆にＧＨＱの宣伝に騙される素地を作ったという、皮肉なパラドックスに陥った世代であった。

正しい歴史認識のために

宣伝・検閲・教育によって自虐史観《じぎゃくしかん》を植えつけられた戦後日本人であるが、戦前の教育を受け、戦争を経験しつつも占領政策の影響を蒙《こうむ》らなかった台湾人は、「我々台湾人はそうした歴史の歪曲に不快感を覚える[72]」と憤慨《ふんがい》している。

先の大戦について李登輝は、「将来だけ見つめていこうという気持ち。そして、過去に起ったことは、良かれ悪しかれ、結果、一つの事実として見ていくという心境です。日本の人たちに対しても、あまり自分を批判しすぎるなと言いたい[73]」と、自虐史観に縛《しば》られている現代日本人に助言している。

先の戦争についての罪悪感を日本人の心に植え付けたウォー・ギルト・インフォメーション・プログラムには、次の四つの思想が含まれており、それが陰に陽に戦後日本の論壇に影響を与えてきた。

侵略戦争論　第一は、太平洋戦争は日本の軍閥《ぐんばつ》とそれに同調する右翼国粋主義勢力によって行われた一方的な侵略戦争であった、すなわち、世界征服の野望を抱いた無責任な軍国主義者による侵略戦争であったというものである。

そこでの日本人は悪人であり、世界の人々が平和に暮らしている場に一方的かつ不法に闖入《ちんにゅう》し、乱暴狼藉《らんぼうろうぜき》を働いて多大な犠牲と損害を与え、その挙句《あげく》、みずからその報《むく》いを受けて惨憺《さんたん》たる敗北を蒙《こうむ》ったという設定である。

この論は、戦勝国の立場からの一方的解釈（宣伝）であり、加えて相当なイデオロギー優先の立場に立った見方である。

そもそも戦争は相手との摩擦《まさつ》があってこそ起るのであって、先の大戦は日本が勝手に戦争を起して独《ひと》り相撲《すもう》をとったのではない。歴史は多様な要素によって構成されているから、多面的に捉えなければ真実を見逃してしまうのである。

東アジアの近代史を見るに当っては、少なくとも、①英・仏・蘭の植民地支配に呻吟《しんぎん》するアジアの民衆、②植民地獲得競争に遅れて参入した米国、③ロシア帝国の南下政策を引き継ぎつつ、共産主義を扶植《ふしょく》することで勢力拡大を目論《もくろ》むソ連、④清朝没落後は私欲に基づく覇権争いに明け暮れた中国大陸、⑤明治維新の意義を貫徹すべく、国力増強に努めて自存自衛を図り、以《もっ》て植民地の解放を目指した日本、という五つの視点を必要とする。さらに、多様な要因の連関を読み解くことで因果律に満ちたこの世界が理解できるのである。

このような視点から先の大戦を捉えると、第二章で勝岡寛次が詳述しているように、「生存の危機に瀕《ひん》した日本の自衛措置」VS「植民地拡大というあくなき欲望を成就しようとした列強」の戦いを主軸とし、それに加えて漁夫《ぎょふ》の利《り》を狙った共産主義者の暗躍という構図と捉えられる。(74)

先の大戦当時、日本は世界的に追いつめられ、後戻りできない状況にあった。このことは、『開戦の詔書』に端的に表明されている。そこには、「帝国ハ今ヤ自存自衛ノ為蹶然起ツテ一切ノ障礙ヲ破砕スルノ外ナキナリ」とある。

平和へのやむを得ない手段として戦争を選んだのであり、戦いの目的は自国の生存・独立を保つことに止まらず、欧米の人種差別・民族差別意識に基づくアジアの植民地体制を打破し、宿願である人種平等・民族平等による新たなアジア国際秩序の構築を目指す、と定めたのであった。

このような道に追い込まれた主要因は、長年にわたる米国の膨張《ぼうちょう》戦略にあった。列強の植民地政策に遅れて登場してきた米国の戦略的国家目的は、英・仏・蘭の植民地に対して、米国が貿易できるように障壁《しょうへき》を撤去《てっきょ》させること、すなわち「経済的帝国主義の発現」であった。

なかでも、国内を開拓しつくした米国の当面の狙いはアジアであり、そこでの覇権《はけん》を押し広げようとしてまず満州に狙《ねら》いを定めた。日露戦争の終結に仲介の労をとったのもロシアの満州における力を削《そ》ぐ戦略からであり、その後は日露戦争以降満州に勢力を拡大してきた日本の力を削ぐ戦略をとった。

当時の満州は清王朝の政策の影響で支配権が明確ではなく、匪賊《ひぞく》・馬賊《ばぞく》・軍閥《ぐんばつ》の跋扈《ばっこ》によって治安が乱れていた。加えてソ連が進出しようと常に狙っており、満州の権益を合法的に取得していた日本は、満州国建国によってこれら問題を解決しようとした。その結果国際連盟を脱退することとなったが、日本国民の大半はこれを大歓迎した。

これに対する米国は日本への経済封鎖を試み、各種圧力を加えてきた。日本政府は平和的外交交渉によって事態を打開しようと最後まで取り組んだが、最後は「ハル・ノート」を突き付けられ、それまでの権益をすべて放棄するか米国と戦うか、「事態ここに至る。坐して死を待つよりは、戦って死すべし」という状況に追い込まれた。

当時の国際社会が本質的には無事で友好に満ちていたとの認識は、戦後になって戦勝国によってふりまかれた幻想であり、日本は平和の攪乱者《かくらんしゃ》であったとの見方は勝者の論でしかない。実態は、利欲追求に血道《ちみち》をあげる列強、植民地政策に呻吟《しんぎん》するアジアの民衆、権力闘争に明け暮れる中国大陸という要因が絡み合った時代であった。

ハワイを取り、フィリピンへの侵攻に成功した例に見られるような米国の西進の歴史こそが日米戦争の真の原因であり、その背景には西欧列強の世界分割（植民地獲得）競争があった。また、世界恐慌《きょうこう》に際してのブロック経済に対抗して自由貿易体制の構築を目指した日本の自衛行動があった。

このような史実に鑑《かんが》みれば、先の大戦は自存自衛の戦いとしての対米戦争と大東亜解放（植民地解放）の戦いとが一体の目的となった戦争であり、日本が一方的に仕掛けた戦争ではなかったことが明瞭となる。

本来、過去によって与えられる知識とは、現在を活気づけ、未来に向かう足取りを確かにするものでなければならない。己の奢《おご》りを矯《た》めるために歴史を学ぶことは有意義であるが、己を卑下《ひげ》する歴史を学ぶことは無意味どころかマイナス効果しか与えない。このようなことに思い至れば、「自分を批判しすぎるな」という李登輝の言葉は、歴史の効用を十分わきまえた言であることが理解できる。

民主主義の勝利論　第二は、太平洋戦争(75)は「ファシズム・軍国主義に対する民主主義の戦い」であり、民主主義（の国米国）が軍国主義（の国日本）に勝利したのは、世界は民主主義に向かうという進歩主義的歴史観に基づく歴史の必然であるという論である。

軍国主義者たちに支配されていた日本は遅れた社会であり、これからは民主化された社会に移行しなければならない。米軍（占領軍）は歴史の必然を担う正義の味方であり、その施策はすべて正しいということを印象付けるために、「軍国主義VS民主主義」という構図が必要とされたのである。

この論は、アメリカ型の民主主義が絶対善であるという認識の下に、日本の伝統文化を破壊し、日本が再び米国の脅威とならないことを目的とする占領政策に益する論として唱えられたにすぎない。しかし、アメリカ型民主主義が歴史の必然であることの証明はどこにもないし、民主主義が未成熟で日本が軍国主義となったとの見方にも何の根拠もない。

注意すべきは、アメリカ型の民主主義が絶対善であるという認識である。そもそも、この世の物事には良い面（光）と悪い面（影）がつきまとっている。光のみとか、影のみというものはなく、また捉え方が変われば光（善）は影（悪）ともなり、影は光ともなるのである。したがって、アメリカ型の民主主義は絶対善ではない。

そもそも民主主義とは、「権力は人民に由来し、権力を人民が行使するという考えとその政治形態」（『広辞苑』）のことである。その中でもアメリカ型民主主義とは、民主主義の属性である多数決原理による多数者支配の政治のことである。意見が対立したままでは仕方がないから、お互いに討議を尽くしたうえで、多数の人が賛成したほうに全体が従うことにするという、いわば〈形の民主主義〉である。

しかし、多数決によるという終着点が明示されると、人々は終着点に向って到達しようとするから、討議は形式的になりがちである。また、全体が従うとの約束は、過半数を取った勝者に敗者が不本意のままに諦《あきら》めて同意させられるということであるから、肝心《かんじん》の討議や討議に臨《のぞ》む心構えがなおざりにされがちとなる。

多数決原理とは、人間の我執《がしゅう》あるいは徒党《ととう》性の処理に困って苦し紛れに出された知恵（方便）に過ぎないのである。

支配者悪人の説　第三は、侵略戦争を起した日本社会は軍国主義者に支配された国であったという論である。「軍国主義者（支配者）VS国民（被支配者）」という図式を提出し、支配者層（悪）と被支配者層（善）の対立の構造を措定《そてい》する論である。

支配とは、人が他の人を人として認めず、己に奉仕させるために奴役《どえき》させることであり、そこでの被支配者は人間性や人格・人権は制限ないし否定される。このような関係がまず戦前の日本社会に存在していたとして、その上で次のような論を展開した。

そもそも戦争を行った日本人は悪人であった。しかし、軍国主義国家日本を支配していたのは軍と官僚であり、これら支配層が情報操作によって国民大衆を騙《だま》していたのである。騙されていた国民は本来民主主義的な善人であり、その善を備えた国民による民主主義社会の建設が戦後日本の歩む道である。

戦後民主主義の担い手である民衆に悪いところはないから、国家を動かしていた軍閥《ぐんばつ》や官僚の支配を取り除けば、進歩的な民主主義社会が顕現《けんげん》する、という論である。

留意しておかねばならないことは、「日本は悪かった。しかし、お前たちは悪くなかった」というこの論理は、悪かった人を処罰することで他は免責《めんせき》となることである。免責を得るために犯人探しに血道《ちみち》をあげ、犯人が確定されれば〝戦争は他人事《ひとごと》〟となる。このようにして日本人のエゴイズムを煽《あお》ると同時に、共同体意識の分断と希薄化を助長し、団結力を奪取《だっしゅ》することによって精神の非軍事化を図ろうとしたのであった。

ちなみに、精神の非軍事化とは、独立自尊の精神を削《そ》ぎ、同胞意識を貶《おとし》め、生存のための自助努力さえも放棄せしめることである。個性の尊重などの美辞麗句《びじれいく》が巷《ちまた》に溢《あふ》れ、それが人権尊重とともに政治運動に結び付き、結果的に個人主義という名のエゴイズムがはびこっているのは、その精神の非軍事化に成功した〝証明〟だと言えるだろう。

歴史を論じるに当って注意すべきは、「過剰な特殊化」である。過剰な特殊化とは、みずからの文化を基準にして他を推し量り、果てはみずからの生活様式を絶対善として、それを内外に施すことが正しいとする態度のことである。

悪の支配者層と善の被支配者層の対立を前提とするこの論は、階級社会である欧米特有の歴史と文化による見方である。欧米の「過剰な特殊化」に基づく立論であって、文化を異にする日本社会を説明する道具としては不適切である。

日本人の社会構造は、支配者が己の欲望を満たすために被支配者を搾取《さくしゅ》する支配・被支配の関係ではない。為政者の仁政が常に求められる社会であり、そこでは〝君民一体の関係〟が前提とされている。そのことは昭和二十一年年頭の昭和天皇の御言葉に明瞭に示されている。

この御言葉とは「新日本建設ニ関スル詔書」であり、この中に「朕ト爾等国民トノ間ノ紐帯ハ、終始相互ノ信頼ト敬愛トニ依リテ結バレ、単ナル神話ト伝説トニ依リテ生ゼルモノニ非ズ」とあるところに注目して、一般的には「天皇の人間宣言」として知られている。

ちなみに、この詔書の歴史的位置づけについては、秦郁彦《はたいくひこ》が次のように整理している。

天皇が西洋流の「神」（ゴッド）に当らないことは、内外の有識者ではすでに知られていた。したがって、人間宣言は「もともと持っておられない神性（divinity）を放棄」（英人、学習院英語教師ブライス）するという矛盾をはらんでいたが、天皇にまつわる政治神話を否定し、将来の復活を封じるという絶大な心理効果を発揮した。とくに欧米の世論は彼らの理解できる次元まで天皇が下降したことで、警戒心を解いた。(76)

さて、この詔書に関して昭和天皇は、次のように回顧《かいこ》されている。

（五箇条の御誓文を引用することが）実は、あの詔書の一番の目的であって、神格とかそういうことは二の問題でした。（中略）民主主義を採用されたのは明治天皇であって、日本の民主主義というものは決して輸入のものではないということを示す必要があった。日本の国民が誇りを忘れては非常に具合が悪いと思って、誇りを忘れさせないためにあの宣言を考えたのです。（昭和五十二年の記者会見でのご発言）

日本の民主主義は五箇条の御誓文に基づいていることを示すことが昭和天皇の御意志であり、これについて秦郁彦は「ご誓文を〝民主主義宣言〟に転用したのはかなり強引だが、GHQとしては、占領の最高目的である民主化路線を天皇がリードする形になるのを期待し、あえて目をつぶったのだろう。裕仁天皇の深慮はそれだけにとどまらなかったと想像される。それは滔々と流入しつつあったアメリカ型民主主義に対し、日本型民主主義で対抗しようとする一種のレジスタンスではなかったか(77)」と分析している。

昭和天皇の念頭にあった日本型民主主義とは、君民一体となって全体目標に邁進《まいしん》する姿、すなわち政策決定における精神的態度を重視したものであり、その根底には「和」を掲げた聖徳太子の『憲法十七条』がある。

太子は、討議を経て得られた結論は「筋道にあったもの」でなければならないと考えられており、数による決着ではなく「筋道にあった結論に達すること」を終着点として示された。それは、討議の場に加わる全員にとっての人生観・社会観・人生に対する姿勢などが問われるほどの重要事項であった。

太子はまず、「ともにこれ凡夫《ぼんぷ》」（第十条）との自覚をもち、我執《がしゅう》をなくすことを説いている。物欲をなくせ（第五条）、諂《へつら》い欺《あざむ》くな（第六条）、嫉妬《しっと》をするな（第十四条）、私心をもつな（第十五条）と戒《いまし》めている。その上で、「上も下も和《やわ》らぎ睦《むつ》まじく」（第一条後段）「衆論を闘わす」（第十七条）ところに道理にかなった結論が得られると説いている。

その結論は結果的に全会一致となり、それが天皇の詔《みことのり》となるのであるから「承詔必謹《しょうしょうひっきん》」（第三条）は当然の行為となる。ここに国家原理としての「和」（第一条）が生まれることに鑑《かんが》みれば、日本型民主主義とは〈心の民主主義〉と言えよう。

なお、「新日本建設ニ関スル詔書」には、先の引用に続いて、「天皇ヲ以テ現御神トシ、且日本国民ヲ以テ他ノ民族ニ優越セル民族」だとする考えを否定している。これは、昭和十二年以降に活発化した日本民族の過剰な特殊化への反省を促すとともに、「滔々と流入しつつあったアメリカ型民主主義」の過剰な特殊化の危険性をも示され、各民族の文化・伝統を踏まえた特性が尊重せらるべきことを内外に向けて発信されたものと理解できる。

遅れた社会論　第四は、戦前の軍国主義国家日本は半封建的社会であり、個人の確立が見られない〝遅れた社会〟であったという論である。

天皇制に基づいた封建的構造となっていた戦前の社会では、国民大衆は天皇と祖先を崇拝《すうはい》するよう訓練されていた。このような日本社会を進歩させるためには、封建的勢力や制度を一掃《いっそう》して〝新生日本〟を誕生させねばならない。旧来の慣習・道徳・宗教的権威などの古臭《ふるくさ》くて封建的なものを捨て去り、近代市民社会の原理を導入することが進歩であり、占領政策はその進歩のための手助けである、という論である。

階級史観で歴史を観《み》る人々は、天皇を封建的支配者とみなしたがり、その天皇を未《いま》だに擁《よう》していることから日本を遅れた社会と論ずる。しかし、人が文化の生き物であることに思いを馳《は》せれば、日本には日本の文化があり、それをまず尊重することから考え始めねばならないことは当然であろう。

そもそも、社会の基盤は〈文化〉である。文化とは、環境に適応するように歴史的に作り上げられた集合的な生活様式であり、不合理を内在させながらも精神の安らぎを与えて生活の内実を高めるものである。また、後天的に学習された行動様式であり、不変ではないが容易に変化しないものである。

箸の上げ下ろし（肉体の生活の仕方）から精神生活（心の安らぎの方法）に至るまでの「生活の仕方」であり、それは精神のハタラキによって堆積された知恵である。この知恵は、肉体を通じて精神活動を行う人間にとって、肉体と精神を共に正しい道に進ませる乗物のようなものである。

「歴史性のみが社会的存在の構造なのではない。風土性もまた社会的存在の構造であり、そうして歴史性と離すことが出来ないもの(78)」と和辻哲郎《わつじてつろう》が語っているように、文化は歴史性と風土性によって生まれたものであるから、世界には多種多様な文化が存在する。したがって、文化に優劣はなく、また文化にはおのずから一定の物理的な範囲が生じる。

天皇＝封建的＝遅れた社会という図式には何の根拠もない。むしろ、天皇を中心とする精神共同体にこそ日本文化の特質がある。伝統との断絶が進歩のための正しい道であると教えこんだこの論は、日本社会の基盤を為《な》している固有の文化をみずから破壊させ、日本人を根無し草に導くものでしかない。

そこから生じる結果は、国民相互の連帯感を薄めるとともに、「自分は何者か」というアイデンティティを喪失《そうしつ》させ、浮遊する個人を多数生み出すことにしかならない。

第三節　日本精神の復興

黄文雄《こうぶんゆう》は、「戦前の日本人は戦後の日本人に比べて、義理人情があり、勇気と責任感があり、律儀で滅私奉公の精神と大和魂を持っていた。一言で言えば、立派だった[79]」と現代の日本人に苦《く》言《げん》を呈《てい》している。また、「武士道精神を失った現代日本人には、勇気、責任感、正義感がなくなり、きわめて臆病になっているように思われる。そして保身主義、利己主義が蔓延している[80]」と指摘している。

黄文雄にこのように言わせた原因は、戦後日本の思潮にある。戦後のいわゆる「進歩思想」は、現実を直視しない綺麗事《きれいごと》に終始し、結果的には反日日本人あるいは非日日本人を作り出すことに寄与したのみであった。それら日本人は利己主義で、公に奉ずる意識のない人間、つまり戦前の日本人が有していた美点をいたずらに失っただけの人間である。

しかし李登輝は、「日本人がこの〝日本精神〟を失わない限り、日本は世界のリーダーとして発展していくことが可能だと私は信じている[81]」とエールを送ってくれる。また、「日本人の多くは今も社会の規則に従って行動しています。社会的な秩序がきちんと保たれ、公共の場所では最高のサービスを提供しています」[82]、「日本精神が体現されたのが日本のサービスであり、結実したものが〝おもてなし〟の心といえるのではないでしょうか[83]」と、日本人にはまだ日本精神が失われていないと見ている。

それでは、黄文雄や李登輝が賛美する〝日本精神〟とはどのようなものであろうか。

伝統と創造

人間にとっても社会にとっても文化は生命《いのち》であり、「文化の形成は〝伝統〟と〝進歩〟という、一見相反する二つの概念を、いかに止揚するかにかかって[84]」いる。

ところが、占領下の日本では、日本の伝統は遅れた社会の文化として否定され、近代的市民による民主主義体制が絶対善として掲げられた。

これは、人間性はすべて普遍的《ふへんてき》であって国民性や民族性と呼ばれるようなものは存在しないし、そのようなものが存在するとしても、それは遅れた側面を示すに過ぎないから速やかに克服すべきという、洋魂洋才の思想である。

この思想の背景には、民主主義的近代は人類史の到達した最高の段階という進歩主義思想と、民主主義を担う近代市民は常に合理的な行動を行う存在であるとする普遍的人間性の概念がある。

進歩的文化人たちによって無批判に受け入れられたこの考え方は、〝遅れた日本社会〟を喧伝《けんでん》する格好《かっこう》の道具となり、日本の文化・伝統という蓄積《ちくせき》された生活の知恵を葬《ほうむ》り去る自虐的価値観《じぎゃくてきかちかん》を浸透させる基《もとい》となった。

しかし、生活実態から遊離した抽象概念でしかないこの思想から具体的目標を見出すことはできず、結果的に、具体的モデルは欧米の近代社会、すなわち物質文明の欧米近代がモデル（目標）となった。このため、「西洋に追いつけ追い越せ」のスローガンによって物質主義が加速され、また、無意識のうちに白人崇拝《すうはい》が助長され、有色人種は遅れた野蛮人《やばんじん》として引け目を感じる感情が益々醸成《じょうせい》されることとなった。

そもそも、自分は何ものであるかというアイデンティティなしに人間は生きてゆくことのできない生き物である。アイデンティティは固有の伝統・文化の中に見出せるものであるから、過去を全否定した思想からアイデンティティは生まれない。

アイデンティティの重要性に気づかない戦後日本人は、伝統・文化を軽視し、物質主義の中を彷徨《さまよ》うしかない浮草となってしまった。

このような戦後日本人に対して李登輝は、「物質面ばかりに傾き、皮相な進歩に目を奪われて、その大前提となるべき精神的な〝伝統〟や〝文化〟の重みを忘れてしまうのは大いに問題です。〝伝統〟という基盤があればこそ、その上に素晴らしい〝進歩〟が積み上げられる。伝統なくして真の進歩などあり得ません」(85)と語りかけている。

その伝統とは、「何千年の星霜を経ようとも色あせないもの」であり、「自らのなかに伝統が根ざしていてこそ、世の移り変わりに動じない哲学が生まれる」(86)ものである。

加えて、伝統的価値観は「〝公義〟の問題に帰一する」(87)から、社会生活を余儀なくされている人類にとっては不可欠のものである。過度のエゴイズムによってアノミー（混沌《こんとん》状態）となった戦後の日本社会を顧《かえり》みると、新しい進歩の道は自虐的価値観を一掃し、伝統という基盤に立ち戻ることからはじめねばならないことに気づくであろう。

公と仁愛

戦後の一時期に活躍した進歩的文化人と称された人たちが目指したのは、個人の側《がわ》の意識改革（権利の主張）であり、価値観の内面的一貫性を保証することによって自我意識を編み上げることであった。そのためには各人に与えられている情実に絡《から》んだ旧来の文化的・社会的な役割を取り去らねばならず、その役割を取り去ったところに人間の本来的自由が生まれるとともに、人間の平等もそこに見出せると考えた。

このような西洋の思想に取り憑《つ》かれた進歩的文化人の言説は、固有文化に基づいて現実社会に生きる大衆を惑《まど》わし、さまざまな混乱を生みだした。伝統的な観念を総括せず、現実を一方的に断罪するとともに、新しい思想を無条件で讃美《さんび》したからであった。

輸入の「公」　進歩的文化人の言説によれば、人間の本来的自由や平等は、私的領域を保証するところから生まれる。個人には侵されてはならない領域があり、そこでは個人が自由に自分の好きなことを為《な》しかつ考えることが出来る。換言すれば、私的領域を保証する個人主義が自由と裏腹の関係にあり、これが第一に尊重されねばならないということである。

ところで、社会生活を余儀なくされている人という生き物にとって、私の領域を尊重し保護することは、他者の私的領域との軋轢《あつれき》を生む。その調整のために、個人主義社会においては「公」の概念が措定《そてい》された。すなわち、私と他の中間に広がる領域を公となし、「私―公―他」を同一次元で捉えるのである。ここに、公と私の対立の問題が惹起《じゃっき》されるとともに、私と他の軋轢は公の問題に回収されていく。

個人の自立・自律を基本とし、対人関係はギブ&テイクの手段であるとみなす個人主義においては、私のみが実在であり、公は私の利益のために寄与する存在に他ならない。このため、公の領域に設立される団体（企業・学校・病院など）は個人の利益のための道具とみなされる。団体は利害闘争のための装置であり、個人の利益のために構築された〝形式〟としての全体に過ぎないから、私に寄与しなければスクラップされるものと観念される。

また、自己利益追求競争のための規則や最小限度の公共的要請のための義務（国防や財産保護などのために税金を納めるなど）は公として認めるが、自己利益追求のための権利は手放さないから、その公は所詮《しょせん》個人の利益のために存在するものなのである。

このような私を優先する社会では、社会正義の合意を得ることが難しいため、ルールが厳格に守られたかどうかがまず問われる。そこでは「沈んだものが石であり、浮かんだものが木の葉である」と認識されるため、「木の葉が沈んで石が浮かぶ」ことも是認する現象が生じることとなる。

個人主義を絶対視する考え方から見れば、「公」（自分を殺して仕える対象としての公）とは、政治権力を握る者が民衆に押し付けて全体主義に従わせる方便であり、「軍国の為政者たちが、〝お国のために命を捧げよ〟と国民を馴致したキーワード[88]」となる。

日本人の「公」意識　明治日本人には、このような個人主義に立脚した公ではなく、「人がともに生き続けるためにイデオロギーや経済の壁を超えて築かねばならない社会的共通基盤[89]」としての公があった。それは、「秩序ある法治社会を築き上げるために必要不可欠な倫理[90]」でもあった。

台湾の礎を築いた日本人の中でも、教師や警察官といった「〝公〟に身を置く者はいかなることがあろうとも高潔であり続け、社会の模範たるをしっかり認識[91]」していたのであり、為政者としての彼らには、私を捨てて大衆とともに生きようとする信義の力が働いていた。

このような明治日本人は、「じつに日本人意識と国民意識が強かった。加えて、進取の精神に富み、内向的ではなく、積極的に新しい時代の精神をとりいれようとしていた」のであり、その態度においては「誠実にして勤勉、勇気があって責任感が強く、滅私奉公精神に富んだ愛国者[92]」であった。

このような人を示す事例として、帝国大学工科大学（東京大学工学部の前身）初代学長の古市公威《ふるいちこうい》教授（一八五四〜一九三四）の話が伝えられている。古市が滞仏中のこと、刻苦勉励《こっくべんれい》している古市に下宿の女主人が同情し、「すこし休んだらどうか」というと、古市は「自分が一時間休めば、日本が一時間遅れる」といったという話である。[93]

西洋文明の最先端に触れた明治日本人たち（留学生や政治家）は、「外国の地に立ったときも、なんとか日本をよくしたいという信念をもっていた[94]」のである。自分の業績が日本という国の業績そのものになるという自負とともに、恥じない日本人であろうとした。そこには自分という「私」

が日本という「公」と同化した姿が見えてくる。

彼らの精神においては「私」と「公」が同心円として存在し、その中心は誠実・勤勉・勇気・責任感といった〈日本精神〉に彩《いろど》られていた。「私」と「公」は対立概念ではなく重なり合うものであったから、「私＝社会の模範（社会と同化）＝公」という図式が成立し、「公」の最大公約数である天皇や国家に至らないまでも、所属集団に関わるあらゆる事柄を「我がコト」として捉える意識が醸成《じょうせい》されていたのであった。

このような「公」と「私」の関係を別言すれば、〈全体と部分の関係〉と言うことが出来る。それを李登輝は、「私が考える個人と国家との結びつきというのは、そんなに簡単なものではなくて、本当は〝全体と個〟という観点においてとらえるべきだと思うのです。個がなくては全体は成り立たない。一方、全体があって個が存在しうる。そうした考え方に立って、国の必要性を思い、健全な愛国心を育むことが自然なのではないかと思います(95)」と語っている。

部分は全体によって意義付けられ、従って存在価値が認められ、全体は部分によって支えられているという、〈相即《そうそく》の関係〉がそこに見えてくる。全体と部分は各ピースが集まって全体を構成しているジグソーパズルのようなものである。

個人（部分）というピースの代替は、形としては幾らでもある。しかし、個人には個性という色合いの違い（質の違い）があり、ピースを変えた途端《とたん》に全体の絵の印象が変ってくる。全体は部分によって作られるのである。

一方、ピースが自分勝手に形を変えるとジグソーパズルは完成せず、あらゆるピースを生かすことが出来なくなる。この場合のピース（個人）はオーケストラの演奏者のようなものである。演奏者が一人でも「自分が目立ちたい」と思って演奏すると、全体のハーモニーが壊《こわ》れてしまう。

各人に与えられている役割（分）を尽くすことによって全体の調べが整い、聴く人の心に響く。部分は全体によって意義付けられており、各人が分を尽くすことによって全体の目的達成と自分の存在価値を示すことが両立するのである。

このことを李登輝は「〝公〟を大切にしない〝私〟というものはありえない。（中略）真の意味における〝個人主義〟とは、個々の人間が相手のことを思いやりながら調和のとれた社会生活を送ることであり、自らのことしか考えない〝自分勝手主義〟とは似て非なるものである」(96)と述べている。

「私でない私」と仁愛

全体と部分の関係に身を置く「私」は、全体の一部分として存在することを認識している。全体があるから私が存在していることを理解している。したがって、全体を先にして私事を後にするのであるが、この場合 I am President――直訳すれば「私は社長・首長だ」であるが、その意味は「私は全体の体現者だ」ということ――という意識の下に、分相応《ぶんそうおう》の振舞《ふるま》いをすることが求められる。

I am Presidentという自負心があるからこそ全体が見え、また全員のコンセンサスが生まれるからである。加えて、その各人が与えられた〝分〟を尽くすことによって、自分の存在価値を示すと同時に全体の目的が達成されるからである。

全体の一部分として存在する「私」には我執《がしゅう》がない。意識の本源となっている私は、「私でない私」である。前者の「私」はエゴ（自我意識）の「私」であるが、後者の「私」は天の配剤《はいざい》としての個物、天（根源生命）の分身の「私」である。したがって、「私でない私」には使命感はあっても我執・我欲はない。

李登輝は『李登輝訪日　日本国へのメッセージ』の中で、「私は私でない私」という結論に至ったのは日本的教育によるものであると語っている。

公意識を貫く日本精神——武士道と美意識——

竹田篤司《たけだあつし》著『明治人の教養』（文春新書）の中に紹介されている小島政二郎《こじままさじろう》の「明治の人間」には、明治日本人の庶民が次のように記されている。

《明治の人達は、今の人のように遊んではいなかった。みんな勤勉だった。体の具合が悪くて一日仕事を休むと、「ああ、今日さまに済まないことをした」と口に出して後悔した。気に染まぬものを売ったりすると、「今日さまに済まない」と言って悔やんだものだ。みんな欲張らず、質素で倹約だった》

《私の父などは、私が紅茶を嗜むのを見て、「紳士の飲むものを、お前のような書生ッポまで飲んでいては先が思いやられる」そう言って、苦々しい顔をした。分を知れということを明治の大人達はやかましく言った》

質素倹約や勤勉、分という伝統的な庶民の生活原理を基盤とし、そこに未知への好奇心や異境探検への冒険心、さらには厳密にして徹底している科学的探究心が加わって、西洋文明の吸収そして活用に邁進《まいしん》していた明治日本人であった。

力行《りっこう》と自律が精神の根本にあり、「利己的思想を抱かず、自分の所得を意識せぬ(97)」無我の精神が流れていた。

このような明治日本人の根底にある〈日本精神〉は、公の意識や日常の行為・態度の本になるものであり、李登輝をはじめとする日本の教育を受けた台湾人が称賛《しょうさん》してやまない精神である。

台湾人が日本人から学んだ日本精神（リップンチェンシン）とは、勇気、誠実（真面目さ）、勤勉、奉公、自己犠牲（滅私の心）、責任感、思いやり、清潔、時間厳守、約束を守るといった諸々《もろもろ》の美点のことである。

李登輝は、「私は、このような〝日本精神〟、すなわち、〝義〟を重んじ、〝誠〟をもって、率先垂範、実践躬行するという〝大和魂〟の精髄がいまなお脈々として〝武士道〟精神の中に生き残っていると信じ切っているからこそ、日本および日本人を愛し、尊敬しているのです(98)」と、武士道の中に残っている〈日本精神〉を高く評価している。

この日本精神の中核は、義と誠（正直）と実践躬行《じっせんきゅうこう》である。ちなみに、実践躬行は武士道の徳目のひとつである名誉と同根にある誠（正直）にその源を見ることが出来るから、突き詰めれば誠（正直）が一番大事とされる。

黄文雄《こうぶんゆう》は、「中国社会では誠実さや正直さは身の破滅を招く危険なものだ。社会を生き抜くためには〝詐〟（騙すこと、陥れること）が何よりも必要になってくる(99)」と、中国人との違いを語り、蔡《さい》焜燦《こんさん》は「台湾では〝日本精神〟の対語として、嘘・不正・自分勝手、あるいは倫理観の低さなどを意味する〝中国式〟という言葉が使われる。〝自分さえ儲かれば、バレなければ、何をしてもいい〟という考え方は、まさに〝中国式〟そのものである(100)」という言い方で日本精神を讃《たた》えている。

そもそも、外来の文化を巧みに取り入れながら、自分にとってより便利で受け入れやすいものに作り変えていく――このような〝新しい文化〟の作り方を古くから日本人はもっていると李登輝

日本人と交流する李登輝元総統（日本李登輝友の会提供）

は語っている。そして、「一度としてそれら（筆者註：大陸および西洋などから流れ込んだ文化）の奔流に呑込まれることもなく、日本独自の伝統を立派に築き上げてきました。日本人には古来そのような稀有なる力と精神が備わっているのです[101]」と、外来の文化を巧みに取り入れながら己のものに作り変えていく日本民族の特性を評価している。

ちなみに、この特性は〈習合〉の原理を特徴とする神道に由来する。習合とはハタラキの作用を重視する考え方であり、相異なる物事や考え方などを融合させることである。

李登輝は、そのようにして形成された日本文化とは「非常に精神性の高い文化をもっている。非常に高尚な〝情緒の形〟というものをもっている[102]」と高い評価を与えている。

ここに言う「情緒の形」とは、自然と調和された生活であり、その生活の中に〈道〉――人としての生き方の規範、道理、道徳――が入っていることである。〈道〉が入ることによって高い精神性と美学的な感性の混合体が出来上がり、これが日本の精神文化の特徴となっているのである。

日本精神の二側面　李登輝は、「私は、〝日本精神〟というものを大きく二つに分けて考えています。まずは誠実であること。嘘をつかない。これが〝武士道〟につながる日本の精神の基本です。そして、もう一つは自然との調和。日本人の美学的な情緒です。（中略）松尾芭蕉の『奥の細道』は、その日本文化の美を的確にまとめたものであると言っていいでしょう。そこに表されている〝わび〟〝さび〟こそ、日本人本来のうるわしい心情であり、情緒であるからです[103]」と語っている。

そもそも人類は視覚・聴覚・嗅覚・味覚・触覚の知覚資源とその活用範囲を、多彩にかつ多量とするよう精を出してきた。その知覚資源の醸《かも》し出す美の多くは、人の感情・思考・行動に影響を与え[104]、経済的価値や人間関係を演出し、社会を複雑に組織化してきた。

あらゆるモノには機能以外の余計な造作《ぞうさく》が盛り込まれており、それが知覚資源によって美と認識され、社会的な関係を演出する重要な役割を果している。実際生活の中に発見され、また生活の中で発達するこのような美には、情動など身体感覚を通じてもたらされる〝よい形〟としての美意識と、対人関係などの行動に関わる〝観念上の美〟がある。

自然との調和を〝よい形〟として捉える日本人は、自然との共生の中での〈あはれ〉という感慨《かんがい》を美意識の中心に置き、その美意識に高い精神性をもたらす〈道〉を取り入れた。このことによって、抽象に陥《おちい》りがちな道徳や倫理規範が感性に基づく美醜《びしゅう》として理解され、美的情緒の形として広まることとなったのである。

自然と調和された〝よい形〟に精神的な意義を加えた独特の価値観は〈風流《ふうりゅう》〉と称され、日本人の生活の中に溶け込み、風流を解さない者は最も教養がない者のなかに入れられた。ちなみに、風流は閑寂《かんじゃく》な風趣《ふうしゅ》を意味する言葉である〈わび・さび〉として展開された。この言葉は簡素や不完全を連想させることから、鈴木大拙《すずきだいせつ》は「貧乏の美的趣味(105)」と表現している。

自然への感受性と調和をベースとし、「もののあわれ、わびとさびを生活のなかに見つけ出す、日本人独特の、また人間として普遍的になくてはならない美学(106)」は、無駄《むだ》を削《そ》ぎ落としたところに見えてくる美であり、質素・倹約という生活原理と結びついた情緒と形をもって巷間《こうかん》に広まるのである。

一方、〝観念上の美〟は「武士道」という意識的・自覚的な行動規範として武士階層に広まった。これは善悪の規準に基づく行動規範であるから、倫理の発達を促し、強い意志と抑制力をもって公のために尽くす精神を涵養《かんよう》した。

武士が為政者となり、農工商三民の長としての義務を果すに及んで、武士道倫理は武士以外の庶民世界にも浸透することとなった。その武士道は、「日本人の生活そのものと結びついている、と断言できます。日本人の生活のなかに完全にビルト・インされている〝国民精神〟以外の何ものでもないのです[107]」と李登輝には認識されている。

意識的・自覚的な行動規範（倫理規範）と感性に基づく美学としての生活原理が相互に影響を及ぼし合うことによって日本民族全体に高い精神性が維持されてきたのであるが、このことを李登輝は、「武士道は日本精神であり、こういったものが〝情緒〟と〝形〟という、美を尊ぶ意識に作用することで日本の文化は形成されています。これは世界に稀なる日本文化の特色[108]」と表現している。


李登輝の説く「武士道」　「日本人の行動基準となり、生きるための哲学[109]」であった武士道を李登輝は、「人類最高の指導理念[110]」と称賛《しようさん》し、「日本文化の優れた面は、かかる高い精神性に代表される、即ち武士道精神に代表される日本人の生活にある哲学だと信じます[111]」と述べている。

武士道も時代によっていろいろと変遷《へんせん》があるが、李登輝の武士道とは新渡戸稲造《にとべいなぞう》の解説する武士道である。新渡戸はその著作『武士道』において、「武士道に対内的および対外的教訓のありしことを認める。後者は社会の安寧幸福を求むる福利主義的であり、前者は徳のために徳を行なうことを強調する純粋道徳であった[112]」と、武士道に個人道徳と公共道徳が含まれていることを認めている。

ただし、その道徳的原理の掟《おきて》は成文法になっていない。口伝《くでん》あるいは僅《わず》かな格言があるに過ぎない。不言不文であるだけに、実行によって一層力強い効力が認められるのである。
実行によって効力を認められた武士道は、武士以外の階層の人々に道徳的標準を示し、日本民族の善い理想となり、「花は桜木、人は武士」と俚謡《りよう》に歌われるほどに日本人の精神として生活の中に深く浸透した。

李登輝はその武士道精神を、「日本人の不言実行あるのみの美徳であり、〝公〟と〝私〟を明確に分離した、〝公に奉じるの精神〟[113]」と表現している。その精神の中でも、とくに阿堵物《あとぶつ》[114]に目もくれなかったことに注目する。なぜならば、「金銭なく、価格なくしてのみ、為され得る『高貴な仕事』があるということを、武士道は信じた[115]」からである。

李登輝の指摘は、新渡戸稲造が「僧侶の仕事にせよ、教師の仕事にせよ、霊的の勤労は金銀をもって支払われるべきでなかった。価値がないからではない、評価しえざるがゆえであった[116]」と述べた言葉と通底する。物質主義にとらわれている戦後日本人に服膺《ふくよう》させたい言葉である。

死生観　新渡戸稲造の『武士道』には、「生を賤しみ死を親しむ心、仏教は武士道に対してこれらを寄与した」と記されている。その仏教の影響について、「仏教が武士道に与えた冷静沈着なる心のありようは、物質主義にとらわれている現在の日本に最も欠けていることの一つと言えましょう[117]」と一定の評価を行う李登輝である。

新渡戸稲造の肖像（「近代日本人の肖像」国立国会図書館）

しかし、人は〝死ぬ〟ということをしっかりと認識できるから、〝どう生きるか〟と考えることができる[118]のであって、「死を親しむ心ではいけない。死は知ることが大切なのであって、死を知ることによって、生をどう生きるかという問題意識を持つことが何より大切なのです[119]」と、「生」の意義を知ることの重要性を強調する。

ちなみに、この場合の死とは「肉体的な死をいうのではなく、自我の死――自我の否定のことです。〝自我の死〟を理解してこそ、肯定的な〝生〟が生まれる[120]」と解説している。自我を否定した先に開かれる生の肯定――キリスト教にあっては「自己の中に神を宿す」こと――によって、自己中心的な自我が消え、他者を思う心が生まれる。李登輝はそれを「私は私でない私」と表現した。

武士道における死は往生思想をはるかに超えて美学にまで高められており、それ故に武士の天職は「死ぬこととみつけたり」（『葉隠』）というほどにまでなっていた。その境地は、「死以上に価値のある何かを悟っていた[121]」からであり、李登輝は現代日本人に対してそこに気づいてもらいたいと望んでいるようである。

徳目　武士道精神の根幹をなす道徳を新渡戸稲造は、「義」と「勇」と「仁」と「忠」と「誠」が渾然《こんぜん》一体となったものと説いている、と李登輝は『「武士道」解題』において解説している。

義は〝公義〟であり、神との正しい関係として最も重要な観念である。「義と勇とは双生児の兄弟」[122]と言われるほどに、勇は義を裏打ちする徳目である。なぜならば、抽象的な義だけが頭の中にあっても、本当にそれを実践躬行《じっせんきゅうこう》するための勇気がなければ何もできず、何もしなければ義ではないからである。

ただし、何でも猪突猛進《ちょとつもうしん》すればいいというものではない。プラトンの言葉に、「恐るべきものと恐るべからざるものとを識別すること、それが勇気だ」とあるように、いったん緩急《かんきゅう》あるときの勇気に必要なのは日常の平静、すなわち心の落ち着きであり、加えて〝時《とき》〟を待ち、耐え忍ぶ勇気こそ、真の武士道精神と言えるのである。

仁は血縁に根ざす親愛感に発する感情を無縁の人にまで広げた徳目である。『論語』に「夫子の道は忠恕のみ」[123]とあるように、仁は「忠恕《ちゅうじょ》」を中核として諸々の徳を総合することであり、孔《こう》子《し》の中心思想である。

忠という字は〝中の心〟と書くように、人のまごころ（良心）のことであり、内なるまごころで内省し、善悪を直観し、それに背《そむ》かぬように行動することである。恕とはまごころから温かく人を推し量ること、すなわち〝思いやり〟である。相手の気持ちを忖度《そんたく》できるような寛《ひろ》く深い愛情に裏打ちされた思いやりの心である。

孔子の恕は孟子《もうし》に至って「忍びざる心（惻隠《そくいん》の心）」となり、仏教にいたっては真実の友情を示す「慈」と哀れみや優しさを示す「悲」の心を兼ねた心と表現されている。この仁は礼によって裏打ちされ、具体化される。

礼は仁の徳の外的形式、すなわち人の心が外面に現れた有り様を示す。「己を克《せ》めて礼に復《かえ》るを仁と為す[124]」とあるように、我が身を慎み外的な社会規範としての礼の決まりに従うことによってまごころが発露される。

形は心を表し、形は心を矯正《きょうせい》するから、仁（という内面）と礼（という外面）は表裏一体の関係とみなされるのである。

以上のような解説をした上で、李登輝は「特に、人の上に立つ人、〝為政者〟にとっては、〝誠〟は絶対不可欠なものなのです[125]」と〈誠〉の徳を最上位におく。この誠の徳目があるからこそ《武士は食わねど高楊枝《たかようじ》》という態度が生まれ、「この〝痩せ我慢〟の精神こそが、長い間、日本の支配階級の腐敗や堕落を防ぐ大きな橋頭堡となっていた[126]」と評価するのである。このような武士に要求される行動の基本が〈忠義〉であり、心の置き方の中心が〈名誉〉であった。

忠義　忠義について李登輝は新渡戸稲造の言葉を引用している。新渡戸の『武士道』には、「国家は個人に先んじて存在し、個人は国家の分子としてその中に生まれきたるものと考えたが故に、個人は国家のため、もしくはその正当なる権威の掌握者のために生きまた死ぬべきもの(127)」とあり、「これが、〝忠義〟の本質であり、武士道においては当然のモラルなのです(128)」と解説している。

この場合の「国家」とは、部分に対する全体であり、私情を排した公的《パブリック》な関係性で構築された人間集団を意味しているようである。人間は一人で生きていくことのできない存在であり、「私と私」、「個と個」のつながりは公的な関係性の中で生かされているものである。個人意識あるいは個人の権利意識の蔓延《まんえん》している今日ではあるが、「国を守るということは、国を誇りに思っているからこそできること」であり、「やはり今日でもいったん緩急あれば〝公〟に奉ずるという気構えも必要なのではないでしょうか(129)」と述べる李登輝である。

ただし、公に奉ずるといっても無自覚に強制されることではない。「このような〝忠義〟の観念、すなわち〝公のための忠〟という考え方を突き詰めていけば、やはり最終的には、個々の人間は自分の良心に従って行動すべきであり、もし主君の命令や決断が明らかに誤っていると思った場合

李登輝元総統の講演風景（日本李登輝友の会提供）

には、決然として自分の良心の命ずる方向に動くべきだと思う[130]」と意思をもった対応を李登輝は求めている。

李登輝の目に映っている武士とは自立（自律）した個人としての武士であり、真の意味での個人主義者としての武士なのである。「〝個人主義〟というのは、個々の人間が相手のことも思いやりながら調和のとれた社会生活を送るということであって、我利我利の〝自分勝手主義〟とは似て非なるものなのです[131]」という李登輝の言葉を服膺《ふくよう》しておく必要があろう。

ところで、公のための忠は家族全員の共通した忠となるところに武士道の特異性がある。このことを李登輝は、「西洋人の場合は〝個人主義〟を基本に据えているので、〝父と子〟の間におけるロイヤリティーと、〝夫と妻〟の間におけるロイヤリティーの感覚は、おのずから異なったものとならざるを得ません。しかし、日本の〝武士道〟の場合は、〝家族とその成員の利害〟は絶対不可分のものとされている[132]」と解説している。

恥（名誉）　さて、忠義の行動が生じる根本には、武士独特の心の置き所がある。それは〈名誉

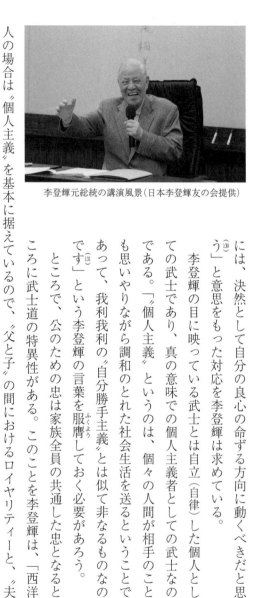

心〉であり、掟《おきて》には何も記されていない行為が名誉の名の下に遂行されるのである。

名誉心は羞恥心《しゅうちしん》や廉恥心《れんちしん》と裏腹の関係にある。新渡戸は、「廉恥心は少年の教育において養成せらるべき最初の徳の一つ」あるいは「羞恥の感覚は、人類の道徳的自覚の最も早き徴候[133]」と述べ、また「恥はすべての徳、善き風儀ならびに善き道徳の土壌である」というカーライルの言葉を掲げている。

恥についての学問的探究は、R・ベネディクトの『菊と刀』が我が国に紹介されてからである。彼女は罪の文化（guilt culture）と恥の文化（shame culture）という区別を設け、前者は内面的な罪の自覚に基づいて善行をなすが、後者は外面的な強制力に基づいて善行を行う。欧米の基準でいうと罪の文化のほうが恥の文化よりも高級と論じた[134]。

しかし、この考え方は個人の自律性と独立性を重視する個人主義と合理主義を価値基準において判断にすぎない評価を絶対視していること、また罪と恥の感情が相互に無関係であるかのごとく前提とされていることなど問題が多いと批判されている。

武士道における恥とは、卑怯未練《ひきょうみれん》な所業《しょぎょう》をして人に笑われまい、穢《けが》らわしく臆病《おくびょう》な所業をして他人に蔑《さげす》まれまいと、心を深く正しくもつことである。その恥じる心とは、低いものや卑しいものが高いものや尊いものに遭《あ》った時、思わず自らの内に催《もよお》す感情である。

高いものや尊いものとは道義の自覚、すなわち人格の尊厳を踏まえつつも己の生命以上に大切な価値を自覚していることであるから、恥は〝自我〟と〝自覚された道義（自我理想）〟との緊張関係から生まれたものとも言える。人の目（他者）を気にすることを端緒《たんちょ》として自分の欠点や過失などに気づき、自我理想にみずからを近づけようとする行動が恥である。

自我理想とは良心に照し合せて作り上げられた自分自身のイメージのことである。「私でない私」であり、神仏や尊敬する他者の目に託した形で顕《あらわ》れてくる。武士はこの自我理想を強くもっているから、生命に執着し臆病な振舞いを招く〝自我〟の欲求を最も厭《いと》う。また、自我理想に基づく行動は天命とされ、天命を果すための行動は生産的となり、社会的には没我献身《ぼつがけんしん》の態度となる。

ところで、李登輝は近年の日本社会の現状について、「最近の母親は、〝恥ずかしい〟ということよりも、〝他人に叱られる〟とか、〝お巡りさんに捕まる〟とか、そういうことの方に関心があるようです。要するに、自律的ではなく、他律的な方向に偏りすぎているのです(135)」と語っている。そして、「叱られる」という他律的なことばかりに目が向いていると、「悪いことをしても他人に見つからなければ良いのだ」という方に社会全体が引きずられていってしまうことが怖いと警鐘を鳴らしている。

日本人への期待

「自分が生まれ育った祖国に対する愛情や、〝私は日本人以外の何ものでもないのだ〟という自己認識なくして、日本国民が国際社会から信用されるわけもない」(136)とアイデンティティの重要性を説く李登輝は、戦後日本に蔓延《まんえん》している反国家・反社会思潮、すなわち国家（祖国）のことなど考えないという態度を批判する。

そのような態度は、「人間としての尊厳を自ら踏みにじった〝非人間〟というより仕方がありません。なぜならば、〝自分は何ものなのか？〟という根源的な存立基盤まで自己否定してしまっているからであり、そのようなデラシネ（根無し草）は世界中どこの社会に行っても受け入れられない」(137)からである。

グローバル時代になればなるほど「自分は何ものであるか」というアイデンティティが問われてくる。なぜならば、グローバル化の時代においては、多様で異質の人々との交流が盛んとなるからである。その交流は衝突を生み、相互に生きる道を探さざるを得なくなるが、その際、自分のアイデンティティを強くもっていなければ相手にのみ込まれるのみであって、共生も共存も覚《おぼ》束《つか》ないのである。

人間は文化の生き物であり、アイデンティティの根源には固有の文化がある。その文化を身につけた者ほど他者の文化を理解でき、特有の文化を身につけた人間のみが信用され、結果的に共生・共存の道を見出すことが出来るのである。

ところが、戦後の日本人に刷り込まれた反日日本人を肯定する考え方は、「国際人を育てる」との妄想《もうそう》を生んだ。国際人などという人種はどこにも存在しないし、この場合の国際人とはアイデンティティのないヌエ（鵺・鵼）[138]のような存在である。国際的に信用される人物とは、自分（自国）の文化に誇りをもち、その文化を体現している者のみである。

日本人が国際的であろうとすれば、そのときにもっとも重要なのは日本精神という道徳体系であり、これこそがこれからの時代に不可欠な精神的土台となるであろう。「私が言いたいことは、日本人が自分の国や社会に対する態度を変える必要があることです。経済発展を追求するだけでなく、日本文化の精神面である〝公に奉ずる〟という発想が欠如してはなりません[139]」と、日本精神の復興を願っている李登輝である。

第四節　指導者と教育のあり方

人は社会に身を置くことによって安心・安全を確保し、また認められたいという認知欲求を満たすことができる。しかし反面、社会の秩序維持のために制約を課せられる。その制約は個性の自覚を促すとともにそれを伸長させるように働くこともある。

このような個々人の力を集め活用することで発展するのが組織である。個人は組織を通して自己の理想を追求し、一方、組織は個人を活用してその成員の共同目標を達成する。「個人と組織は相互補完関係、あるいは共生共栄の関係を有している」(140)のであり、両者の接点に位置する人を指導者という。

李登輝が理想とする指導者像は、台湾の礎を築いた日本人たちを具体的なイメージとしているようである。彼らには私心がなく、高潔で仁愛に富み、公意識に溢《あふ》れていた。

しかし、李登輝の見る現代日本の指導者たちは、自信喪失《じしんそうしつ》に陥っており、公意識を失って保身に走っている。その病弊《びょうへい》を払拭《ふっしょく》するために、ここでは李登輝の説く指導者の条件と教育のあり方を整理する。

（一）指導者の条件

組織を束《たば》ね、個人と組織の相互発展を図る指導者にはそれなりの心掛けが求められ、また指導者として有していなければならない要件がある。前者の心掛けは人格面で要求される事項であり、後者の要件は能力面からの視点と言えるであろう。この二つに関して李登輝が語る具体的内容は、以下のとおりである。

指導者の心掛け

信仰をもつこと　孤独に耐える力を要求される指導者は、足がすくんで谷底に落ちるような気持ちに駆《か》られることもしばしばである。現実を超えたところにある〝何か〟を自分の内にもたなければ、使命感が希薄になって行動するエネルギーも弱くなってしまう。そのような時に気力や勇気を与えてくれるのが信仰である。

また、「人間は個人的な自分の信念の弱さ、心の弱さを自分自身でしっかりと分かってないといけない。そして、そういったものを理解するために信仰がある」(141)とともに、「いかにして事象の背後にある真理を探し求め、物事の前後と軽重の順序を見極めるか」(142)という場合も信仰を必要とする。

「信仰は何でもいいのです。自分を超越した存在を信じ、信念を持つことで、強い使命感を失わずに実行するパワーを維持できる」(143)と語る李登輝は、信仰を「指導者の第一条件」に挙げている。

ちなみに、台湾の礎を築いた後藤新平の信仰について李登輝は、「おそらく〝天皇〟もしくは〝国家〟だったのだろうと推察する」(144)と述べている。

李登輝にとっての信仰とは論理の結果得られるものではなく、真実のみに帰依《きえ》するという感情的なセンス（判断・感覚）である。宗教というよりは自分の倫理観をしっかり最後まで発揮できる魂と精神のことであるから、「人間の気迫と社会への訴求力の裏付け」(145)となる。私心を取り払った上に培《つちか》われる心の柱であるから、信仰心は〈公義の精神〉となって現れる。

公義とは公の義、すなわち社会的なジャスティス（正義）のことである。正義とは「私利私欲を捨て、全体の幸福のために尽くすこと」(146)であり、誠実な魂をもち続けることである。孤独を余儀なくされる指導者が、心の弱さを抱えつつ、変化のプロセスの中で指導力を発揮し続けるには、誠実な魂が必要とされるのである。

権力に対して自制すること

指導者は権力を手に入れることができる。人間は権力を手にすると、権力を振りまく快感に酔いしれて、権力を弄《もてあそ》ぶようになりがちである。しかし、この権力とは指導者の地位に必然的に付随するものであるけれども、指導者個人に与えられたものではない。権力とは、「何か困難な問題や理想的計画を執行するための道具[148]」であり、あるいは「個々の人間に付与される力ではなく、制度から生みだされる客観的な力で、必要なときにだけ、そこから取りだされ、用いられるべきもの[149]」である。私物ではないから、これを私物化しないよう指導者には常に自制が求められる。

そもそも、明確な目的をもった仕事をするには権力を必要とする。しかし、権力を行使するに当っては、「天下為公（天下は公のため）」と考えて行わねばならない。「天下は公のために」の思想は李登輝が思想遍歴の末に辿《たど》り着いたキリスト教的な愛の思想と全く同じものであり、別言すれば「私心を無くす」ことである。

「私心がないということは、私がなにかをするときには、私を除いてものを考える」ことである。つまり、何かを決断するときに、「私がいない場合、私以外の人たちが最もよい方法を採用するとすれば、どうなるのだろうか[150]」と考えることであると説明している。

権力をもつ指導者は「権力は借り物」であることを自覚し、公（国や会社など）のためにはいつでも権力を手放す覚悟を求められるが、その権力者となった指導者が注意すべきはカリスマである。

カリスマは指導者の権力を強化してくれる。すなわち、カリスマ性のある指導者は、超人的かつ非日常的な素質をもち、大衆を魅了し、熱狂的な支持を得ることができる。カリスマ的な指導者は、大衆を動員するために習慣上の手続きや合理的な判断をする必要がなく、迅速に危機的状況に対応できるから、大した知恵を用いずとも、秩序ある社会を創造することができる(151)ようになる。

しかし、カリスマの力は大衆の感情によるものであり、一種の幻想(152)にすぎない。人の感情は変りやすいから、幻想《げんそう》はいつか潰《つぶ》れてしまう。したがって、カリスマにすがる指導者は長期的な政治生命を得ることができないのである。

「君主とは舟であり、人民は水である。水は舟を浮かべるが、またこれを転覆させることもできる」という唐の太宗の功臣魏徴《ぎちょう》の言葉を引用する李登輝は、指導者はカリスマ性に頼ることなく「国家と国民に対して忠誠心をもち、あらゆる面で謙虚でなければならない(153)」と、指導者の心構えを説いている。

公私の別をはっきりさせること　李登輝は、「権力を持つ指導者は〝公私の別〟をはっきりさせることも肝に銘じておくべき(154)」とも語っている。政治・社会の体質が皇帝的な支配体制の色が濃い場合、すなわち権力が一人に集中するワンマン体制のようになった場合、得てして権力を握ったものが独裁的になり、自分の家族や自分個人を中心とした考え方で公の権力を勝手に使い、国家全体のことを忘れてしまうようになる。(155)

公の場に私情をもちこむと、必ず社会（組織）の秩序は乱れ、その社会は混乱を極《きわ》めることになる。李登輝はそのような事態を恐れるのであり、公と私を別《わか》ち、公の場では私心を排《はい》してあくまでも公義を貫くこと、すなわち私情に流されないその覚悟の強さを指導者に求めている。

有言実行と責任感　人の上に立つ指導者たるものは、いったん口にした言葉は、けっして言葉のままで終らせず、必ず実行(156)しなければならない。有言実行するためには信念がなければならず、また、判断を間違えたときには、失敗のリスクを一人で負う覚悟が必要(157)であり、〝失敗の責任は我にあり〟という潔さが肝要(158)である。

信念は信仰に基づく使命感を基盤とし、覚悟と潔《いさぎよ》さは私心を排するところに生まれる。ちなみに、覚悟とは出来る自分（為すべき自分）と出来ない自分（為すべきではない自分）を弁別し、すべて自分で引き取るという心構えである。その潔い責任感は、ある場面においては人の嫌がる仕事を率先して引き受けるという態度を生み出す。

人の営みにおいて、時として「これをやれば不利になる」ということがあるが、その不利なことも組織あるいは成員のために誰かがしなければならない状況に追いつめられることがある。このような場合、思いきって引き受ける覚悟が指導者には求められるのであり、「指導者にはそういう覚悟も必要だ。涼しい顔ばかりしていられない[159]」のである。

指導者の要件

大局観と構想力　指導者と被指導者の大きな違いは発想力である。より大きな視点で物事を見、新鮮な構想力で、時には発想の転換を伴ってビジョンを明示し、未来への道筋を示すのが指導者の第一の要件である。

この場合に注意しておくことは、「問題に直面したとき決して直線で考えないことだ。最短距離を見つけようとしてはならない。目的地への直線を引くことをやめて、必ず迂回すること、むしろ回り道を見つけだそうと努める[160]」ことである。

人の世は非合理に満ちている。合理的でさえあればとか、理屈が通っていればといって変えられる世の中ではない。したがって、指導者はまず知識や知性に基づいて明確な着地点を定めなければならないが、次に情や慣習などの非合理が渦巻《うずま》く着地点までの道程《みちのり》を現実的に洞察《どうさつ》しなければならない。

その洞察力をもつには、「個人の能力や計算ずくの利害関係を超越した発想が必要になります。それには能力や利害、駆け引きが通用しない世界を体験しなければなりません」[161]と精神的な修養の必要性を説いている。

さて、着地点を定めてそれに至る道程を洞察した指導者は、ビジョン（構想）を明確に示さねばならない。ビジョンとは組織が発展する方向であり、組織の未来の理想であるから、「いま現在だけでなく、未来にも目を向ける。わが国や組織が将来どうあってほしいか。想像力を働かせ、構想を練る」[162]ことが必要である。多くの人々を導くには、未来の国のあるべき姿を見据え、遠き慮《おもんぱか》りをもって[163]コトを図らねばならないのである。

この場合、時として発想の転換を必要とする。後藤新平《ごとうしんぺい》のように「人民が何を欲しているかを知ろうとし、そのために何をやるべきかを考え、必要とあれば法律は自分で作っていく」[164]という発想が大切である。法律などの現状に縛《しば》られることなく、すなわち、法や規定に囚《とら》われて規則正しく真面目くさく仕事をするわけでもなく、法律を破って仕事をするわけでもなく、明るく肯定的に色々なことを考える姿勢が大切なのである。

また、伝統と古典から多くを学び、古典や伝統の重要性を伝えて行くことも、指導者にとって重要な役割の一つ[165]である。「我々が所有している世界像の大部分は先祖から受け継いだものだが、それは人間の生の営みの中で、確固たる信念の体系として作用している」（『観念と信念』）とは哲学者オルテガの言葉であり、指導者に求められるのは、まさにこうした視点[166]だからである。

　したがって、指導者は「新しい時代にあっても、伝統的な価値観を絶対に捨ててはなりません[167]」と注意を怠《おこた》らない李登輝である。

　このようなビジョンが出来れば、次にはコンセンサスを得ることを忘れてはならないのである。そうすることによって、ビジョンは全員共通のものに転化し、一人ひとりが理想の目標に向って努力するように促す大きな力を生み出す[168]ようになるのである。

誠実な説得力　ビジョンを示し、コンセンサスを得ようとするとき、指導者に「絶対不可欠なものが〝誠[169]〟」である。派手なパフォーマンスで国民を惑わせるようなことはせず、できるだけ平易な言葉で国民に語りかける[170]こと、すなわち〝誠実自然〟が指導者には求められる。

　自分の良心や信念に自信があれば、難解な言葉で相手をけむに巻いたり、居丈高《いたけだか》な態度をとることはない[171]から、指導者たる人はもっと自信をもち、決然としてみずからの意志を語らねばならない。

　ちなみに、人々の不満を少なくするには「相手に同情し、関心をもって不満の声に耳を傾け、具体的な改善案を提示すること」であるから、「時を待つ、そして国民に訴える。国民の声に耳を澄ます、そして改善を行なう。その繰り返しこそが、指導者の仕事[172]」となる。「このとき指導者に必要なのは、権威主義的な姿勢を捨てることである。一つひとつの問題を国民に呼びかけ、さらには指導者が国民にお願いして解決する。この〝お願いする〟という姿勢が不可欠で、それが〝誠実さ〟につながる[173]」ということを心に留《とど》めておかねばならない。

ところで、李登輝は組織や集団の盛衰《せいすい》を決める要素として、「強力なリーダーシップ」と「明確な目標」と「アイデンティティの確立と団結」を挙げている。強力なリーダーシップに基づいてビジョンを示し、成員のコンセンサスを得ると、そのビジョンは組織に所属する人々の共通した明確な目標となる。成員全員がそれを達成するために手段・方法の効率を追求するような状況になると、成員のアイデンティティが確立され、団結力が高まっていくからである。

なお、アイデンティティを求める心性は「WHO ARE WE（我々は誰だ）?」である。「私、我々は何ものであるのか」という〝存在〟に関わる問いがアイデンティティの重要問題である。〝存在〟は伝統文化とも、現実の安全保障とも、将来への希望とも密接に関連する。

「存在が危機に陥れば、希望が失われていく。その結果として民心を失い、政党に対する支持も低下する。それがまた国の民主化に停滞状態を生じさせ、国全体が不安定になり、アイデンティティの危機がさらに深まるという、悪循環に陥ってしまう[174]」ということに留意しておかねばならない。

決断力と行動力

決断力とは判断力に跳躍《ちょうやく》力が加わった能力のことである。決断力を高めるには、まず判断力を高めねばならない。判断力を高めるには周囲の頭脳を活用することである。賢明な指導者は、自らの頭脳だけに頼らず、まわりの知恵や力を活用して目標を達成しようとするものである[175]が、この場合、シンクタンクや顧問チームといった外部の力とスタッフやブレーンという内部の力を相互補完の関係にもっていくことが肝要である。

また、スタッフやブレーンと指導者とでは当然立場が異なることに十分留意しておかねばならない。スタッフやブレーンは個別の立場や特殊な角度で問題を見るために曲解《きょっかい》や誤解を免《まぬが》れず、また、彼らの判断が狭い局面では正しくとも、総合判断という点で適切であるとはかぎらないからである。

跳躍力を高めるためには、知性においては確固たる指導理念や政治哲学を必要とする。また、情においては勇気を必要とし、勇気は義と密接不可分に結びついている。やましいところはないか、公明正大であるかということを自らの心に問うことから生まれるものであって、遮二無二《しゃにむに》猪《ちょ》突猛進《とつもうしん》すればよいものではない[176]。

加えて、勇気と同時に対《つい》で求められるのが心の平静さであって、それについては太田道灌《おおたどうかん》の故事[177]と衣川《ころもがわ》の合戦における源 義家《みなもとのよしいえ》と安倍貞任《あべのさだとう》の故事[178]を例として記している。
そもそも、蛮勇《ばんゆう》を奮《ふる》うのも失敗の恐怖に駆《か》られるのも、所詮《しょせん》は生への執着である。真の勇気をもつ者は、道理をわきまえ私心を排することができるために、心の平静を保つことができる。私心を無くすことの重要性を心に留めておきたい。なお、行動に当っては活発に立ちゆくこと、言語態度は丁寧《ていねい》親切であること、行動は合理的であることが求められる。

現場主義　「現場主義こそが指導者には必要[179]」である。指導者は現場に赴き、人々の生活の実情をよく知っておかねばならない。とくに災害など危機的な情況が生じた場合には大至急、現場に直行し、陣頭指揮を執るべき[180]である。

　阪神・淡路大震災に際して村山富市総理は、丸二日も現地を視察せず、初期救助活動において各国からの救助を断り、憲法違反だとして自衛隊の出動を見送った。国民の命よりも自分たちの政治的信条を優先したのである。李登輝はこの村山元総理の姿勢に言及し、「国のリーダーは、国民を第一に考えるべきだと私は思っています[181]」と述べている。

　現場主義とは、現場の実情（状況）を知り、現場で働いている人々のことを第一に考え、現場に即した策をとることである。現場主義とは現実主義ということでもあるから、「〝よけいなお世話〟になるような行為は避けるべき[182]」である。

ちなみに、人を動かすための現場における基本は、海軍大将であった山本五十六《やまもといそろく》の「してみせて　言って聞かせてさせてみて　ほめてやらねば　ひとは動かじ」という言葉に集約される。「してみせて」とは〝率先垂範《そっせんすいはん》〟のことである。「言って聞かせて」とは〝命令と説得〟の仕方である。「ほめてやらねば」とは信賞必罰を含んだ〝誉《ほ》めると叱《しか》る〟ことの使い分けである。

惻隠の情と人事の要諦

人は理論や理屈のみで動くのではない。そこに情が働かなければ動かない。李登輝は、「相手の身になって考え、自分の利を求めず、事を達成する。これこそが愛であり、また私にとっての〝政治〟でもある」(183)と語っている。彼にとっての〝愛〟であり〝政治〟とは、相手の気持ちを忖度《そんたく》できるような、広く深い愛情に裏打ちされた「思いやり」の心である。

その心は、「克・伐・怨・欲、行なわれざる、以て仁と為すべし」をはじめ『論語』の随所に説かれている「仁」、『孟子』の「惻隠《そくいん》の心は仁の端《はじめ》なり」とある「仁」であり、仏教の「慈悲」でもある。その心を発露する心構えとして、孔子《こうし》は「己の欲せざる所を人に施すなかれ」と言い、プロシャの名君フレデリック大王は「王は国家の第一の召使である」と語り、上杉鷹山《うえすぎようざん》は「国家人民の立てたる君にして、君のために立てたる国家人民には無之候《これなくそうろう》」との辞《じ》を残した。

思いやりの心は甘えを許す情ではない。実力主義に徹することを基本にしつつ、一人一人に寄り添って個性を発揮させ、共に歩むという姿勢である。このような人としての尊厳を重んじる姿勢の下に、部下を選ぶ方法を李登輝は次のように語っている。

第一に〝経験があるかどうか〟を見た。ただし、経験がない人間でも担当させる職に関して深い見識をもっているかどうかを勘案し、それがあると判断したらその職に就けた。次に、汚職などのスキャンダルが過去にあったかどうかを見た。(中略)妻の行動や姿勢に問題が多いと、必ず主人にも問題が生じる。それから信仰である。(中略)信仰をもって初めて強い信念を貫けるからだ。(184)

この言葉は、適材適所と人の観察が大切であることを述べている。適材適所とは、仕事に応じた能力をもつ人材を配置すると同時に、各人材に向いている仕事を与えること——人をして「その処《ところ》を得せしむる」こと——である。人の観察においては、口先だけの浮薄《ふはく》にして格好《かっこう》だけの華美《かび》な人か、あるいは朴実《ぼくじつ》にして堅い人かを見分ける評価軸を自分の中に培《つちか》っておかねばならないことを述べている。人を見る眼をもつと同時に仕事の中身を知っておくこと、この両者を兼ね備えるところに人事の要諦《ようてい》があるようだ。

冷静・謙虚・忍耐　李登輝が理想とする指導者像は冷静・謙虚・忍耐という武士道精神を備えた人である。冷静とは素直になって物事を考えることである。謙虚な態度は素直な心をもつ時に現れる。忍耐とは諦《あきら》めずに辛抱《しんぼう》することである。

武士道精神を備えた人は「瑞々しい感受性。事物に接して物怖じしていない。さらに偏見がない。事実を事実として受け止め、表出している題目にどう解決を見出していくか(185)」を考え、勇断に満ちた果敢《かかん》さをもっている。

このような態度・姿勢の持ち主は肯定的思考の持ち主である。肯定的思考は意志の力によるものであり、肯定的思考から肯定的な人生観が生まれる。「〝肯定的な人生観〟をもってひたむきに生きてきたことが、私の運命に影響を及ぼした可能性はあるだろう(186)」と語る李登輝は意志の人であった。

ちなみに、肯定的思考をもたらす意志は運命に影響する。経営の神様と称された松下幸之助《まつしたこうのすけ》が語るには、人それぞれがもっている運命は人生を決める九〇％を占めている。残り一〇％は意志の力であり、意志に基づく成果であって、学問や修養によって培われるものである。しかし、この一〇％の意志の力によって九〇％の確率で定められる運命をも変えることが出来ることを鑑《かんが》みれば、意志の力がいかに強く大きいか、自分に与えられた人生を自分なりに完成させるためにはいかに大事な要素であるかがわかるであろう。

(二) 教育のあり方

徹底的に日本教育の薫陶《くんとう》を受けた李登輝は、「国づくりでいちばん大切なのは公の教育だ(187)」と主張し、これからの「多様な社会」をつくり上げていくためにも、「何と言っても〝教育改革〟がいちばん大切(188)」と語っている。

そもそも教育について李登輝は、「精神的な価値観や肉体的な価値観を尺度にして、ただ単純に〝平等〟かどうかなどと論議するものではなく、もっと深く個々の人間の性格や能力の差異(決して差別ではない)に着目して、複合的かつ多面的に判断していくべきもの(189)」と解説している。

大根作りの教育　これは、教育とは〈大根作り〉であることを意味している。人を教育する場合の心もちを、細井平洲《ほそいへいしゅう》(190)は『つらつらぶみ』の中で、「菊作りではなく、大根を作るように」と教えた。

菊作りの好きな人が菊を育てる時には、花の形が見事に揃《そろ》った菊ばかりを咲かせたいと思うから、育ち過ぎた枝を多くもぎ取り、沢山の蕾《つぼみ》を摘《つ》み捨て、伸びようとする勢いを押さえ込み、自分の思い通りに咲かない花は花壇《かだん》の中に一本も立たせないようにする。

それに反して、百姓が野菜や大根を作るときには、一本一株も大切に取扱う。ひとつの畑の中には、上手《うま》く育ったものもあれば出来損《できそこ》ないもある。大きさも大小不揃《ふぞろ》いだが、百姓はそのどれをも大事に育て、上出来も出来損ないもそれなりに食用に供する。

人を教育するには、この百姓の態度、すなわち出来の良い者も悪い者もそれぞれ大切にするという気構えが必要である。人の素質は皆異なっているから、教育者が型にはめるように押し付ける方針では、教えられる者は困惑《こんわく》してしまう。また、そのようにしては、効果は一向に上がるものでもない。

このことを渋沢栄一《しぶさわえいいち》は、「苗を長ぜしめるには水の加減、肥料の加減、草を芟除《せんじょ》することによらねばならぬのに、これを引き抜いて長ぜしめようとするのはいかにも乱暴である(191)」と述べている。

さらに、人間の発達というものは個人差があることを考慮しなければならない。早熟な子供もいれば、ゆっくりと成長していく子供もいるのである。それぞれの場合にどのようにでも対処できなければ、適切な教育は不可能(192)である。そのためには学校システムを現在の単線型から複線型に変更することも必要となるが、奇妙な平等主義が妨《さまた》げとなっている。

奇妙な平等思想は、「いわゆる〝複線型教育〟、すなわちそれぞれの生徒の個性に応じて多種多様なコースを設けることですら、〝差別主義〟だとか、〝非民主的〟だなどと批判する一部勢力(193)」の強い影響力によるものである。それは女子教育のあり方に象徴的に現れている。

李登輝はその現象を、「〝男と女は平等であるべきだ〟などというドグマに支配されているから、男女の役割の違いといったような本質的な〝区別〟さえも理解できぬまま、何でもかでも〝差別〟だと騒ぎ立てる傾向がある」のであって、「吾人が差異と不平等の区別を学ばざる限り――つまり私たちが、区別と差別を混同しているようでは、女性の地位と役割についていつまでも誤解は解けない(194)」と嘆いている。

その上で、新渡戸稲造の「女子の果したる役割は、内助すなわち〝内側の助け〟であった。奉仕の上昇段階に立ちて、女子は男子のために己を棄て、これにより男子をして主君のために己を棄つるをえしめ、主君はまたこれによって天に従わんがためであった」(『武士道』矢内原忠雄訳)という言葉を引用しながら、「それぞれのところで自分に課せられた役割を果すのだから、どちらが偉いなどという問題ではない。それぞれの役割を果しているという意味において〝平等〟である(195)」と考えることを基本に据えるように提言している。

心の教育　さて、大根作りの教育の基本は「心の教育」である。特に、今日のような「豊かな社会には、逆に心の不安や精神の腐敗が生じてきます。やたらと功利主義的になったり、自我意識が肥大して、自分の中に自分の神様をつくり上げるような自己中心的な考えの人間が出てくる。

こういった問題を、教育によって是正する必要(196)」が生じている。

したがって、教育に当っては、「人間とは何か、人間はどのように生きるべきかという哲学的な命題や、〝公〟と〝私〟の関係についての明確な指針(197)」を必要とする。それを李登輝は心霊変革と呼び、「心霊（精神）を変革することにより、われわれの社会を古い枠組みから脱出させる。そして、新しい発想で、新しい時代に臨み、新しい活力がどんどん生まれてくる(198)」ようにすべきと説いている。ちなみに、心霊という言葉は魂あるいは日本精神を意味し、かつてはそれが『教育勅語《きょういくちょくご》』に記されていた。

心霊変革の第一歩は矜持《きょうじ》である。「日本でも、もっともっと自分たちの生まれ育った国の素晴らしい面や世界に向って誇り得る点を、時代を背負って立つ子供たちに、しっかりと教えるべき(199)」と、まず自分の所属集団の素晴《すば》らしさや誇りを教えるべきことを主張している。

次に、自己意識の発見と同時にいかにしてこれを社会奉仕に繋《つな》げていくかを教えることである。自己意識の形成にあたっては、共棲《きょうせい》的環境から分離しようとする欲求と、自分を守ってくれる対象に近づこうとする欲求がある。この二つの根源的衝動は〝私〟として自覚される。

「親や周囲の人たちに育てられながら、自然発生的に〝私は私〟という自我に目覚めていく。しかし、時として自我は暴走し、傲慢になり、周囲の目にはわがままと映る」という私が前者の共棲的環境から分離しようとする私であり、「わがままと同じレベルの低い自我を退治し、自ら自覚する私[200]」が後者である。

このような社会的自我の誕生過程について李登輝は、「人間というのは、まず自己意識が発生する。そして、その自己意識の発生から、エゴが、自我が先行し始める。しかし、自我だけでは人間は生きていけない。〝自我〟以外にも〝他我〟があるだろうし、いろんな社会的規範もある。（中略）これが〝社会〟というものなんですよ。決して、人間は一人では生きられない。自分は何のためにあるのか。結局、社会全体があるから、自分があるんでしょう。自己の存在というのは、結局、社会の存在によって担保されているのです[201]」と解説している。

さて、李登輝は自己意識と社会関係との調整を武士道という日本の文化に由来する道徳に求めている。道徳という土壌の上に二十世紀の日本の発展が成り立ったことに鑑《かんが》みれば、政治と宗教の分離がルールとしてある以上、「道徳の基準となるものを教養として教育に取り入れ」、「教養を通して精神性を高め、その過程で道徳の〝核〟となるものを磨いていく[202]」に如《し》くはないからである。

このような教育は特に青年期に必要とされ、人間の精神的な発展と陶冶《とうや》を促すために読書（特に古典を読むこと）を学生たちに勧《すす》めている。李登輝は青年期について、「激しい自我の目覚めに続いて、私の内に起って来たのは、〝人間とはなにか〟あるいは〝人生とはどうあるべきか〟という問いだった。（中略）私が影響されたのは〝自我を抑える〟という考え方だった(203)」と振り返っている。

そして、少年にとって、古今東西の先哲の書物や言葉にふんだんに接する機会を与えてくれた日本の教育、教養のシステム(204)に大いなる感謝を表している。

かつての日本教育

李登輝の提言する武士道精神は、かつての日本教育の中に育《はぐく》まれていた。李登輝は、「アメリカの教育は現象をとらえるだけの表面的なものだ。根本的に教養を養い、精神的な価値を考えさせられたのは日本の教育である(205)」と、戦前の日本の教育を高く評価している。

かつての日本の教育は、「実践」と「教養」によって「品格」を磨《みが》くことを基本としていた。「日本的教育の長所として、武士道精神に代表される〝実践〟があります」「〝実行する〟という意味においては、最も徹底していたのはやはり戦前の日本の教育です(206)」と、実践躬行《じっせんきゅうこう》の教育を高く評価する李登輝である。

実践躬行の原点は「勇気」である。勇気の育み方について、李登輝は武士の教育を手本とし、「かつて日本の母親は、子供に我慢や忍耐を求めたという。子供は母の懐を離れないうちから、武人の物語を何度も繰り返し聞かされた。あるいは、どこか痛いところがあると子供が泣けば、母は〝これしきの痛みで泣くとは、なんという臆病者です！戦場であなたの腕が斬り取られたらどうします？　切腹を命ぜられたときはどうする？〟と叱ったものだと聞く」[207]と述べている。

また、かつての日本のエリートたちは、「金銭や権力は一時的なものにすぎず、〝品格〟〝教養〟〝愛国〟〝愛民〟などの精神的な価値こそが生涯を通じて追及すべきもの」[208]と教えられ、「歴史、哲学、芸術、科学技術など各方面を学ぶことで総合的な教養を育成」[209]していた。

教養とは学問によって身につける知識だけではなく、精神の修養などを通して得られる活力や心の豊かさも含んでいた[210]のであり、それを基盤として国を愛し、国民を愛する心を養っていた。

戦後日本において懦弱《だじゃく》な日本人が育成された原因を黄文雄《こうぶんゆう》は、武の精神や修練・稽古《けいこ》を否定したこと並びに極端な平等思想にあると分析している。「戦前の日本の教育水準は非常に高く、また教師達が皆教育に情熱を燃やしていた上に、なにより愛情をもって子供達に接していた」[211]という戦前の教育を再評価することが求められているようである。

註

（1）（2）　蔡焜燦『台湾人と日本精神――日本人よ胸を張りなさい――　新装版』小学館、二〇一五年。
（3）　李登輝『日台の「心と心の絆」――素晴らしき日本人へ――』宝島社、二〇一二年。
（4）　蔡『台湾人と日本精神』。
（5）　李登輝『台湾の主張』ＰＨＰ研究所、一九九九年。
（6）（7）　李登輝『熱誠憂国――日本人へ伝えたいこと――』毎日新聞出版、二〇一六年。

(8)(9)(10)　角間隆『李登輝――新台湾人の誕生――』小学館、二〇〇〇年。
(11)　李登輝・浜田宏一『日台IoT同盟―第四次産業革命は東アジアで爆発する―』講談社、二〇一六年。
(12)　李『熱誠憂国』。
(13)　李・浜田『日台IoT同盟』。
(14)　李『熱誠憂国』。
(15)　李『台湾の主張』。
(16)　日本李登輝友の会編『李登輝訪日　日本国へのメッセージ――2007旅と講演の全記録――』まどか出版、二〇〇七年。
(17)(18)(19)　李・浜田『日台IoT同盟』。
(20)　李登輝『李登輝より日本へ贈る言葉』ウェッジ、二〇一四年。
(21)　李『熱誠憂国』。
(22)　李『李登輝より日本へ贈る言葉』。
(23)　李『台湾の主張』。
(24)　李登輝著、陳鵬仁訳『台湾がめざす未来――中華民国総統から世界へのメッセージ――』柏書房、一九九五年。
(25)　中嶋嶺雄・李登輝『アジアの知略――日本は歴史と未来に自信を持て――』光文社、二〇〇〇年。
(26)　李『台湾の主張』。
(27)　李『日台の「心と心の絆」』。
(28)(29)　李登輝『「武士道」解題――ノーブレス・オブリージュとは――』小学館、二〇〇三年。
(30)　李『日台の「心と心の絆」』。
(31)　李『李登輝より日本へ贈る言葉』。
(32)(33)　李『「武士道」解題』。
(34)　李『李登輝より日本へ贈る言葉』。

(35)(36) 李登輝・小林よしのり『李登輝学校の教え』小学館、二〇〇一年。
(37) 李『台湾の主張』。
(38) 李・小林『李登輝学校の教え』。
(39)(40) 李『台湾の主張』。
(41) 李・小林『李登輝学校の教え』。
(42) 李『台湾の主張』。
(43) 李登輝『最高指導者の条件』PHP研究所、二〇一三年。
(44) 李『李登輝より日本へ贈る言葉』。
(45) 李『日台の「心と心の絆」』。
(46) 李『最高指導者の条件』。
(47) 李『日台の「心と心の絆」』。
(48)(49) 李『台湾の主張』。
(50) 李・浜田『日台IoT同盟』。
(51) 李『「武士道」解題』。
(52) 李『李登輝より日本へ贈る言葉』。
(53) 第二次世界大戦後に東京に設置されたGeneral Headquarters 連合国最高司令官総司令部。
(54) War Guilt Information Program「戦争についての罪悪感を日本人の心に植えつけるための宣伝計画」、略称：WGIP)。
(55)(56) 李『李登輝より日本へ贈る言葉』。
(57) 李・小林『李登輝学校の教え』。
(58)(59) 李『李登輝より日本へ贈る言葉』。
(60)(61) 李・小林『李登輝学校の教え』。

(62) 勝岡寛次『抹殺された大東亜戦争――米軍占領下の検閲が歪めたもの――』明成社、二〇〇五年。
(63) 江藤淳『閉された言語空間――占領軍の検閲と戦後日本――』文春文庫、一九九四年。
(64) Civil Censorship Detachment（略称ＣＣＤ）。
(65) 江藤『閉された言語空間』。
(66) 保阪正康『占領下日本の教訓』朝日新書、二〇〇九年。
(67) 竹山道雄「文化の形態と接触」(『日本文化研究　1』新潮社、一九五八年所収)。
(68)(69)(70) 江藤『閉された言語空間』。
(71) 保阪『占領下日本の教訓』。
(72) 蔡『台湾人と日本精神』。
(73) 李・小林『李登輝学校の教え』。
(74) ＧＨＱ最高司令官として占領政策の実施にあたったダグラス・マッカーサー（Douglas MacArthur）は、昭和二十六（一九五一）年五月、米国上院の軍事外交合同委員会において、先の大戦は日本の自衛戦争であったと証言した。先の大戦が日本の自衛戦争であったことを傍証する史実である。
(75) 欧米列強の植民地と化していたアジア諸国を解放する意味が込められていた「大東亜戦争」という呼称は、ＧＨＱの指令（昭和二十年十二月十五日付のいわゆる「神道指令」）によって「太平洋戦争」The Pacific War と呼ぶようになった。今次大戦は主に対米戦争であり、主戦場は太平洋であったことをイメージさせる狙いがあったようである。
(76)(77) 秦郁彦『裕仁天皇五つの決断』講談社、一九八四年。
(78) 和辻哲郎『風土』岩波文庫、一九七九年。
(79)(80) 黄文雄『日本人が台湾に遺した武士道精神』徳間書店、二〇〇三年。
(81) 李『熱誠憂国』。
(82) 日本李登輝友の会編『李登輝訪日　日本国へのメッセージ』。

(83)(84)(85)(86) 李『李登輝より日本へ贈る言葉』。
(87) 李『「武士道」解題』。
(88)(89) 山岡淳一郎『後藤新平 日本の羅針盤となった男』草思社、二〇〇七年。
(90)(91) 蔡『台湾人と日本精神』。
(92) 黄『日本人が台湾に遺した武士道精神』。
(93) 司馬遼太郎『街道をゆく四十 台湾紀行』朝日文庫、一九九七年。
(94) 李『台湾の主張』。
(95) 李『「武士道」解題』。
(96) 李『最高指導者の条件』。
(97) 鈴木大拙『禅と日本文化』岩波新書、一九八六年。
(98) 李『「武士道」解題』。
(99) 黄『日本人が台湾に遺した武士道精神』。
(100) 蔡『台湾人と日本精神』。
(101) 日本李登輝友の会編『誇りあれ、日本よ――李登輝・沖縄訪問全記録――』まどか出版、二〇〇九年。
(102) 井尻秀憲『李登輝の実践哲学――五十時間の対話――』ミネルヴァ書房、二〇〇八年。
(103) 李『李登輝より日本へ贈る言葉』。
(104) 仏教では、人間に備わっている六つの感覚(色・声・香・味・触・法)を作用させている器官である眼・耳・鼻・舌・身・意を六根と言い、これが人間の生存活動を働かせていると説いている。六根清浄とは、天台の教説では菩薩の位の一つだが、山岳修行の際に唱えるのはこの六根を浄め祓うことを意味する。
(105) 鈴木『禅と日本文化』。
(106) 日本李登輝友の会編『誇りあれ、日本よ』。
(107) 李『「武士道」解題』。

(108) 李『日台の「心と心の絆」』。
(109) 日本李登輝友の会編『誇りあれ、日本よ』。
(110) 李『李登輝より日本へ贈る言葉』。
(111) 李『李登輝訪日　日本国へのメッセージ』。
(112) 新渡戸稲造著、矢内原忠雄訳『武士道』岩波文庫、一九三八年。
(113) 日本李登輝友の会編『誇りあれ、日本よ』。
(114) 金銭を忌み嫌って言う言葉。古武士の言う〝汚いもの〟の意。
(115) 李『「武士道」解題』。
(116) 新渡戸『武士道』。
(117) 日本李登輝友の会編『誇りあれ、日本よ』。
(118) 李『熱誠憂国』。
(119) 日本李登輝友の会編『誇りあれ、日本よ』。
(120) 李『李登輝より日本へ贈る言葉』。
(121) 黄『日本人が台湾に遺した武士道精神』。
(122) 新渡戸『武士道』。
(123) 金谷治訳注『論語』「里仁篇十五」岩波文庫、一九九九年。
(124) 金谷訳注『論語』「顔淵一」。
(125)(126) 李『「武士道」解題』。
(127) 新渡戸『武士道』。
(128)(129)(130)(131)(132) 李『「武士道」解題』。
(133) 新渡戸『武士道』。
(134) 『菊と刀』は、戦争の勝利を確信した米国政府が、戦後の日本統治のために、人類学者のベネディクト Ruth

Benedict に日本人の性格や行動様式の研究を依頼したその成果であった。彼女はこの本の冒頭で「日本人は、アメリカがこれまでに国をあげて戦った敵の中で、最も気心の知れない敵であった。」と述べている。

(135)(136)(137) 李『「武士道」解題』。

(138) ヌエ（鵺・鵼）は、猿の頭、狸の胴、蛇の尾、虎の手足をもち、鳴き声はトラツグミという姿の伝説上の怪獣。『平家物語』や謡曲に登場していて、正体不明の存在を示す言葉となっている。

(139) 日本李登輝友の会編『誇りあれ、日本よ』。

(140) 李『最高指導者の条件』。

(141) 李『李登輝学校の教え』。

(142) 李『台湾の主張』。

(143) 李・浜田『日台IoT同盟』。

(144) 李『熱誠憂国』。

(145) 上坂冬子『虎口の総統李登輝とその妻』講談社、二〇〇一年。

(146)(147) 李『最高指導者の条件』。

(148) 李『日台の「心と心の絆」』。

(149) 李・小林『李登輝学校の教え』。

(150) 李『台湾の主張』。

(151) 李『最高指導者の条件』。

(152) 李『李登輝より日本へ贈る言葉』。

(153) 李『最高指導者の条件』。

(154) 李『李登輝より日本へ贈る言葉』。

(155)(156)(157) 李『最高指導者の条件』。

(158) 李『熱誠憂国』。

(159) 李『最高指導者の条件』。
(160) 李『台湾の主張』。
(161) 李『李登輝より日本へ贈る言葉』。
(162) 李『最高指導者の条件』。
(163) 李『熱誠憂国』。
(164) 李『最高指導者の条件』。
(165) 李『李登輝より日本へ贈る言葉』。
(166) 李『最高指導者の条件』。
(167) 李『李登輝より日本へ贈る言葉』。
(168)(169) 李『最高指導者の条件』。
(170) 李『熱誠憂国』。
(171)(172)(173)(174)(175)(176) 李『最高指導者の条件』。
(177) 新渡戸稲造は、太田道灌が殺される時ですら「平静の心」を失わなかったと『武士道』第四章「勇・敢為堅忍の精神」(矢内原忠雄訳)で語っている。刺客が「かかる時さこそ命の惜しからめ(このようなときこそ命が惜しいと思うだろう)」と上の句を詠んだところ、道灌は息も絶え絶えに「かねて無き身と思ひ知らずば」(かねてより無常の身だと知らなければそうだろうが、自分は日頃から覚悟がある)と下の句を返したのである。
(178) 同書同章には、さらに、天下無双の弓の名手だった源義家と敗軍の将である安倍貞任の話を続けている。衣川の合戦で、追いつめられて逃げる貞任に向って義家は「衣のたてはほころびにけり」(衣川の館も貴殿の衣もほころびてしまったぞ)と呼びかけた。すると、貞任は即座に「年を経し糸の乱れの苦しさに」(長年の苦しみに耐えられないので)と、衣にかけて糸と詠んだ上の句を返した。その見事な返歌に義家は直ちに引き絞った弓を緩め、貞任の逃げるに任せたという。十三世紀中頃の『古今著聞集』は、武士も連歌をなす教養があり、和歌は命を救う力があることを示す逸話として描いている。

(179) 李『李登輝より日本へ贈る言葉』。
(180) 李『最高指導者の条件』。
(181) 李『李登輝より日本へ贈る言葉』。
(182) 李『台湾の主張』。
(183)(184) 李『最高指導者の条件』。
(185) 日本李登輝友の会編『李登輝訪日　日本国へのメッセージ』。
(186) 李『最高指導者の条件』。
(187) 李・中嶋『アジアの知略』。
(188)(189) 李『「武士道」解題』。
(190) 細井平洲：一七二八～一八〇一。江戸中期の儒学者。米沢藩上杉治憲（鷹山）に招かれ、藩校興譲館を創立。のち、尾張名古屋藩の侍講、藩校明倫館の督学となった。
(191) 渋沢栄一「親切らしき不親切」（梶山彬編『論語と算盤』国書刊行会、一九八五年所収）。
(192) 李『台湾の主張』。
(193)(194)(195) 李『「武士道」解題』。
(196)(197) 李・小林『李登輝学校の教え』。
(198) 李『台湾の主張』。
(199) 角間『李登輝』。
(200)(201) 李『熱誠憂国』。
(202) 李『李登輝より日本へ贈る言葉』。
(203) 李『台湾の主張』。
(204) 日本李登輝友の会編『李登輝訪日　日本国へのメッセージ』。
(205) 李『最高指導者の条件』。

(206) 李『日台の「心と心の絆」』。
(207)(208) 李『最高指導者の条件』。
(209) 李『李登輝より日本へ贈る言葉』。
(210) 日本李登輝友の会編『誇りあれ、日本よ』。
(211) 蔡『台湾人と日本精神』。

第五章　これからの台湾と日本

松井嘉和

昭和四十七年の日中国交正常化以来、日本政府は大陸の中華人民共和国を国家として承認し、台湾を国家として認めていない。その結果、政府が関係する文書から台湾を国と思わせる言葉の使用が排除されている。どんな表現が排除されるかは、中華人民共和国の意向に委ねられていると言わざるを得ないのが現状である。

その典型は、台湾を「地域」と呼ぶことに見られる。その「地域」とは、中華人民共和国が実質的に支配していないが、自国の領土で一つの省だと主張して国際連合にも認めさせている島々を指す。

しかし、多くの人々が単純にそこに国家があると思っている。台湾の存在は、我々に「国家とは何か」を考えさせるのである。

二二八国家記念館（台北市中正区、浜島直隆撮影）

国家を考える

戦後の日本社会は「国家」という言葉に極端な拒否反応を示す。「国家＝悪」と刷り込まれている人が多くいるからである。このような刷り込みが行われた原因（ルーツ）は二つある。

一つ目はマルクス主義者による刷り込みである。講談社の『現代哲学事典』[1]は、「国家（英state）」という見出語を、マルクス、エンゲルス、レーニンの著作を参考文献に掲げて「人間たちのあいだに支配する階級と支配される階級との分裂が生じた時、国家が成立した。そして国家は法とそれを背後から支える暴力装置（軍隊・警察、等）とを備えた統治機構であり、権力機構である」と説明し、「われわれが人類のトータルな解放をめざすかぎり、国家は徹底的に否定され、廃滅させられねばならない」と解説ならぬ主張をする。

二つ目は、第四章で本島が詳説しているように、日本民族を精神的にも解体しようとした占領軍（GHQ）の洗脳教育による刷り込みである。それにより国家＝国家主義＝戦前の日本＝軍国主義＝悪という図式が宣伝・検閲・教育によって日本社会を席巻《せっけん》し、同時に、国家に対抗・対立する国民＝民主主義の担い手＝善という図式が滲透《しんとう》した。

この二つの論から、国家とは一部支配者の道具（機構）との見方が蔓延《まんえん》するようになった。一部支配者とは資本家・権力者・国家主義者（保守主義者）を指し、道具（機構）は本質的に暴力装置であるとする。権力という暴力装置を具《そな》えている国家機構は一部支配者の手にあり、国民（被支配者）は彼らと対立する位置にいるから、国家を解体しなければ国民の自由はないことになる。

このような論の展開、すなわち「国家は一部支配者の道具」「国家は暴力装置」という言説の流《る》布《ふ》が「国家＝悪」との観念を醸成《じょうせい》したのである。

しかし、李登輝《りとうき》の〝国家〟観は異なる。プルーラル・ソサエティ（plural society〈一人一人の差異や存在を認める社会、多様性の中で自分なりの生き方を見つけることのできる社会〉）の上にあるものを国家と定義している。多様な価値観を平和共存させるために、それらを止揚《しよう》したところに現れるまとまりを意味しているようである。

〝国家観〟の現状

現在、一般的に国家とはどのように考えられているのか。『大辞泉』には「一定の領土とそこに居住する人々からなり、統治組織をもつ政治的共同体。または、その組織・制度。主権・領土・人民がその三要素とされる。」と説明され、『広辞苑』は「一定の領土とその住民を治める排他的な権力組織と統治権とをもつ政治社会。近代以降では通常、領土・国民・主権がその概念の三要素とされる。」と説明している。

これからも明らかなように、国家は政治的共同体という概念で説明されている。その理由は、現在、支配した一定の領土に文化背景を共有しない住民がいるという多言語多民族の国家が多く、その定義で間に合うからだ。

国境も自然的で、地方々々の習慣と信仰を残して習合させながらも祭祀《さいし》によって統一を実現してきた国の日本人には、一国多言語多文化の国の存在を身近に感じることがむずかしく、アフリカや中東地域の国境が一直線に引かれている不自然も気にならない。

地球上の多くの地域で、領土・国民・主権があれば国家が成立しており、文化的共通性が国家形成の根本要素でなくなっている。いわゆる大航海時代以降、白色の西洋人が有色人種を隷属させて世界を植民地支配するようになり、各地で人為的に国境が定められた。それは、国境と言うより、支配者たちの都合による支配地域の分割線であった。

国境線の画定が地図に線を引くだけで完成し、多民族・多言語の人々が一つの権力によって支配下に収められている国々はその典型だ。アフリカの不自然な国境画定について、松本仁一は、典型的な事例を紹介している。

そこに住む人々の生活などに関係なく、自分（筆者註：植民地支配者）たちの力関係でアフリカに国境線を引いた。その典型的な例が東アフリカのケニヤとタンザニアの国境だ。（中略）この奇妙な国境は一八八四年十一月に開かれたベルリン会議で決まった。（中略）その長い会議期間中にドイツ皇帝のウィルヘルム二世が誕生日を迎えた。英国のビクトリア女王が誕生祝いに何が欲しいか尋ねる。すると皇帝は「万年雪のある山を一つわけてもらえないか」と答えた。（中略）両国の国境は住民の生活の都合など関係なく、英独の力関係だけで決まった。国境線はあるところでは一つの部族の居住地区の真ん中を突っ切り、二つの国に分断した。勝手な国境線はまた、利害の相反する複数の部族を一つの国の中に取り込むことになった。[2]

大航海時代以来、西洋人は世界をわが物に収め、地域に根ざす文化を無視し、暴力をもって国境を定めてきた。その結果、近現代は、強引な人の作為によって支配地域が定められた国家が多く見られる時代となったのである。

国家の根本

尾高朝雄《おだかともお》は『国家構造論』で、国家とは「社会を基体《きたい》とし、政治を動態原理、法を静態原理として活動する社会団体」と定義している。[3]

国家の基盤（基体）と尾高が指摘する社会を成立させている根本は〝文化〟である。異なる文化が共存する多民族社会では、多様な文化を止揚したところに生じるアイデンティティが確立されなければ、その社会は対立を惹起《じゃっき》して不安定になる。アイデンティティとは「自己同一性」「自我同一性」と訳されているが、自分が自分である根拠、自分の存在意義を確認することであって、異なる文化を有する他者と自分が共存するための不可欠な基盤である。

社会が安定するには国民に共有される規範がなければならない。その社会規範は慣習のレベルから強制力をもった法のレベルまで幅が広いが、アイデンティティに基づいた原理原則が共有されていなければ、対立が生じる。その原理原則の最たるものは国家理念あるいは建国の理念であり、それが国際社会や国民から認知されて、政権の正統性が確認される。

建国の理念は、制度的には憲法などの法によって明文化されて示されることが多いが、社会の成員、国民がその正統性を納得するのは、文化的な背景つまり伝統の有無が重要な条件となる。明示される法の背景には、歴史・文化に基づく規範並びに国家理念に基づく規範が不可欠なのである。

法とはある時点の社会状況を前提としている。だから静態原理というのであるが、社会とは常に変化するものである。変化の過程においては対立が生じ、現行社会規範の矛盾が露呈し、成員間に軋轢《あつれき》が生じる。これら対立・矛盾・軋轢を調整して安定した秩序をもたらす過程を〝政治〟という。したがって、政治は動態原理となる。

この政治は既存の法に則《のっと》って行われるが、最終的には新たな法の定立となって社会の安定を目指す。ここに、政治の作用は法の作用となり、動態たる政治は静態たる法に帰一する。これらの過程は無原則に行われるのではなく、アイデンティティに基づいて行われなければ対立を生じるだけで、解決が容易ではなくなる。

このような観点から見ると、国家の根本には国家としてのアイデンティティが不可欠であることがわかる。それがない場合、権力を有する者は強権によって身勝手な世界観を作り出し、人民はそれを強制されるという独裁政治となる。そのような状態にあった欧州の一党独裁国家は、二十世紀の後半になって姿を消した。

これからの台湾と日台関係

今日の台湾には、台湾という国家意識がなく、大陸の政権と誼《よしみ》を通じようとしている人がいる。彼らの目には映らない大陸(中国人)から見た台湾を、王育徳《おういくとく》は〝台湾の原罪〟として次のように整理している(4)。

その一つ目は、台湾人が本質的に華僑《かきょう》であるということである。華僑は、中華思想からすれば、中国を棄《す》てて夷狄《いてき》の地に住む異端である。だから清末まで中国の歴代王朝は華僑を無視しさげすんだ。その蔑視《べっし》の思想が民衆の一人一人にしみこんでいる。ちなみに、現代に入って中国政府が華僑政策に力を入れるのは、華僑の金と忠誠が欲しいためで、軽蔑の念は依然として消えていない。

その二つ目は、台湾人が五十一年にわたって日本の植民地支配を受けたことである。香港も同じく植民地支配を受けたが、香港の場合は割譲《かつじょう》した相手がイギリスであった。イギリスは白人の国で、中華思想的世界の枠外であるが、日本は中華思想的世界のなかで東夷《とうい》に位置づけられる。中国人の白人崇拝と日本人蔑視《べっし》とがここに鮮やかなコントラストをなしている。

また、イギリス人は容貌魁偉《ようぼうかいい》かつ中国より進んだ文明をもつ。しかし、日本人は倭蛮で、文化は中国から輸入されたものあるいは白人の猿真似《さるまね》である。倭人とは小人《こびと》の意味だったという説もある。そんな日本に植民地支配された台湾人はけがらわしい存在とみなされた。

その三つ目は、そんな日本の植民地支配を受けたのなら、当然悲惨な状態にあってしかるべきなのに、実際は中国に先んずる近代化を遂げ、飛躍的な生産力の増大、教育の普及向上、衛生施設の整備など中国よりも豊かな生活を送り、民度も高い。それがまた中国人の自尊心を傷つけずにおかぬのである。

王育徳はこれら〝原罪〟に加えて、共産中国に併呑《へいどん》されると四つ目の「原罪」が付加されると言う。蔣政権の反共教育を受けたということに加えて「堕落した資本主義経済」に耽溺《たんでき》したという余罪も加わるのである。要するに、台湾人は中国人の政権の下では軽蔑され、「二等国民」として差別を受ける運命を免《まぬか》れることが出来ないということである。

台湾意識　日本と中国（中華民国）という二つの世界を経験した台湾人は、大陸に誼《よしみ》を通じることが何を意味するかを熟知しており、「ひとつの独立した〈台湾人〉が自らのあるべき位置を形成する」(5)という自覚をもつようになった。そして「自分たちの文化上の系譜《シナ》を否定し、異質な《日本》を手がかり足がかりにして新たな台湾国民を創出しよう、そういう強烈な意志であり、情念」(6)に溢《あふ》れている。

このような主体の観念を〝台湾意識〟というが、これこそ台湾本省人の自己確認あるいは自己認識なのであろう。

その意識を王育徳は、「台湾人のほとんどは大陸に行ったこともなく見たこともない。中国は遠い昔、そこから祖先が渡ってきた国で、ただそれだけのことであって、台湾人の祖国は台湾以外にはないのである」(7)と表現している。

大陸の中国人は台湾が駄目《だめ》ならアメリカや南米へと流亡《るぼう》を続けるか、あるいは大陸への回帰を考えればよいが、台湾人には台湾以外に行き場がない。行き場がない以上は台湾を防衛するしかない。台湾意識とともに追いつめられた状況が下から上を突き上げる民衆の力となり、長い時間、多数の犠牲者を出しながらも、国民党を譲歩させていくこととなったのである。

現実の課題　しかし、台湾の置かれた状況に鑑みると、多くの課題が山積している。その一つが、「二つの中国論」である。

李登輝は総統の任にあるとき、中国の現状を、「一つの中国は私たちの目標で、台湾と中共は二つの政治的実体であり、今の段階では一つの中国はない」(8)と解説していた。すなわち、国家としては一つだが二つの政治実体があるという分裂・分治の状態にあり、「台湾にある中華民国」と「大陸にある中華人民共和国」が二つの主権国家であると認めたものではないと言っている。したがって、大陸が政治的に民主化されて公平な社会が実現し、軍隊が共産党所属ではなく国家に属する軍隊となったとき、お互いに統一を考えましょうという一九九一年の「国家統一綱領」となるのである。

その一方で、台湾の内治においては「中華民国の台湾化」を図ろうとし、その第一歩として一九九八年に「台湾省廃止」が行われた。中華民国の台湾化とは、大陸までをも含む潜在的な主権があるとの妄想《もうそう》を捨て、今の中華民国を台湾における第二共和国(ニュウ・リパブリック)と位置づけることである。

そもそも、中華民国は一九一二年の建国以来主権をもつ国家であるから、主権と地位を保全しつつ憲法に従って内容を変えれば台湾は独立を宣言する必要などない。また、このような位置づけによって現実的な対応が可能となり、「反共」「大陸光復（復帰）」という国是《こくぜ》を捨て、両岸交流できるような状態が作れる。このような新しい生存空間を求めて飛躍しようとしたのである。

この背景には、「台湾人に生まれた悲哀」が横たわっている。五〇〇年にわたり移住者によって支配された台湾から、台湾人の台湾を取り戻す願いが込められている。この気持ちは、黄文雄《こうぶんゆう》の「台湾は大航海時代以降には列強争奪の地となったものの、古来からいかなる国にも所属していなかった。また、大東亜戦争以後、日本が台湾の領有権を放棄した以上、現在も台湾住民以外どの国も領有権がないのは明らかである」(9)という歴史認識にも表れている。

台湾アイデンティティ　さて、台湾人に生まれた悲哀をもつ李登輝は、国民党独裁の体制を終らせて新しい民主主義社会を作ろうとした。その社会とは、「私は私でない私」という人間観に基づいた一視同仁《いっしどうじん》の社会である。

そもそも李登輝には、「台湾はアメリカのような移民国家です。〝アメリカ人〟と同様、〝台湾人〟は地縁や血縁を頼りに集まった人々ではなく、多元的で開放的な社会を構成し、自由な結合状態を保ちながら、民主・自由の理念の下に共生する人々の集合体なのです」(10)という認識がある。

その集合体に必要とされるのが、「いつの時代でも台湾という島にやってきた人々を、省籍・国籍を問わずすべて〝台湾人〟であると考える」(11)意識である。その意識の下に、「〝どう幸福を追求するか〟〝世界をどう変えるか〟というユニバーサルな意味をもったアイデンティティ[12]」を確立することが重要と李登輝は考えている。

排他的《はいたてき》ではなく、また単なるナショナリズムでもないこの台湾アイデンティティは、中華世界の原理に根本的に反するだけでなく、中華世界的政治秩序に対する一種のチャレンジでもある。そのことを李登輝は、「台湾の国民による共同体意識は民主的であるべきで、決して民族的であってはならない。（中略）新しい時代の台湾人とは、決して総人口に占める割合が多い民族グループが主体となって台湾民俗を構成するのではない。一視同仁に基づき、すべての人々が平等な公民であると見なされるべきである[13]」と語っている。

台湾アイデンティティは社会の発展とともに、あるいは民主化の進展と軌《き》を一《いつ》にして、民意に基づき、政治的にも非常に成熟した社会の中で形成されるものである。したがって、「台湾における民主化は、台湾アイデンティティの追求とは切り離せない関係[14]」にある。

逆に、民主化をともなわないアイデンティティの強化は、かえって民族紛争を誘発する恐れが生じる。民主化の進展とアイデンティティの深まりがあってこそ台湾に魅力を感じるのであって、「ここにおいて初めて、中国と台湾は〝特殊な国と国との関係〟だという新しい問題提起が可能[15]」となるのである。

その新しい問題提起は、「厳然たる主権国家としての台湾の存在を国際社会に明白に位置づけるとともに、アジアの国際関係の空間を中華世界から解放(16)」するという壮大な歴史の転換を伴うものである。

日台の将来　このような広大な構想を抱く李登輝は日台の関係を、「平等な互恵関係の上に成り立つ運命共同体」と考えている。台湾を中国の一部であると見てはならないと警告を発しつつ、「台湾なくして日本はあり得ない。同様に、台湾も日本なくしては存在し得ないことを、じっくりと考えていただきたいのです(17)」と日本人に語りかける。

二〇〇七年六月一日の国際文化会館での講演では、「日本と台湾との関係は同胞精神にもとづくものであり、欧州的植民地政策として行政によるものではない。従って大戦後、台湾が日本の統治を離れてもなお、日台関係は他の第三国等が計り知れない程深い縁がある。この関係を将来にわたり大事にしていきたい」と語っている。

日々刻々と変る国際情勢のなかにあって、日台の絆《きずな》を未来へ向けてますます強くしていかねばならないと訴える李登輝の日本への言葉は、まさに身内を思いやる心情から発せられたものである。

その心の奥には、日本精神を与えてくれた明治日本人への恩義があり、その明治日本人を忘れた現代日本人への警告と復活への期待があり、さらには、日本精神を具《そな》えた日台両国が「社会正義のある民主・自由の国家を打ちたてる」ことを将来目標にしたいという理想があるようである。

註

（1）山崎正一、市川浩編『現代哲学事典』初版、講談社現代新書、一九七〇年。
（2）松本仁一『アフリカは今──カオスと希望と──』（カルチャーラジオ歴史発見テキスト）NHK出版、二〇一六年。
（3）尾高朝雄『国家構造論』岩波書店、一九三六年。
（4）王育徳『台湾海峡』日中出版、一九八三年。
（5）井尻秀憲『李登輝の実践哲学──五十時間の対話──』ミネルヴァ書房、二〇〇八年。
（6）鈴木満男『日本人は台湾で何をしたのか──知られざる台湾の近現代史──』国書刊行会、二〇〇一年。
（7）王『台湾海峡』。
（8）李登輝『台湾がめざす未来──中華民国総統から世界へのメッセージ──』柏書房、一九九五年。
（9）黄文雄『日本人が台湾に遺した武士道精神』徳間書店、二〇〇三年。
（10）李登輝『李登輝より日本へ贈る言葉』ウェッジ、二〇一四年。
（11）黄『日本人が台湾に遺した武士道精神』。
（12）李登輝・中嶋嶺雄『アジアの知略──日本は歴史と未来に自信を持て──』光文社、二〇〇〇年。
（13）李登輝『熱誠憂国──日本人へ伝えたいこと──』毎日新聞出版、二〇一六年。
（14）李登輝・小林よしのり『李登輝学校の教え』小学館、二〇〇一年。
（15）（16）李・中嶋『アジアの知略』。
（17）李登輝『日台の「心と心の絆」──素晴らしき日本人へ──』宝島社、二〇一二年。

おわりに

本書は、「台湾を知ってもらいたい」というユナイテッド・ツアーズ社（以下、「ＵＴ社」という）の山本龍二社長の一言から始まった。ＵＴ社はこれまで台湾旅行の周旋を通じて、日台間に強いパイプを築いてきた会社である。

ＵＴ社では、既に、『若者に知って欲しい台湾の歴史』（古川勝三著）や『台湾の礎を築いた日本人たち』（緒方英樹著）を私家版として出版するなど、台湾理解の啓発に努めていた。このような歴代社長の台湾に対する熱い思いを引き継いだ山本社長から、さらに広く深く台湾を知らしめることを依頼され、松井嘉和を中心として研究者が集い、短時日のうちに『台湾と日本人』という報告書が出来上がった。

その報告書は、右記の私家本の内容を深め、かつ補填することを心掛けて作成された。その際、重点的に補填した点は、明治維新の世界史的意義と後藤新平の統治理念の再確認であり、これらを通じて日本の領有時代の意義を確認したところである。そして、その補充点を李登輝の言葉によって裏付け、彼の提言から今後の日本と台湾を考える視点を学ぼうとしたのである。なぜならば、東アジアの小さな島国が西洋列強の侵略から独立を守り抜いた、その精神を範としていた彼の言葉が、我々にとっても明治の精神を再確認するために有益であることを発見したからである。

本書は、その報告書の要点をまとめた抜粋である。したがって、説明不足や言葉足らずの箇所があるが、ご海容願いたい。また、本書の刊行に際して、UT社の阿比留真二台湾事業部長と本間昇渉外部長並びに錦正社の中藤政文会長と中藤正道社長に大変お世話になった。心から謝意を表する次第である。

平成三十年二月　　松井嘉和

大葉勢　清英(おおはせ　きよひで)

日本青年協議会代表。昭和 46 年（1971）福岡県生れ。佐賀大学卒、「祖国と青年」編集長、同会組織運動部長などを歴任。

江崎　圭伊子(えざき　けいこ)

川崎市立小学校教諭。福岡県生れ。福岡教育大学卒。

丸　幸生(まる　ゆきお)

京華商業高校地歴公民科講師。昭和 29 年（1954）千葉県生れ。中央大学卒。京華商業高校社会科教諭を経て現職。

著作：◇『教科書が教えない歴史』(共著）◇『学級経営に活かす教育相談』(共著)。

清家　和弥(せいけ　かずや)

認定ＮＰＯ法人まほろば教育事業団専務理事・事務局長。昭和 40 年（1965）福岡県生れ。福岡大学卒。

齋藤　洋子(さいとう　ようこ)

学習院女子大学非常勤講師。東京聖徳学園大学兼任講師。東京都公文書館専門員。博士(学術)。学習院女子大学国際文化交流学部卒、早稲田大学社会科学研究科博士後期課程修了。早稲田大学社会科学総合学術院助教などを歴任。

著作・論文：◇『副島種臣』◇『佐賀偉人伝 12　副島種臣』◇「徳富蘇峰と大隈重信の交流―日清戦争前後を中心として―」(『吉備の歴史と文化』) ◇「同志社社史資料センター所蔵　徳富蘇峰宛て『外国人名士書翰』」(『同志社談叢』) ほか。

本島　進(もとじま　すすむ)

昭和 28 年（1953）大分県生れ。一橋大学卒。日本専売公社（現 JT）広報部長、京都支店長、松蔭大学非常勤講師などを歴任。

著作：◇『たばこ喫みの弁明』◇『「伝承」で歩く京都・奈良』◇『満洲引揚哀史』ほか。

〈執筆者略歴〉

松井　嘉和（まつい　よしかず）

大阪国際大学名誉教授。昭和 21 年（1946）東京都生れ。東京外国語大学インドシナ語学科卒。ワルシャワ大学研究生。國學院大學文学研究科博士課程修了。ブカレスト大学講師。タイ・カセサート大学講師。国際交流基金日本語教育専門員などを歴任。

著作：◇『外国人から見た日本語』◇『タイ王国における日本語教育』◇ “A Guide to Understanding of the Japanese People and Culture,” University of Bucharest ◇『大嘗祭の思想と歴史』◇『日本語学習者のための日本文化史』◇『古事記の新しい解読――コタンスキの古事記研究と外国語訳古事記』◇ “Notes for the Comparison between the Japanese Enthronement Ceremony and the Thai Coronation” ほか。

勝岡　寛次（かつおか　かんじ）

明星大学戦後教育史研究センター勤務、歴史認識問題研究会事務局長。昭和 32 年（1957）広島県生れ。早稲田大学第一文学部卒、早稲田大学文学研究科博士課程修了。

著作：◇『歴史の急所――反日プロパガンダ克服のために』◇『安倍談話と朝日新聞』◇『昭和天皇の祈りと大東亜戦争』◇『「慰安婦」政府資料が証明する〈河野談話〉の虚構』◇『明治の御代』◇『沖縄戦集団自決』◇『抹殺された大東亜戦争』◇『韓国・中国「歴史教科書」を徹底批判する』ほか。

星原　大輔（ほしはら　だいすけ）

（公財）大倉精神文化研究所研究員。早稲田大学・大東文化大学非常勤講師。博士（学術）。昭和 51 年（1976）福岡県生れ。九州大学法学部卒。早稲田大学社会科学研究科博士後期課程修了。早稲田大学社会科学総合学術院助教などを歴任。

著作・論文：◇『佐賀偉人伝　江藤新平』◇「明治初年における井上毅の憲法制定構想」（早稲田大学社会科学研究科『社学研論集』）◇「秋山大と大倉精神文化研究所」（大倉精神文化研究所『大倉山論集』63）ほか。

鈴木　由充（すずき　よしみつ）

月刊「祖国と青年」編集長。昭和 46 年（1971）愛知県生れ。早稲田大学教育学部卒。

台湾《たいわん》と日本人《にっぽんじん》

平成三十年三月二十日　印刷
平成三十年四月　一日　発行

編著者　松井嘉和

発行者　中藤正道

発行所　㈱錦正社
〒一六二—〇〇四一
東京都新宿区早稲田鶴巻町五四四—六
電　話　〇三（五二六一）二八九一
FAX　〇三（五二六一）二八九二
URL　http://www.kinseisha.jp/

印刷　㈱文昇堂
製本　㈱ブロケード

ISBN978-4-7646-0135-2